U0090587

中國學術思想 研究輯刊

三九編
林慶彰 主編

第 12 冊

林兆恩《道德經釋略》研究

唐哲嘉 著

花木蘭文化事業有限公司

國家圖書館出版品預行編目資料

林兆恩《道德經釋略》研究／唐哲嘉 著 -- 初版 -- 新北市：
花木蘭文化事業有限公司，2024〔民 113〕
序 20+ 目 4+202 面；19×26 公分
（中國學術思想研究輯刊 三九編；第 12 冊）
ISBN 978-626-344-584-0（精裝）
1.CST：（明）林兆恩 2.CST：道德經 3.CST：研究考訂
030.8   112022474

ISBN-978-626-344-584-0

9 786263 445840

中國學術思想研究輯刊
三九編　第十二冊　　　　　　　　　ISBN：978-626-344-584-0

林兆恩《道德經釋略》研究

作　　者　唐哲嘉
主　　編　林慶彰
總 編 輯　杜潔祥
副總編輯　楊嘉樂
編輯主任　許郁翎
編　　輯　潘玟靜、蔡正宣　美術編輯　陳逸婷
出　　版　花木蘭文化事業有限公司
發 行 人　高小娟
聯絡地址　235 新北市中和區中安街七二號十三樓
　　　　　電話：02-2923-1455／傳真：02-2923-1452
網　　址　http://www.huamulan.tw 信箱 service@huamulans.com
印　　刷　普羅文化出版廣告事業
封面設計　劉開工作室
初　　版　2024 年 3 月
定　　價　三九編 23 冊（精裝）新台幣 62,000 元　　版權所有・請勿翻印

林兆恩《道德經釋略》研究

唐哲嘉　著

作者簡介

唐哲嘉（1992～），男，浙江桐鄉人。浙江大學博士後，浙大城市學院（杭州，310015）新時代馬克思主義學教學研究院博士後研究員，主要研究三教關係與明清哲學。在《哲學與文化》《宗教哲學》《鵝湖月刊》《孔孟學報》《弘道》《文化中國》《HTS Theological Studies》等海內外刊物發表論文 28 餘篇，主持江蘇省研究生科研與實踐創新計劃項目：林兆恩《道德經釋略》研究。

提　要

　　本書以明代三一教主林兆恩之《道德經釋略》為研究對象，立足於《道德經釋略》來探究林兆恩對道家思想的詮釋與理解。從《道德經釋略》文本的版本與體例、詮釋方法、思想內容、詮釋特色與意義多個角度來揭示出這部《道德經釋略》與其「三教合一」思想之間的密切關係，及其所蘊含的學術價值。大體而言，林兆恩在這部《道德經釋略》中主要採用了以下幾種注解方式：一，以心釋經法、二，集注注釋法、三，語錄體與問答法、四，字訓注釋法。同時，其對《道德經》文本的詮釋主要圍繞「道」、「無為」、「仁」、「身」四個核心範疇來展開論述，林氏對老子思想的注解表現出濃厚的會通儒道的意圖。就詮釋特色而言，這部《道德經釋略》一方面呈現出廣泛援引儒釋道三教經典以及學者之論說，從而以「三教一致」之立場來會通三教之學，另一方面林兆恩也運用道教內丹學之理論來注解老子思想，這一致思路徑也反映出其思想中濃厚的道教色彩。此外，本書還對《道德經釋略》的學術意義作了探究，作為一部明代的注老之作，《道德經釋略》一方面反映出明代「三教合一」思潮下，三教學者對老子學說詮釋的新動向——為老學的正名。同時，林兆恩作為陽明後學（廣義而言），其在注老過程中也表現出濃厚的心學色彩，反映出陽明學在道家思想中的展開。

本書為筆者所主持的江蘇省研究生科研與實踐創新計劃項目：林兆恩《道德經釋略》研究（編號：KYCX21_2889）的最終成果。

序　一

韓煥忠

　　2020 年 9 月，唐哲嘉自杭州來到蘇州，從學於我，讓我著實體驗了一把「有朋自遠方來，不亦樂乎」！哲嘉碩士研究生階段的畢業論文做的是袁宏道的「性靈」美學思想研究，我主要關注的是基於佛學立場的三教關係，因此，他最初想研究的是公安三袁之一袁宏道的佛學思想。學習一段時間之後，他找到我，說更想研究林兆恩的三一教。其實我對袁宏道和林兆恩都沒有什麼研究，也沒有什麼偏好，對於哲嘉的選擇，只要是他真心喜歡，又有決心和意志做好的，我無不樂觀其成。我雖然忝為指導教授，但卻撈不著給他上課的機會，所以我這所謂的指導，基本上都是限於私下的交流，或是在我請客吃飯的餐桌上，或是在我辦公室的茶聊中。我認為，自兩漢以來，中國古人的思想創造，基本上都是以注疏經典的方式實現的，我們研究古人的思想，既要研究古人注疏的經典，更要研究古人對經典的注疏，從兩者的一致性上看到中國思想的一脈相承，從二者的差異性中理解時代的影響，探尋思想的突破性發展。

　　研究林兆恩，首先要知人論世，深入探討他的生平履歷；既要把他的每一部著作當作獨立的研究對象進行深入解讀，又要將他的全部著作當作一個統一的思想體系進行理解和把握。可以先撰寫一系列關於林兆恩的小論文，最後將這些小論文整合成一篇大論文，由此形成博士論文。我還時不時的拿出我的《佛教四書學》，和正在撰寫的《佛教莊子學》，東一句西一句的說些我的研究體會，希望能對他有所啟發。哲嘉很聰明，悟性高，文字功底好，下手也快，在讀期間撰寫了數十篇論文，其中二十篇左右已發表在海內外的學術刊物上，

作為他的指導老師，我也很為他感到自豪。如今，他把自己研究林兆恩如何注疏、理解、詮釋《道德經》的文章整理成書，就要結集出版了，索序於我，我在高興之餘，寫下上面的文字，以紀念我們教學相長的這段歲月，並向他表示熱烈的祝賀，願他在未來的學術探索中能夠獲得更大更多的收穫！

韓煥忠

蘇州大學宗教研究所所長、教授、博士生導師
2023 年 8 月 4 日於蘇州西園

序 二

周可真

　　孔子曾自述「吾十五而有志於學」，而今之學人，無論是中學生、大學生、還是碩士生、博士生，其中不是「要我學」而是「我要學」而真正屬於「有志於學」者並不多見。唐哲嘉博士是我所教過的學生中為數不多的近乎「有志於學」者。因其敏於學而勤於思，他在蘇州大學哲學系攻讀博士學位期間，就發表了二十餘篇學術論文，並且以具有較高學術質量的書稿形式完成了江蘇省研究生科研與實踐創新計劃項目「林兆恩《道德經釋略》研究」（編號：KYCX21_2889），本書是該研究項目的最終成果形態。在其付梓之際，唐博士邀我寫序，我欣然允之。

　　林兆恩（1517～1598）是三一教創始人，其「三教合一」論是該教的理論基礎。最早並稱儒、佛、道為「三教」是始於何時何人，我沒有考證過，但至遲南北朝時已流行「三教」之說。當時所謂「三教」，其「教」有別於後世所謂「宗教」之「教」，實際相當於儒家所謂「名教」之「教」、道家所謂「不言之教」之「教」；其「三教」之說無非是將儒、佛、道三家學說都看作是學術上自成系統並對「化成天下」各有其特定教化意義與功能的主張和理論，而在漢傳佛教在中國尚處在判教之初這一特定時期，將佛教說成是「三教」之一，實有使佛教獲得與儒、道互相併立對等的政教地位的意圖，旨在穩住佛教作為一種外來文化在中國的腳跟，進而扎根於中國文化土壤並在中國獲得更加廣泛的傳播。所以，「三教」概念從其開始被提出，就蘊含著佛教適應中國文化土壤，以服務於中國現實政治的「中國化」旨意。

　　所謂佛教中國化，就「三教」關係而言，就是通過會通「三教」來實現佛

教思想創新，以構建至少與儒、道二教（主要是儒教）沒有思想衝突甚至與儒、道二教思想（主要是儒教思想）達到某種程度的互相融合的新佛教。這樣的新佛教即「中國化的佛教」或「中國佛教」，至唐代禪宗六祖惠能（638～713）終於被建立起來，由此宣告了佛教中國化過程的完成。從中國佛教史角度看，早期的「三教」會通，本質上就是圍繞佛教中國化而展開的，或者說是以佛教中國化為主題的，其最高成果便是惠能大師的禪學理論；而惠能之後，中國佛教（禪宗）對儒教產生越來越深刻的思想影響乃至於達到了儒教禪宗化的程度，故這一時期的「三教」會通，可以說是以儒教禪宗化為主題的，其最高成果便是王守仁（1472～1529）的心學理論。也就是說，陽明心學的建立，標誌著儒教禪宗化過程的完成。正是在這個背景下，明清之際大儒顧炎武（1613～1682）提出：「古之所謂理學，經學也」；「今之所謂理學，禪學也。」（顧炎武：《亭林文集・與施愚山書》）「今之所謂理學」即指陽明心學及其末流，顧先生將其歸入「禪學」，就是從本質上把它理解為禪學化的理學。林兆恩通過「三教」會通而創立「三教合一」的三一教的過程，也正是在理學已然禪學化背景下進行的。

從其家學淵源來看，林兆恩是在其祖父林富（1475～1540）的家教指導下走上學術道路的。林富不但與王守仁交誼甚篤，曾受到王的推薦而當上了兵部右侍郎兼都察院右僉都御史（總制兩廣），而且篤信陽明心學，並在嘉靖十一年（1532）落職家居之後設席於東岩山，講論和弘揚陽明心學。因此也可以說，林兆恩是在家傳的陽明心學引領下走上學術道路的。本書指出，林兆恩創立「三教合一」說是「以孟子學、陽明心學為進路」的，他對《道德經》的詮釋活動是「基於陽明心學的心學解經模式」，是「陽明學在道家思想中的展開」，這既是如實之論，也很有見地。

林兆恩是以會通方法來構建其「三教合一」思想體系的，這種方法可能與其鄉賢前輩、宋代史學家鄭樵（1103～1162）有一定的思想關聯，因為會通概念最早就是由鄭樵提出，分別見於鄭著《通志・總序》和《夾漈遺稿・上宰相書》，這兩處都提到「會通之義大矣哉」，足見鄭氏對會通的重視。在鄭樵那裏，「會通」是一個史學概念，「會」指搜求和彙集相關史料、書籍及其所載的「理」；「通」指通過對上述信息的編排、疏理與領悟，達到對貫穿於古今種種歷史現象之中的「道」的把握。「會通」主要是鄭氏作為一個史學家撰著通史的方法。無論林兆恩是否實際上受到了鄭氏學術的影響，其會通方法都超越了鄭氏的

史學會通方法，更具有在不同思想文化之間進行比較研究的一般方法論意義。從這角度來看，其方法論思想有很深的歷史淵源。

《易傳·繫辭》提出：「天下同歸而殊途，一致而百慮。」這裡「同歸而殊途」是就行為而言，「一致而百慮」是就思想而言；這段話的意思是說，天下人的思想和行為各不相同，但相互差異的思想與行為最終會達成多樣性的統一。所謂多樣性的統一，以先秦時代的流行術語來說，就是「和」。西周末期思想家史伯在與鄭桓公的對話中，曾提出「和實生物，同則不繼」的哲理名言，表達了以多樣性的統一為宇宙普遍規律的哲學思想，按照這個規律，多樣性的統一（「和」）是事物產生的條件，排斥多樣性（「同」）則會導致事物走向毀滅。由史伯首開其端的「和」「同」之辨為孔子所續承而且有所發展，孔子既講「和而不同」，又講「吾道一以貫之」，將「和」與「道」聯結起來，使「道」成為「和」的內在根據，即多樣異質的事物之所以能統一起來，是因為有一個普遍規律「道」寓於其中，多樣異質的事物皆受其「道」的支配，遂使彼此互相貫通而形成為一體。由孔子的這一思想，自然可以推演出「天下同歸而殊途，一致而百慮」的結論。

秦漢以降「和而不同」的包容性觀念一度受到「罷黜百家，獨尊儒術」思想的打壓，但魏晉時代以「儒道兼綜」為特點的玄學，在方法論上實是繼承了先秦時代「天下同歸而殊途，一致而百慮」的會通觀念；所謂「儒道兼綜」，其實質是會通儒、道。其後「三教」關係的研究皆是運用會通方法。尤其宋明理學，更是運用會通方法來進行儒學創新研究，從而實現了從傳統儒學到宋明新儒學（理學）的歷史性轉變；而朱熹（1130～1200）更以「理一分殊」論為會通方法提供了本體論證明。林兆恩的會通方法論思想，其實不過是基於陽明心學「心即理」的思想而將「理一分殊」轉換成了「心一分殊」而已，儘管林氏自己並沒有這麼說，但是他所謂「心一道一，而教則有三」（林兆恩：《三教以心為宗》），分明是心學本體論與工夫論之結合與統一意義上的「心一分殊」論；他是基於這個理論，首先從本體論角度將「三教之聖人」孔子、黃帝老子、釋迦所創立的「三教」都歸之於「從心性中發出來」（林兆恩：《三教之書難以盡信》）的「心性之學」，進而建立起以儒以立本、道以入門、佛以極則為進階特點的「三教合一」工夫論。

《道德經釋略》是林兆恩諸多論著之一，也是林氏向其信徒作自我推薦的「不易不變，為三教之階梯，後世所宜誦法」的五部經典之一（按：另外四部

為《四書正義》、《常清靜經釋略》、《心經釋略》、《金剛經統論》），照理在老學史上也佔有一席之地，但該書向來並未受到學者們應有的重視，迄今尚未有專門系統地研究該書的學術專著問世，在此意義上，本書可謂該研究領域的開山之作。在學術上，本書主要有四點貢獻：

第一，分析並論證了林兆恩所用的《道德經》版本是以河上公注本為底本，同時結合了王弼注本與傅奕注本的改編本。該結論雖然還具有推斷性，但已接近於事實，有相當可信度。

第二，揭示並論證了《道德經釋略》從四個方面展現出「三教一致」的觀點：（1）三教不仁——儒釋道三教皆是以「不仁」為「至仁」；（2）三教不爭——三教皆教人「不爭」（「不自見」、「不自是」、「不自法」、「不自矜」）；（3）三教無知——三教皆是以「無知」為「真知」；（4）對三教生死觀的會通——三教聖人皆有長生之術，但不是長生不死之仙術，而是通過立德、立功、立言來達到「三不朽」境界的儒家心性修養之術。

第三，不僅指出了林兆恩在解經模式上與王守仁的「以心釋經」有一脈相承的關係，更從以心釋經法、集注注釋法、語錄體與問答法和字訓注釋法等四個方面具體揭示了被作者概括為「我注六經」的《道德經釋略》詮釋模式的內涵。

第四，具體展示了林兆恩在《道德經釋略》中通過詮釋「道」、「無為」、「仁」、「身」四個核心範疇以會通儒、道所做的努力。

本書顯示出作者具有較高的理論思維能力，特別是有很強的理論概括能力，但也存在著論證過程中有些地方還不夠深入細緻的欠缺，這有待於作者通過後續的進一步研究來加以克服。

周可真

蘇州大學哲學系教授、博士生導師
2023 年 7 月 31 日於蘇州

序三　林兆恩哲學思想闡釋的新力作：讀唐哲嘉博士的《林兆恩〈道德經釋略〉研究》

何善蒙

一

　　佛教傳入中國，是中國思想史上一件大事，中國傳統思想的深度和廣度，在一定意義上由此而確立，

> 佛教傳入中國後，與中國固有固有的傳統思想，主要是儒家的思想，再是道家的、玄學的思想，以及原有的迷信觀念等，相接觸、擊撞、鬥爭、融合，導致自身的不斷改造，不斷變化，不斷發展，從而形成獨具特質的新學說、新體系。就是說，中國佛教哲學是吸收了印度佛教理論，有攝取了中國固有的傳統思想，加以融合改鑄而形成的新思想，它既有別於印度的佛教思想，也不同於中國儒、道等傳統思想；同時又作為中國化的佛教哲學而注入於中國哲學思想洪流之中，從而形成中國傳統思想的一部分。[註1]

　　由此可見，誕生於印度的佛教哲學，自兩漢之際傳入中國開始，就以一種積極的態度來融入中國傳統文化之中，這對於中國傳統思想來說，由於有佛教的宗教關懷和精緻的哲學觀念，從而對中國傳統社會以及中國人的精神世界，

〔註1〕方立天著：《佛教哲學》，北京：中國人民大學出版社，1986 年，第 27 頁。

極為深遠的影響。我們甚至。可以說，自從佛教進入中國之後，中國社會（尤其是中國思想界）所發生的重大變革，往往都與佛教相關，自從中國社會的現實，以及中國思想界的具體發展來說，都是顯而易見的。當然，對於佛教來說，因為有中國化的實現，這為其發展提供了更為廣闊的空間，我們都知道，後來在印度本土佛教已經逐漸消亡。但是中國佛教卻有著極為重要的發展，甚至影響到了整個東亞，來自於全球文明的發展面貌。從這個角度來說，佛教中國化對於佛教和中國來說是雙贏的。正如方立天先生指出：

> 佛教與中國文化的交涉、會通、融合而逐漸實現了中國化，中國文化也部分地佛教化，從而充實和豐富了中國傳統文化的內涵，行成為中華文化生命的共同體，促進了中華民族文化的發展，這是不同民族、國家的不同文化自由交流的成功範例，是具有悠久歷史文化的中華民族吸收外來文化的成功範例，也是亞洲乃至於世界文明史上的光輝篇章。〔註2〕

因此，正如同我們在中國傳統歷史上所看到的那樣，自從佛教進入中國，中國思想史上有了儒釋道三教的並立。作為外來的佛教，它跟儒學和道教之間的衝突是不可避免的。但是從思想史的過程來看，三者的調和或者說融合，毫無疑問是整個思想史的主流。這一特點，自宋明以來尤為明顯，無論是佛教的禪宗，還是道教的內丹學，抑或者儒家的新理學，都著著非常鮮明的三教合一的特徵。這說明，三教的思想資源，已然成為當時思想者的共同資源，對於另外兩教思想資源的吸取，是儒、釋、道各自發展的自覺要求。

也正是因為如此，自佛教傳入中國開始，亦即中國出現儒、釋、道三教並立開始，儒釋道三教首先面臨的是生存空間、社會影響亦即學理層面的競爭，這就是所謂的三教論衡。然而在論辯的過程當中，儒釋道學者都發現了融合以求共同發展的重要性。由此，三教融合或者說三教一致，逐漸成為了主導的觀念。當然，這和中華文化本身具有的包容性特徵，具有極其密切的關聯。正是在這種包容性的基礎上，儒釋道三教的融合，逐漸成為了思想界的主流，所以我們也非常清晰的看到，自宋明以來，儒釋道三教基本上就是你中有我、我中有你的一種存在狀態，這就是三家思想極度融合的結果。

〔註2〕方立天著：《佛教與中國傳統文化》，北京：中國人民大學出版社，2009年，第329頁。

如果我們去關注中國思想史，自晚唐以來有一個重要的現象，那就是儒學的復興。儒學的復興，是針對佛道二教的挑戰，尤其是針對佛教的挑戰而來的。對於儒家來說，就是需要在義理和制度層面重新建構，從而贏得話語權和社會地位，這就是我們通常所說的宋明理學。在理學的框架中，三教融合也是一種基本的理論傾向。而在這一潮流中，以三教合一為宗極而創設為一種宗教，名之曰三一教，且在實踐上取得重大成功並至今仍有廣泛影響的，恐怕就要數明代的林兆恩了。

二

三一教是在莆田地區盛行的民間宗教，作為地方性的民間宗教，它最初流行於莆仙方言區，即莆田、仙遊兩縣境內以及惠安縣北部、福清縣南部等地方。全盛時期，曾經流行於福州、古田、閩清、平潭、建寧、武夷、邵武、光澤、寧化、江西、浙江、湖北、安徽、南京、北京、河南、陝西、山東等地，備受士人推許。清聖祖康熙末年和高宗乾隆年間，遭清廷禁止，因而衰落。在莆仙方言區以外的流行也因此而中斷。到了近代，隨著海外移民的足跡，三一教流行於東南亞地區和我國的臺灣、香港地區，並且輾轉傳入歐美。

三一教，又名夏教。以「道釋歸儒，儒歸孔子」為教旨的三教合一而名「三一教」；又以「夏」之義為大、為中，於歲時為午運，意謂其教義即天下之大道，允執厥中，如日之午，歲之夏，故又尊教主為「夏午尼氏」與儒之仲尼、道之清尼、釋之牟尼並列。三一教由明代莆田思想家林兆恩所創立，重視心性修養和日常道德修養，強調心身性命之要道，三綱五常是至德，士農工商為常業。

林兆恩，字懋勳，號龍江，道號子穀子、心隱子、常明先生，晚年又號混虛氏、無始氏，莆田赤柱人，生於明正德十二年（1517），卒於明萬曆二十六年（1598），終年82歲。林氏一生倡三教合一，創「三一教」，故世稱三教先生，林三教。

林氏為莆田名門望族，有「九牧林家」之譽，《八閩通志》和《莆田林姓族譜》都有相關的記載。林氏自東晉初年晉安林始祖祿公入閩，傳十世隋右丞林茂，由晉安遷居莆田北螺村。又五世而至萬寵，唐開元間任高平太守，生三子：韜、披、昌。韜公之孫攢，唐德宗立雙闕以旌表其孝，時號「闕下林家」。披公唐天寶間授太子詹事，贈睦州刺史，由北螺遷居澄渚烏石（今析出屬西天

尾鎮龍山村），生九子葦、藻、著、薦、曄、蘊、蒙、邁、莨，皆官牧州郡，葦為端州刺史，藻為嶺南節度副使，著為橫州刺史，薦為韶州刺史，曄為通州刺史，蘊為邵州刺史，蒙為揚州、循州刺史，邁為商州、雷州刺史，莨為福唐刺史故世稱「九牧林家」。

　　這樣的家庭背景，對於林兆恩的影響自然是非常大的，「明代士子的思想形態與行為模式，普遍受到家族與科舉的影響，尤其是家族與科舉結合所形成的階層化體系，以既有的財富、權勢，取得社會中上層縉紳的地位，並經由知識的傳授，以知書識禮承續了文明教化，在主觀的條件與客觀的形勢下，成為領導社會的知識階層」〔註3〕，這為林兆恩後來設教傳道奠定了良好的基礎。當然，在家族裏面，對於林兆恩影響最大的是他的祖父林富。林富為人生性耿直，不畏權勢。在與其叔林塾同榜中弘治十五年壬戌（1502）進士後，官授大理寺評事，時值閹宦劉瑾弄權。正德元年，林富因忤瑾而遭廷杖入獄。入獄雖然是仕途的一次坎坷，但是對於林富來說也是其人生的一個重要的際遇。在獄中之時，林富結識了同樣因為劉瑾而入獄的王陽明，兩人在獄中患難與共，時常一起談學論道，頗為相識。隨後，王陽明謫為龍場驛丞，林富折為廣東潮陽縣丞。及劉瑾伏誅，兩人均得昭冤。明世宗嘉靖五年（1526），林富任廣西右布政使，王陽明任兩廣御史，嘉靖七年（1528），林富協助王陽明鎮壓了八寨瑤族起義。王陽明病重後，推薦林富接任兵部右侍郎兼都察院右僉都御史，總制兩廣。嘉靖十一年（1532）林富致仕歸鄉，在東岩山設立講壇，宣揚陽明心學。林兆恩一直是在林富的教導下習舉子業，直到嘉靖十八年林富去世。陽明心學是林兆恩思想體系中的一個核心，正是在此基礎之上，林兆恩才完整地建立起其三教合一的理論框架。這個影響最初來自其祖父林富，自小而來耳濡目染的家庭教育，使得心學的基本觀念對於林兆恩來說是駕輕就熟的，這從後來林氏思想的發展來看是非常明顯的。

三

　　林兆恩在其授徒傳教過程之間，勤於著述，自嘉靖三十二年（1553）開始至萬曆二十六年（1598）的45年間，幾乎每年都有好幾種著作問世。後來由門人彙編成集，主要有《聖學統宗》、《林子聖學統宗三教歸儒集》、《三教分內集》、《聖學統宗非非三教心聖集》、《林子全集》、《林子三教正宗統論》、

─────────────────────

〔註3〕鄭志明著：《明代三一教主研究》，臺北：臺灣學生書局，1988年，第30頁。

《林子會編》、《夏午經》等等，而這些也成為了研究林兆恩和三一教思想的
基本依據，其中以《林子三教正宗統論》最為重要。林兆恩的再傳弟子陳衷
瑜在《林子三教正宗統論》的《目錄紀因》一文中，對於林兆恩著作集結過
程有一個比較詳細的概括，

> 龍江林夫子倡道四十八載，著書數十萬言，凡合一之旨，心性
> 之微，經濟之大，無不畢具，皆自孔、老、釋以來二千年所未嘗道
> 者。其隨在與門人講解論答之言，即為門人錄而梓之。著作不一時，
> 編校不一人，或以各見編摘成集，故有曰《聖學統宗》者，有曰《分
> 內集》者，有曰《夏一集》者，曰《夏三集》者，又有曰《分摘》，
> 曰《標摘》，曰《約摘》，曰《復初》，曰《拾餘》者。種種諸集，標
> 名各別，卷帙浩繁，往往重疊混淆，散亂無紀，觀者病之。至七十
> 九歲乙未，始命嫡傳盧子結集《夏午經》，又命編校、更定是書全集，
> 標曰《林子三教正宗統論》，以應禮部徵取。〔註4〕

林兆恩全集現存有不同的版本，根據林國平教授考證，國內外現存不同版
本的林兆恩全集有十六種，其中有代表性的如下〔註5〕：（1）《林子聖學統宗
三教歸儒集》四冊，日本尊經閣文庫藏，成書時間不早於萬曆三年（1575）；
（2）《林子分內集‧三教分摘便覽》十冊六十二卷，日本學者間野潛龍藏，成
書於萬曆十六年（1586）；（3）《林子全集》二十冊四十卷，日本內閣文庫藏，
成書時間不早於萬曆三十四年（1606）；（4）《林子全集》三十二冊一百一十二
卷，日本學習院藏；（5）《林子全集》四十八卷，美國普林斯頓大學藏，明崇
禎四年（1631）刻本；（6）《林子全集》四十一冊，北京圖書館藏明崇禎四年
（1631）刻本；（7）《林子會編》三十冊一百一十八卷，北京圖書館、南京大
學圖書館藏；（8）《林子三教正宗統論》三十六冊，福建師大圖書館，莆田、
仙遊、臺灣民間均有收藏。

根據林子《年譜》和《行實錄》的記載，林兆恩三一教思想相關著作（自
嘉靖三十年以後）可以列表如下：

〔註4〕《目錄紀因》，《林子三教正宗統論》，四庫禁毀書叢刊子部第 17 冊，北京：北
　　　京出版社，1998 年，第 655 頁。
〔註5〕此處參考林國平教授相關論述（《林兆恩與三一教》，頁 17～21）。

時　　間	作品名稱
嘉靖三十二年	《林子篇》、《初學篇》
嘉靖三十三年	《明經堂》、《宗孔堂》、《非三教》、《疏天文稿》、《林子舊稿》
嘉靖三十五年	《六美條答》
嘉靖三十七年	《四代禮制圖說》、《射禮、冠禮儀節》
嘉靖三十八年	《醒心詩》八十一首
嘉靖三十九年	摘注《醒心詩》三十六首、《三教要旨》
嘉靖四十年	《收屍歌》、《常明教》
嘉靖四十一年	《三教歷代會編》、《防倭管見》
嘉靖四十二年	梓行《三教會編》
嘉靖四十三年	《心聖直指》、《詩文浪談》
嘉靖四十四年	《本體教》、《夏語》、《倡道大旨》、《原宗圖說》、《聖學心要》、《玄宗大道》、《性空宗旨》、《歌學解》
嘉靖四十五年	《道釋人倫疏稿》、《述聖編》
隆慶元年	《說夏篇》、《三山拾言》、《玄鏡銘》、《心身性命圖說》、《何思何慮解》、《存省規條》。編所著諸書為《聖學統宗》
隆慶五年	《宗孔邇言》、《三教合一大要十條》、《三教歸儒一覽》、《原教》、《信難》、《三綱卦》，自撰《壙誌》並《遺囑》
隆慶六年	《道業正一篇》、《樵陽教言》
萬曆元年	《豫章答語》及《續語》
萬曆二年	《經傳釋略》（後改名《四書正義》）
萬曆三年	《心本虛篇》、《心本虛直指》、《先衍》、《心聖教言》
萬曆四年	《三教心宗》
萬曆五年	《絲銀喻》、《七竅問學》、《易解俚語》、《導淮迂談》，命門人劉獻策標摘《四書正義》
萬曆七年	《九序摘言》，刻編《心經諸咒》
萬曆九年	《機說別傳》、《心經釋略概論》、《常清靜經釋略》
萬曆十一年	《夢中人》、《道一教三》、《欲仁篇》、《無遮大會》、《真域昌言》
萬曆十二年	《元神實義》、集平生所著為《聖學統宗非非三教心聖集》
萬曆十三年	《讀隨槎集記》、《無生篇》上下卷
萬曆十四年	《山中報札》、《煉丹詩》五首，陳大道標摘《續四書正義》六卷
萬曆十六年	《道德經釋略》兩部，刊《彌勒尊佛經》，陳大道摘林子諸集編《林子分內集‧分摘便覽》10 冊，又編《分摘拾餘》3 冊 12 卷，《三教》經解 10 冊，《三教原編》10 冊。

萬曆十七年	《真我贊言》，陳標摘編《夏一》2卷24章。
萬曆二十年	張洪都編次《四書標摘正義》，擴充為《林子四書正義》20冊。
萬曆二十一年	《道統中一經》，口授門人盧文輝《太虛先天圖》、《太極後天圖》、《天地人圖》《天圓地方圖》，陳濟賢、徐光啟等編《林子第一義》
萬曆二十二年	門人盧文輝將《聖學統宗》重新編次名為《林子三教正宗統論》凡三十六卷，分元亨利貞四函。
萬曆二十三年	盧文輝將《正宗》採輯為《三一教夏午尼經》三十六卷、《夏總持經》三卷、《夏訊譯經》三卷、《如來性經》三卷、《眾妙玄經》三卷、《明光普照經》三卷、《道統中一經》三卷、《最上乘經》三卷、《洞玄極則經》二卷，分十二冊付刊。
萬曆二十五年	盧文輝輯《三一教主夏午尼諸經纂要》四卷、著《經訓》一卷。

從上面的簡表中，我們可以很直觀地發現林兆恩作品之豐富以及其勤於著述之情狀。這些著作大多數都還保留在《林子全集》〔註6〕和《林子三教正宗統論》之中，較為全面和完整地體現了林兆恩及其所創立的三一教的基本思想，也是對林兆恩及其思想研究所不可迴避的第一手資料。

四

林兆恩及其所創之三一教，不僅在思想的層面有非常重要的闡發，而且更為重要的是，作為一種宗教潮流，影響至今。那麼，對於林兆恩的三一教及其思想的評判應該是怎樣的呢？我們在前面的論述中曾提及，實際上，明清以來的傳統學者，對於林兆恩思想的評價不但不是很高，相反，可以說是比較低的。最具有代表性的即為黃宗羲《南雷文案·林三教傳》稱其「邪」，紀昀《四庫總目提要》稱其為：「悠謬殆不足與辨」。我們說，如果從中國宗教思想史發展的自然脈絡來看，到了明代林兆恩這個時間出現以「三教合一」為基本主旨的思想實際上是一種必然的產物，那麼，這種在我們現在看來似乎是必然的結果，為什麼在當時的人看來確是「驢非驢，馬非馬，龜茲王所謂騾也」（黃宗羲《林三教傳》）呢？

要對這個情況作一個分析，最好的解釋可以看貝琳教授在其作品種對於融合（Syncretic）一詞的討論，

> 宗教融合這是一個容易誤解的詞，因為一段不幸運的歷史使得
> 它有極為明顯的壞名聲。宗教融合，通常會被認為是背信棄義的，

〔註6〕《林子全集》，《北京圖書館古籍珍本叢刊》卷63《子部·雜家類》，書目文獻出版社，以下引《林子全集》簡稱《全集》。

任意的，墮落的，或者是迷信的。〔註7〕

這裡，貝琳教授主要是從西方宗教學角度來說的，因為西方的宗教，以基督宗教為代表，都是具有很強的排他性的，所以，一旦說融合的時候，就意味著嚴重地違背了教義。這在西方宗教的歷史上是很明顯的事情，所以，「融合」這一個詞也因此而被視為是沒有原則的，背信棄義的。

雖然，在中國思想、中國宗教的歷史上並沒有西方傳統上那麼明顯的宗教排他性，但是，其實就儒、道、釋三者來說，其對於自身的價值還是有非常明確的認識的，所以，他們在容攝的時候，也是從自身的立場出發，來吸取其他思想中有益的東西。換句話說，在這個行為當中，他們對自身身份的確認，有著很清晰的認識。所以，從儒家的知識分子來說，他們都是認為儒學思想是正統，佛道則是異端，對於異端的學說當然是要進行駁斥，所以，即便是在融合最為興盛的宋明之際，我們也經常可以看到「闢佛、道」這樣的形式也是很明顯的。雖然他們可能從佛道那裏吸取了很多的思想資源（比如朱熹和王陽明），但是，為了維護儒學的正統地位，他們同樣是極力地排斥佛、老，最為明顯的例子就是朱熹。而當我們以這樣的角度來思考的時候，我們或許可以有一個直觀性的認識，換句話說，這裡面實際上是涉及到了所謂的正統和異端的問題。而在林兆恩的思想當中，在其歸儒宗孔的前提之下，實際上對於佛、道思想有很多很明顯的吸取和提倡。同時，因為，林兆恩需要以「心」為本去融攝三家義理，而這三家的具體理論實際上是有分歧的，這樣就使得林的思想體系本身也不可避免具有矛盾性。這些因素結合在一起，對於林的思想作否定的評論，也是很正常的。

但是，如果我們要從比較公正的角度去看待林兆恩的思想，那麼，又該如何定位？貝琳教授對此有一個說法，在她看來，

> 林兆恩個人的宗教觀念，以及作為宗教教育者的作用，都說明他是一個宗教融合者。林兆恩生活在三教融合非常興盛的明代，三教合一的觀念被當時的民間教派、著名思想者甚至是明代的建立者（朱元璋）所提倡。在中國歷史上，這個時代是空前絕後的，宗教融合在宗教想像的各個層面具有了如此開放的、深入的影響。林兆恩和他的時代，將宗教融合在中國的歷史上作了最為清晰的和最為

〔註7〕Judith A.Berling, the Syncretic Religion of Lin Chao-en, New York: Columbia University Press,1980, p4.

翔實的展示。〔註8〕

在貝琳教授看來，這是這個時代的特點，也是林兆恩的特點，從這個角度出發，才能正確地認識林兆恩的價值，

> 林兆恩不是一個思想的天才，或者非常具有創造性的思想者，他只是採用了早已普遍流行於心學以及佛道二教中的觀念。他的貢獻在於將這些借用來的觀念改造成一種融合的宗教教義以及一種明確的學習和實踐的系統，對於他自己和別人來說都是非常容易理解和遵循的。〔註9〕

所以，林兆恩的價值是在於其所作的宗教融合的努力，並在此基礎上形成了一種非常明確的、容易操作的宗教形態──三一教，而不是在於思想性的創見方面。所以，對於林兆恩的評價應該更多地從宗教史角度，而非思想史角度，

> 雖然林兆恩在他在世的時候或者他死後，都沒有成為全國性的形象，但是，他的教義依舊是鮮活的。他可能影響了 17 世紀和 19 世紀其他一些三教教派。雖然他不是一個重要的形象，但是他代表著宗教思想的趨勢和關注，而這對於社會的某些方面會有持續的吸引力。〔註10〕

這裡，貝琳教授對於林兆恩作了一個相對比較客觀的定位和評價，即林兆恩首先是一個宗教家而非一流的思想者，所以，我們對於林兆恩的評價主要是要考察他對於宗教的意義而不是考察其思想本身在中國思想史上的地位，而從這個角度來說，林兆恩的價值是非常明顯的。

那麼，如果我們返回到林兆恩思想本身，要對他的思想做一個簡單的審視，該如何評判呢？我以為，林兆恩的思想首先是心學思潮的一種，與泰州王學有著相似之處，即基本的傾向應該是屬於儒學的。其次，林兆恩的思想本身比較繁複，而且矛盾也很多，並不是純粹的心學思想，這與他容攝三教的做法有著密切的關係。延伸至其宗教思想，那麼，我認為，林兆恩的宗教思想可以認為是以儒學為基本根基（或者說價值取向）的三教合一論，亦即他其實還是站在儒家的觀念立場上去討論三教問題的。

對於林兆恩的評判，應該說還是相對可以比較清楚的。但是，對於三一教

〔註8〕Judith A.Berling, the Syncretic Religion of Lin Chao-en, p3.

〔註9〕Judith A.Berling, the Syncretic Religion of Lin Chao-en, p236.

〔註10〕Judith A.Berling, the Syncretic Religion of Lin Chao-en, p235。

的評判就相對比較複雜一些。因為，首先，三一教毫無疑問是建立在林兆恩三教合一的宗教思想的基礎之上的，至少從立教的理論來說是沒有問題的。但是，問題在於三一教作為一種宗教形式，它不僅包含教義教理，更為重要的是他需要有一些具體的制度建設，而這些制度建設基本是林兆恩的弟子及再傳弟子完成，而他們在完善教團組織的時候，吸收了更為明顯的佛、道色彩（道教占主要部分）。那麼，這樣的一種宗教形式該如何評判？我認為可以從兩個方面來說：

1. 就思想定位來看，它還是以儒家的基本倫理教育為核心的，以林兆恩的思想作為基礎的，從這個意義上來說，三一教從本質上來講是儒家的民間宗教表現形式之一。

2. 就宗教制度形式來說，三一教具有明顯的道教色彩傾向。其實，這也很好理解。因為道教和佛教在宗教科儀、制度建設方面本來就比較完善，也容易操作，更重要的是，這樣形式，對於民間來說，沒有接納的隔閡，這也是多數民間宗教所採取的形式。

林兆恩所倡揚的三教合一的觀念，以及在此基礎之上形成了三一教，在中國民間宗教史上具有著深遠的影響，而這種影響甚至延及今日。作為中國民間宗教的一種具體形式，三一教的發展過程及其現狀，對於今日的中國民間宗教（民間信仰）而言，有著非常大的啟示意義。在目前我國面臨社會轉型的背景之下，以三一教為代表的一系列民間宗教信仰形式，在廣闊的鄉土社會中發揮著重要的意義和作用，這表明，這樣的宗教信仰形式，對於廣大民眾來說，是有著非常重要的意義的，比如前文所提到的社會整合功能、心理調適功能、教育功能、交往功能，以及協調人際關係的功能。民間的宗教信仰形式，作為社會行政管理形式的有效補充，在現實的社會背景中，發揮著積極的意義。其經久不衰的存在事實表明這樣的一種形式，無論在精神層面，還是在社會現實層面，都對民眾的具體生活產生了積極有效的影響。同時，宗教信仰，作為一種文化現象，承載的是歷史的積澱和文化的遺產，在我們強調非物質文化遺產的今天，這樣的一種價值和理念，理應有著其應有的地位和價值，應該在當代人的生活各個層面發揮其積極作用。

五

林兆恩的作品極為豐富，三一教的影響力持續至今。然而，就我個人的感

覺來說，我們對於林兆恩思想研究其實到目前為止還是處在一種極為粗略的層面。所謂的粗略，大致可以從兩個方面來說明。

首先，是關於研究的側重點。我們關注的更多的是三一教而非林兆恩本人的哲學思想，毫無疑問，林兆恩本人在傳統時代也是一個非常重要的思想家，即便稱不上第一流的。可是，我們目前對於他的思想真正深入的闡釋是非常少的，而我們所能給予他的定位也就是深受陽明心學影響，或者就判定為陽明後學的一種。但是如前所見，林氏有如此之多的著述，基本上也是圍繞著傳統經典展開的詮釋，那麼，在這些經典中，他所詮釋的思想以及方法的特點是什麼？在中國思想史上又具有怎樣的意義呢？對於這些問題的討論，當然需要對林氏的作品做深入的辨析，這是極為重要的工作。然而很長時間來，我們的研究只是關注在三一教的層面，即對林氏的思想做宗教性詮釋，而並非留意在林氏首先乃是明代儒家思想發展過程中一個重要環節。宗教層面的研究和討論，在一定意義上來說，掩蓋了對林氏思想內涵本身的闡釋。這一問題，我自己也深有感觸。

我跟三一教結緣，可以追溯到 20 多年前了。那個時候我還在復旦大學哲學系上學，說起來也很有意思，我們哲學系在 1986 年就曾經對莆田的三一教做過田野考察，這應該來說也是相當早的對三一教的關注。我現在依稀還記得，那是在大三的時候，王雷泉老師在講授中國宗教的時候，提到了三一教，我當時就對這種宗教特別感興趣。其實原因也很簡單，那就是在中國傳統當中，我們都講三教合一，而把這三教變成一種宗教，也著實是非常有趣的。更讓我感到意外的是，它竟然在今天依舊存在。後來，我也讀到了 1986 年的那份調查報告，這更加激發了我對三一教的興趣。2000 年的暑假，是我第一次去莆田和仙遊，也是我第一次跟三一教的親密接觸。坦率地說，當時的我也並沒有把三一教當做一個重要的研究對象來看待，更多的只是一種瞭解的興趣吧！當然，也可能是冥冥之中有一種力量，推著我去接觸三一教、瞭解三一教，而在今後的將近十多年中，三一教成為了我研究的重點，這也是一種難得的緣分，現在回想起來也是非常的令人激動。從 2000 年到 2011 年，我幾乎每年都會去莆田看看三一教的祠堂和書院，我也在 2017 年的時候在臺灣走訪了三一教的祠堂。每次走進三一教的祠堂，都會有一種特殊的感情和特別的收穫。2011 年，我出版了《三一教研究》，這是我近十多年來對三一教研究的總結，不管別人覺得它的價值如何，它代表著我對於三一教的一份特殊的感情。

　　然而我的這種對三一教的感覺，可能也是長期以來很多人的基本切入點，即作為一種具有特色的宗教形式。這本身沒有錯，但是，對於宗教形式的重視，會掩蓋掉作為思想家立場的林兆恩，從而導致對林氏思想詮釋的深度不夠。

　　其次，是研究的方法問題。當然研究方法是一個非常寬泛的問題，而且一般來說，不同的方法對於推進相關研究來說，事實上都是很重要的。但是，不同的研究視角，會直接影響對於研究方法的選擇。對於林兆恩及其三一教的相關研究，由於我們在研究進路上一般都是以宗教學的視角來看待，這樣的結果，使得我們在關注林氏及其相關作品的時候，總是希望從一個總體的、作為宗教系統的意義來闡釋，而忽視了對林氏文獻本身的辨析、詮釋，從而導致了我前面所說的對於林氏思想闡釋的粗略化（或者說表面化）的狀況出現。

六

　　唐哲嘉博士的新作《林兆恩〈道德經釋略〉研究》則與我以前所看到的三一教相關研究作品有非常大的差異，讀完有一種耳目一新的感覺。因為他的切入點首先是把林兆恩作為一個思想者，然後聚焦於《道德經釋略》這一文本本身來討論。這就是一種非常紮實的思想史（哲學史）研究和闡釋的立場，顯然避免了前述研究中可能存在的問題。而正是因為如此，我覺得這對於推進林氏思想的闡釋來說，具有著非常重要的意義，也可以說，唯有如此，才能夠把林氏思想的闡釋推向深入。

　　《道德經釋略》是林氏集中闡釋《道德經》的作品，如果以三教合一作為林氏思想的基本特色的話，那麼本書則是林氏對於道家（道教）思想理解的集中體現，具有重要的意義。全書共計六卷，分乾坤二部，收錄於林兆恩的全集中，全文總計二百四十餘條注解，文前附有林兆恩本人所作的《道德經釋略自序》，其親傳弟子盧文輝所作的《道德經釋略跋》以及門人陳大道所作的《道德經釋略跋》，從形式上來說，是林氏門人輯錄其講授《道德經》的作品，反應的是林氏對對於《道德經》理解的基本立場。所以，從這個角度來說，選擇《道德經釋略》作為研究對象，不僅可以對林兆恩思想的內涵有清晰的理解，更可以看出其在思想史中所具有的特殊意義。

　　唐哲嘉博士的研究是以《道德經釋略》為研究對象，試圖立足於《道德經釋略》來探究林兆恩對道家思想的詮釋與理解。作者從《道德經釋略》文本的版本與體例、詮釋方法、思想內容、詮釋特色與意義多個角度出發，通過細緻

的文字和史實考辨，來揭示出這部《道德經釋略》與其「三教合一」思想之間的密切關係，及其所蘊含的學術價值。《道德經釋略》自然是對《道德經》的重新詮解，而在林氏之前，歷代詮釋《道德經》的作品可謂是多如牛毛，那麼，林氏的解釋有何獨特之處呢？通過文本考證和梳理，唐博士認為無論是在詮釋方式、詮釋內容還是在詮釋特色等三個方面，林氏的《釋略》都具有非常明顯的特點。就詮釋的方式來說，林兆恩在這部《道德經釋略》中主要採用了以下四種注解方式：以心釋經法、集注注釋法、語錄體與問答法、字訓注釋法。就詮釋的內容來說，林氏對《道德經》文本的詮釋主要圍繞「道」、「無為」、「仁」、「身」四個核心範疇來展開論述，從這個角度來說，林氏對老子思想的注解表現出濃厚的會通儒道的傾向。最後，就詮釋特色而言，這部《道德經釋略》一方面呈現出廣泛援引儒釋道三教經典以及學者之論說，從而以「三教一致」之立場來會通三教之學，另一方面林兆恩也運用道教內丹學之理論來注解老子思想，這一致思路徑也反映出其思想中濃厚的道教色彩。通過以上的辨析，作者認為，本書作為一部明代的注老之作，一方面反映出明代「三教合一」思潮下，三教學者對老子學說詮釋的新動向——為老學的正名。同時，林兆恩作為陽明後學（廣義而言），其在注老過程中也表現出濃厚的心學色彩，反映出陽明學在道家思想中的展開。

　　從總體上來說，哲嘉博士的論述是非常嚴謹的，在條分縷析之中，足見作者對林兆恩相關的思想與文獻、明代思想史以及老學研究的熟悉程度。而其所最終呈現的作品《林兆恩〈道德經釋略〉研究》，不僅對於林兆恩哲學思想的相關研究來說是具有重要推進意義的，對於明代《老》學史的研究來說，同樣具有促進的作用。

　　哲嘉博士對於林兆恩及其三一教思想有著特殊的情感，他的博士論文也是圍繞著林兆恩的三教合一來展開的，論文的討論同樣是非常紮實的。而這部作品毫無疑問也是非常重要的關於林兆恩哲學思想研究的力作。博士孚一畢業，即呈現給我們兩種關於林兆恩思想研究的作品，著實不容易，後生可畏，值得期待！

　　《林兆恩〈道德經釋略〉研究》即將由臺灣花木蘭文化出版社出版，可喜可賀！值出版之際，唐博士請我作序。這對我來說是非常惶恐的，雖然做過一些關於三一教的研究，但是，如前所言，其實只是停留在表面上。但是盛情難卻，我就寫了一些讀後感，略談我對於唐博士研究作品的一個理解，聊贅於此。

　　相信隨著該書的出版的，唐博士的學術之路將有一個嶄新的開啟，也祝願其在學術的道路上獲得更多的成就！

何善蒙

浙江大學哲學學院教授、博士生導師
2023 年夏於杭州

林兆恩畫像（清初獨湛性瑩作）

目

次

緒　論

第一節　選題依據及研究意義

一、選題依據

　　自隋唐以降，儒釋道三教之間的會通愈發明顯，而為了適應社會的發展與官方統治的需要，「三教合一」的思潮也應運而生，此種思潮也成為唐宋以後中國社會思潮發展的主流。尤其是發展到宋代，儒學在成功借鑒和吸收了釋道二教的學理之後，建立了以理學為核心的新儒學，極大程度上影響了後世三教關係的發展。而自有明一代，儒釋道三教之間的會通更是蔚然成風，特別是以王陽明為代表的儒家心學，「三教合一」之思想幾乎貫穿了陽明的整個「良知」學說。明代中後期，被稱為「閩中二異端」之一的林兆恩致力於會通三教，他大倡「三教合一」之旨，並創立三一教（三一教也稱夏教），其門徒尊稱其為三教先生，後改稱三一教主。酒井忠夫先生在《中國善書研究》一書中甚至將其列為明末三教關係中不得不考察的人物。林兆恩的「三教合一」論極具理論特色，對儒釋道三教的會通與合流有著極大的借鑒意義。他的思想在中國哲學史與宗教史上都有一定的地位，其所創立的三一教流傳至今已有四百多年歷史，目前該教還在我國福建省的莆田和仙遊地區、臺灣地區流傳，此外東南亞的新加坡、馬來西亞、泰國等國亦存在其蹤跡，可謂是

有著十分重要的影響〔註1〕。

其所著的《道德經釋略》乃是其會通三教之學的重要著作，然而當今學界尚未有對其展開專門性的研究。熊鐵基、馬良懷與劉韶軍三人合著的《中國老學史》（1995版）中曾統計明代見存的注老書目〔註2〕，作者誤將林兆恩的注老流派歸於道家。事實上，林兆恩之注老立場依舊是儒家，其本人亦可算作是陽明後學〔註3〕（就廣義而言），可見學界對此部《道德經釋略》忽視已久。本項目旨在探究林兆恩對《道德經》文本的詮釋，揭示出其注老宗趣，同時探討其經學詮釋與「三教合一」思想之關係，由此為解讀林兆恩的「三教合一」思想提供了新的文獻依據。這一新文獻的展現，也能彌補當前林兆恩研究中對其會通三教義理研究的不足，揭示出明末儒釋道三教互動中老學對三教會通與融合的影響。

二、研究意義

第一，在前人研究的基礎上開拓新的研究文本，即以《道德經釋略》為主要文獻來解讀林兆恩的「三教合一」思想。一方面，探究《道德經釋略》中所呈現的注老特色及其對老子思想的詮釋，為推進林兆恩在新時代的研究提供新的文獻和角度。另一方面，進一步挖掘林兆恩對三教義理的會通，同時探究林兆恩研究中關於其道家思想與「三教合一」思想之間的關係，從道家的層面補充林兆恩之相關研究。

第二，根據韋東超的博士論文所統計的情況，已知的明代《老學》著作有

〔註1〕 筆者亦曾於2022年7月造訪莆田市三一教協會以及林龍江文化研究會，得知目前莆田市共有三一教堂不少於1816座，敬仰者約有100多萬人。關於三一教的海外分布，根據傅康吾教授的研究，在今天的新加坡、馬來西亞、泰國、印度尼西亞等國都有很多的三一教堂，這些三一教堂與道教、佛教不同，不叫寺或觀，而稱為堂、祠、院、洞、宮等，在馬來西亞的三教堂比新加坡更多，全國的三教堂可能超過一千座，僅在吉隆地區據統計就有一百二十座左右，這說明了三一教至遲在十九世紀末二十世紀初就傳入了東南亞地區，在四十年代末五十年代初以後，迅速傳播開來，教徒數以萬計。參見傅吾康（Wolfgang Franke). *Some Remarks on the Three-in-one Doctrine and Its Manifestations in Singapore and Malaysia. Oriens Extrenus*, Jahrgang19,1972.

〔註2〕 熊鐵基，馬良懷，劉韶軍著：《中國老學史》，三明：福建人民出版社，1995年，第427頁。

〔註3〕 按照張昭煒的劃分，陽明後學當有廣義與狹義之分，而狹義則主要是列入《明儒學案》的王學八大派，廣義「即包括在學統方面與陽明後學緊密聯繫的林兆恩、虞淳熙等」。參見張昭煒著：《陽明學文獻整理與研究的新進展》，上海：上海古籍出版社，2018年，第3頁。

105 種，然現存能見到的約 50 種〔註4〕（依涂立賢之考證，明代老學文獻應有
169 種，存世的有 89 種〔註5〕）。而從整個明代的學術思潮來看，老學並非是
顯學，且相較於唐宋老學，明代老學並未有較高的理論創新，故而學界對其關
注相對較少。儘管如此，但明代道家思想對儒家之影響尤其深遠，柳存仁先生
曾提出：「與宋學比較來說，其受過道教影響則同，其所受道教影響的深度與
闊度，則遠非宋代儒教所能望其項背。」〔註6〕可見明代道家對儒學產生的影
響尚超以往。而林兆恩的《道德經釋略》作為明代老學的重要組成部分，開展
相關的研究亦可以補充當下明代老學研究中的不足，為豐富明代老子學的研
究提供新的視角。

　　第三，以《道德經釋略》為窗口進一步探究道家思想如何影響包括林兆恩
在內的晚明學者倡導「三教合一」思想的問題。同時，為研究明末儒釋道三教
互動中，道家思想對儒佛兩家的影響提供參考。特別是揭示陽明後學對老學的
吸收與借鑒，從而更為系統地探討心學與老學的融合與互釋。

第二節　林兆恩相關研究綜述

一、國內外研究成果概述

　　事實上，關於林兆恩思想的評述早在傳統之際就已經存在了。最具代表性
的要數黃宗羲的《南雷文案・林三教傳》一文，黃宗羲雖然未將其列入《明儒
學案》，但在全集中單獨為其另作傳，可見黃宗羲亦不能忽視林兆恩的學術價
值，儘管黃宗羲認為林兆恩這種混合儒釋道的思想有點「驢非驢馬非馬」。此
外，還有紀曉嵐等人所編撰的《四庫總目提要》中認為其思想是「悠謬殆不足
與辯」。當然亦有學者十分稱頌其思想，如以發揚孔教為己任的清代學者陳煥
章則認為林三教挽釋道之流以歸儒是對孔教的發揚，甚有功於孔門。當然，系
統性的研究肇始於 20 世紀，目前學術界對於林兆恩的研究大致可以分成三個
階段：第一階段是 20 世紀 30 年代至 70 年代，第二階段則從 20 世界 80 年代
至 20 世紀末，第三階段則是 21 世紀以來的研究。從整體上來看，第一階段以海

〔註4〕韋東超：《明代老學研究》，華中師範大學博士學位論文，2004 年。
〔註5〕涂立賢《明代官員群體老學研究》，華中師範大學博士學位論文，2017 年。
〔註6〕柳存仁著：《明儒與道教》，《和風堂文集》卷中，上海：上海古籍出版社，1991
　　　年，第 819 頁。

外學者為主，臺灣、日本學者對於林兆恩的關注較早，大陸地區因為複雜的原因基本沒人關注。進入第二階段以後，大陸學者也開始注意林兆恩，並展開相關的研究，因而 80 年代以後無論是海外學者還是大陸學者都從不同的方面展開對林兆恩的研究，可以說林兆恩的研究正式步入正軌，同時也取得了相當的成果。進入 21 世紀之後，尤其是 2006 年莆田市三一教協會成立之後，學術界對於林兆恩的研究也越來越深入，學者們從哲學、文學、宗教學、人類學、社會學等不同學科對林兆恩進行研究。從總體來說，進入 21 世紀後關於林兆恩的研究基本呈現出從單一到多元的發展態勢，研究方法也從傳統的文獻解讀和考據轉向文獻與田野調查相結合的路徑。

（一）20 世紀 30 年代至 70 年代

早在 20 世紀 30 年代，日本學者就已經注意到了林兆恩，如小柳司氣太的《明末的三教關係》與重松俊章的《支那三教史上的若干問題》均提到林兆恩。而容肇祖所撰寫的《提倡三教合一的林兆恩》（1948 年）打開了國內林兆恩個案研究的開端，林兆恩及其三一教正式進入學術界的視野。但這一階段的學者主要以海外學者為主，尤其是日本學者的成果相對更重要一些。具有代表性的學者有日本學者間野潛龍、酒井忠夫以及荒木見悟，此外還有德國學者傅吾康（Wolfgang Franke），以及澳大利亞學者柳存仁等。這一階段尚未出現關於林兆恩研究的專著：以下為這一時期的主要論文成果：

間野潛龍

《林兆恩續考》，《東方宗教》第五六號，1980 年。

《明代文化史研究》第三章《儒釋道三教的交涉》，京都同朋會，1979 年。

《林兆恩的著作》，《清水泰次博士追悼紀念明代史論叢》，東京大安株式會社，1962 年。《明代時期的三教思想——特別以林兆恩為中心》，《東洋史研究》第十二卷第一號，1952 年。

荒木見悟

《明末宗教思想研究》第八章《東溟與林兆恩》，創文社，1979 年。

《明末二人的三教一致論——管東溟與林兆恩》，《東洋學術研究》，第十七卷第五號，1978 年。

酒井忠夫

《中國善書的研究》第三章《明太祖的宗教政策與三教思想》，東京國書

刊行會，1972 年。

　　《明末的儒教與善書》，《東方宗教》第七號，1955 年。

傅吾康（Wolfgang Franke）

Some Remarks on Lin Chao-en, Oriens Extrenus, Jahrgang20 , 1973 年。

Some Remarks on the Three-in-one Doctrine and Its Manifestations in Singapore and Malaysia, Oriens Extrenus, Jahrgang19, 1972 年。

柳存仁

Lin Chao-en the Master of the Three Teaching, T'oung Pao Vol L111, 1967 年，（《和風堂文集》）。

容肇祖

　　《提倡三教合一的林兆恩》，國立北京大學五十週年紀念論文集，1948 年。

　　此外，還有部分文獻因時間久遠和其他原因沒能列舉，如佐藤鍊太郎的《〈李氏說書考〉與林兆恩〈四書正義纂〉比較》。從這一階段的研究情況來看，主要偏重基礎研究，特別是關於林兆恩的生平與著作方面的考論較多。其次，也有部分學者開始討論其三教思想，如柳存仁、容肇祖二人均是以三教論作為研究對象，大體上對林氏的「三教合一」思想有所討論，但研究的深度依舊不夠。

（二）20 世紀 80 年代至 20 世紀末

　　自改革開放進入 80 年代以來，除海外學者持續關注林兆恩以外，大陸地區關於林兆恩的研究也陸續展開。這一階段最大的特點在於研究方法的轉變，田野調查的方法與宗教人類學的方法不斷深化，注重實地調查的學風興起。同時，在文獻研究方面，國內外學者也取得了豐碩的成果。尤其是自 80 年代以來出現了一批關於林兆恩的研究專著：其中以美國學者貝琳（Judith A.Berling）的《*The Syncretic Religion of Lin Chao-en*》（ Columbia University Press，1980 年）、臺灣鄭志明先生的《明代三一教教主研究》（臺灣學生書局，1988 年）、福建學者林國平的《林兆恩與三一教》（福建人民出版社，1992 年）最具代表性。此外還有一些相關論著和一批傑出的期刊論文，以下僅列舉這一階段的主要相關專著成果：丁荷生（Kenneth Dean）、鄭振滿編的《福建宗教碑銘彙編（興化府分冊）》（福建人民出版社，1995 年）、丁荷生（Kenneth Dean）的 *Taoism and Popular Cults in Southeast China*（ Princeton University Press，1993 年）、《林

兆恩與晚明王學》（出自《晚明思潮與社會變動》，弘化文化公司 1987 年）以
及鄭志明的《臺北地區夏教的宗教體系研究》（臺北文獻直字第屯十六期，1986
年）。

（三）進入 21 世紀之後

進入 21 世紀之後，學術界對林兆恩思想的研究也邁入了一個全新的階段。
特別是在研究方法上也有了較大的突破，文化人類學與宗教社會學的方法在
研究中屢見不鮮，無論是傳統的文獻解析與考據還是田野調查，都取得了豐富
的成果。這一時期，在專著方面以何善蒙的《三一教研究》（浙江大學出版社，
2011 年）和趙偉的《林兆恩與〈三教開迷歸正演義〉研究》（中國社會科學出
版社，2011 年）為代表性成果。此外，另有部分著作涉及林兆恩與三一教的研
究，如饒宗頤的《三教論及其海外傳播》（中國人民大學出版社，2009 年）、臺
灣林珊妏的《〈三教開迷歸正演義〉研究》（臺灣花木蘭文化出版社，2005 年）
以及馬西沙與韓秉方合著的《中國民間宗教史》（中國社會科學出版社，2004
年），儘管這些著作並不是專門性的研究，但其內容大多涉及林兆恩及其三一
教。而在論文方面則以林國平先生的研究為代表，林先生自上世紀 80 年代以
來一直致力於林兆恩與三一教的相關研究，進入 21 世紀之後林先生又有多篇
論文問世，如《當代三一教的復興與轉型》《當代民間宗教的復興與轉型——
以福建三一教為例》等文。除以上的研究外，還有一批關於林兆恩與三一教的
研究論文，以下將詳細展開論述。

二、關於林兆恩研究的動態分析

經過上述三個階段的不斷研究，目前對林兆恩的研究在不同的領域中形
成了不同的研究方向，大致來說主要可以分為林兆恩生平與著作研究、文學領
域的林兆恩研究、宗教學領域的林兆恩研究以及哲學領域的林兆恩研究。以下
將由上述四個領域展開對林兆恩研究的動態分析。

（一）林兆恩的生平與著作研究

關於林兆恩的生平及其著述的研究主要依託於《林子年譜》與《林子本行
實錄》。林兆恩的生平分期直接關涉對其思想的研究，因而是研究中較為重要
的基礎研究，也為其他研究的展開奠定了一定的基礎。較早對林兆恩生平作梳
理的要數間野潛龍，他在《明代文化史研究》中對林兆恩的生平進行了探討並

將其人生歷程劃分為：三十歲、三十五歲、四十三歲和六十九歲幾個階段，並
且對現存本的《林子年譜》作了介紹。上世紀 90 年代林國平先生在其《林兆
恩與三一教》一書中以三十歲、三十五歲和五十歲作為林兆恩生平的劃分依
據。並從「家世與青少年時代」、「棄名學道和創立三一教」以及「毀家紓難和
傳教活動」三個方面來敘述林兆恩的生平〔註7〕。何善蒙的《三一教研究》將
其劃分為童蒙時期（1517～1529），發憤仕途時期（1530～1546），棄名學道時
期（1547～1550），創教倡道時期（1551～1598）四個時期〔註8〕。趙偉的《林
兆恩與〈三教開迷歸正演義〉研究》則將其生平與宗教異象相結合，突出了其
生平的宗教色彩〔註9〕。另有趙獻海的《明後期士人在野經世研究──以林兆
恩為個案》一文，此文以林兆恩作為士人在野經世的個案研究，以不同的角度
展示了林兆恩的生平，並認為林兆恩的人生經歷根源於科舉制度在晚明社會
所面臨的困境，因而希望通過向社會靠攏的方式實現經世的理想〔註10〕。而鄭
志明先生的《明代三一教教主研究》則側重從人格方面來敘述林兆恩的生平，
鄭先生綜合社會學、心理學、宗教學與思想史學等不同學科方法，從「士子性
格的生命形態」、「宗教性格的生命形態」、「思想性格的生命形態」三個層面來
呈現林兆恩的整個生平。應該說鄭先生立足於從文化的視角全面的展現林兆
恩在當時社會背景下的生命形態，可謂獨樹一幟。

　　此外，最早對林兆恩的著作進行梳理的當屬間野潛龍的《林兆恩的著作》
一文，作者在其中對林兆恩的著作進行了一定的梳理。而大陸學者林國平先生
尤其對林兆恩的著作作了系統的調查與考證。根據林國平先生的考證，國內外
現存不同版本的林兆恩全集共有 16 種之多，不同全集之間收錄的情況不盡相
同，林先生認為《林子三教正宗統論》是目前相對較完整的全集，能更準確的
反映林兆恩思想的全貌〔註11〕。以上諸多學者從不同的敘述角度對林兆恩的
生平與著作進行了細緻的梳理，按照林兆恩思想的變化較為系統地揭示了其

〔註7〕　林國平著：《林兆恩與三一教》，福州：福建人民出版社，1992 年，第 1～15
　　　　　頁。

〔註8〕　何善蒙著：《三一教研究》，杭州：浙江大學出版社，2011 年，第 3～9 頁。

〔註9〕　趙偉著：《林兆恩與〈三教開迷歸正演義〉研究》，北京：中國社會科學出版社，
　　　　　2011 年，第 1～17 頁。

〔註10〕　趙獻海：《明後期士人在野經世研究──以林兆恩為個案》，中國明史學會、遼
　　　　　寧師範大學，第十二屆明史國際學術研討會論文集：遼寧師範大學出版社，
　　　　　2007 年。

〔註11〕　林國平著：《林兆恩與三一教》，福州：福建人民出版社，1992 年，第 20 頁。

思想的形成與發展過程，為後人的研究提供了一定的基礎。

（二）文學領域的林兆恩研究

本來林兆恩之思想主要集中在哲學與宗教學，其文學思想並不出名。然誕生於晚明時期的小說《林兆恩與三教開迷歸正演義》是以林兆恩及其「三教合一」思想為原型而作，故而這一小說的研究也豐富了文學領域中林兆恩之研究。在這一領域中，著作方面以趙偉的《林兆恩與〈三教開迷歸正演義〉研究》和臺灣林珊妏的《〈三教開迷歸正演義〉研究》為代表性成果。其中，趙偉的《林兆恩與〈三教開迷歸正演義〉研究》一書從文學之視角切入思想史的探討，其研究方法雖是基於小說文本之解讀，但亦不乏思想與宗教的綜合探析，因而《林兆恩與〈三教開迷歸正演義〉研究》一書對林兆恩及其「三教合一」思想亦不乏深刻的探討。《林兆恩與〈三教開迷歸正演義〉研究》一書中的前兩章乃是對於林兆恩生平與思想的梳理，作者對於其三教合一思想有一定的解析與探討，其餘部分主要圍繞著文學作品來解讀。作者指出小說《三教開迷歸正演義》是以林兆恩的「三教合一」思想為依據而進行創作，並且表現出與整個晚明文學思潮的一致性，可以說林兆恩的思想對晚明文學產生了巨大影響〔註12〕。趙偉的研究對於我們瞭解文學作品中的林兆恩形象以及當時民間對林兆恩思想的接受有一定的幫助。

而林珊妏的《〈三教開迷歸正演義〉研究》同樣屬於文學領域的研究，作者從明代三教思潮出發對小說的思想背景進行了細緻的探討，著重對小說的文本內容與特色進行了分析，其中第六章對林兆恩思想與《三教開迷歸正演義》的實踐方式進行了說明〔註13〕。此外還有，段春旭的《一部反映民間宗教思想與傳播的小說——〈三教開迷歸正演義〉》，作者認為《三教開迷歸正演義》以神魔式的筆法，通過三位三一教門人破解害人迷魂，終成正果的過程，宣傳了三一教的思想，同時反映了當時的各種社會道德思想與社會現實〔註14〕。以及齊學東的《描寫媽祖和林兆恩「三一教」的兩部古代長篇小說》一文，作者認為該小說的創作是以林兆恩與三一教為題材，通過小說宣揚三一教，因而對

〔註12〕趙偉著：《林兆恩與〈三教開迷歸正演義〉研究》，北京：中國社會科學出版社，2011 年。

〔註13〕林珊妏著：《〈三教開迷歸正演義〉研究》，臺北：臺灣花木蘭文化出版社，2000 年。

〔註14〕段春旭：《一部反映民間宗教思想與傳播的小說——〈三教開迷歸正演義〉》，《世紀橋》，2006 年第 2 期。

於研究三一教的傳播有一定參考價值〔註15〕。另有李夢生的《三教開迷歸旨演義提要》、楊東甫的《關於三教開迷歸正演義及其作者》以及薛世平的《三教開迷歸正演義成書背景初探》等文。文學作品中的林兆恩研究雖然並不能為研究林兆恩的思想提供直接的依據，但是此類研究拓展了研究的視野，也為研究林兆恩思想的傳播提供了一條新的研究路徑。

（三）宗教學領域的林兆恩研究

1. 三一教的起源問題

馬西沙與韓秉方合著的《中國民間宗教史》中從林兆恩個人情況及三一教創立的社會思想背景、林兆恩的宗教思想特徵以及林兆恩倡導的道德社會理想三個方面，對林兆恩的「三教合一」思想及三一教的產生、發展演變的情況做了較充分的梳理與分析，作者指出三一教的特別之處在於它並非是任何宗教的派生物，而是源於學術團體〔註16〕。林國平先生在《林兆恩與三一教》中指出三一教在嘉靖四十五年以前還是以儒生為主的學術團體，三一教性質的改變是隨著三一教的影響不斷擴大造成的。隨著門徒招收的擴張，三一教由原來的學術團體逐漸向民間宗教轉變，直到林兆恩去世後三一教的學術成分與宗教成分徹底分離，而在後世流傳的則是成功轉化為民間宗教的一支〔註17〕。此外林國平先生的論文《三一教與道教的關係——從林兆恩與卓晚春、張三峰〔註18〕的關係談起》一文從林兆恩與卓晚春和張三峰（即張三豐）的關係來考察，指出了其「三教合一」思想是對道教內丹學的吸收與借鑒。林兆恩去世後三一教徒又將道教的符籙、禁咒、卜卦等宗教儀式與神靈崇拜引入三一教，可以說其創立的三一教自始至終都深受道教的影響〔註19〕。而李志鴻的《三一教與道教雷法初探》一文同樣考察了三一教與道教的關係，不同的是作者從道教雷法作為考察的切入點。作者指出三一教對道教「九天應元雷聲普化天尊」的

〔註15〕齊學東：《描寫媽祖和林兆恩「三一教」的兩部古代長篇小說》，《福建師大福清分校學報》，2004 年第 4 期。

〔註16〕馬西沙，韓秉方著：《中國民間宗教史》，北京：中國社會科學出版社，2004年。

〔註17〕林國平著：《林兆恩與三一教》，福州：福建人民出版社，1992 年，第 102～119 頁。

〔註18〕張三峰應為張三豐，《林子三教正宗統論》以及《林子本行實錄》中均做「張三峰」，故而文中涉及林兆恩之原文作「張三峰」，筆者仍從「張三豐」。

〔註19〕林國平：《三一教與道教的關係——從林兆恩與卓晚春、張三峰的關係談起》，《宗教學研究》，1988 年第 4 期。

神靈尊崇以及「金齒臨，玉齒臨」咒的使用說明了三一教對道教的吸納，從側面表現了「三教合一」的宗旨〔註20〕。另，俞黎媛的《社會學視野下的三一教與明代社會》，該文從社會學的視野出發，分析了三一教誕生的社會原因，作者認為三一教的誕生很大程度上在於「二教合一」的社會思潮，同時明代社會的危機處理不到位，社會保障的缺失又使得三一教由學術團體轉向宗教團體〔註21〕。此外還有部分論文限於時間久遠無從查證，如詹石窗的《論三一教的道教色彩》（《世界宗教研究》，1989 年第 3 期）等。

2. 三一教的傳播與現狀

三一教因其獨特的文化性與現實性成為當代民間宗教研究中的熱點之一。此一方面的研究以林國平先生為代表，進入 21 世紀之後林先生尤其關注三一教的當代傳播和復興。他在《民間宗教的復興與當代中國社會——以福建為中心》《當代三一教的復興與轉型》《當代民間宗教的復興與轉型——以福建三一教為例》《楊通化與仙遊、惠安三一教的復興》等文中，特別以三一教為例探討了作為民間宗教的三一教如何在新世紀實現轉型和復興的問題。總的來說，林先生認為三一教作為一種民間宗教的典型，在當代的復興是不可忽視的，它具有較強的文化與信仰意義。但在這一轉型過程中傳統的民間宗教必然與新時代產生諸多的矛盾，因而尤其需要政府的介入與把控，從而引導其與社會主義社會相適應，發揮其積極的社會功能〔註22〕。另，林國平先生的《從〈夏午堂歌詞集〉看三一教的娛樂與教化觀》一文從音樂的角度來審視三一教的傳播方式，林先生指出歌詞集對於三一教的傳播有著重要的作用，也是承載三一教基本要義與修行理念的重要載體〔註23〕。而饒宗頤的《三教論及其海外傳播》較為系統的分析了林兆恩「三教合一」思想的來源、依據，以及三一教對後世民間宗教的影響，還有三一教在東南亞地區的傳播、影響等問題〔註24〕。此外，石滄金、歐陽班鈹的論文《馬來西亞華

〔註20〕李志鴻：《三一教與道教雷法初探》，《世界宗教研究》，2018 年第 2 期。
〔註21〕俞黎媛：《社會學視野下的三一教與明代社會》，《赤峰學院學報》（漢文哲學社會科學版），2010 年第 10 期。
〔註22〕林國平：《當代民間宗教的復興與轉型——以福建三一教為例》，《東南學術》，2011 年第 6 期。
〔註23〕林國平：《從〈夏午堂歌詞集〉看三一教的娛樂與教化觀》，《海峽教育研究》，2013 年第 2 期。
〔註24〕饒宗頤著：《饒宗頤二十世紀學術文集》，北京：北京大學出版社，2000 年。

人的三一教信仰考察》著重研究了馬來西亞的三一教現狀，作者指出馬來西亞現在可以確認的三一教堂約 20 餘座，它們分布於吉隆坡、雪蘭莪、檳城、檳榔嶼、森美蘭和霹靂等地。作者指出，馬來西亞三一教的存在具有增強華人凝聚力的作用，對於發揚中華傳統文化等具有積極的促進作用〔註 25〕。

　　另，王成良的碩士論文《2006 年以來的莆田三一教研究》以 2006 年為界限，研究了近 12 年（2006～2018）來莆田地區當代三一教的發展形態，探討了新時代背景下三一教作為一種民間宗教的發展情況及其存在的問題，具有較高的現實意義。作者認為三一教作為傳統文化的一部分具有較高的文化意義，同時對於莆田地區的信眾來說乃是生活中不可或缺的一部分〔註 26〕。還有羅臻輝的《明末清初三一教在漳州傳播考述》，此文深入考察了明末清初漳州地區三一教的傳播與發展情況，作者梳理了漳州地區三一教門人以及他們的活動和與官員的交往，對於研究漳州地區三一教的傳播史具有一定的參考價值〔註 27〕。

3. 三一教的宗教儀式

　　此外何善蒙教授在其著作《三一教研究》和論文《福建省莆田市仙遊縣三一教信仰狀況田野調研》《三一教儀式研究》中對三一教的現狀有較為詳細的研究。何善蒙主要採取田野調查的研究方法，他曾多次深入福建的浦仙地區進行實地考察，因而他的研究材料比較詳實，考證細緻。可以說，田野調查的方法與宗教人類學的研究範式，為我們在現代視野中考察與闡釋三一教的當代形態與發展提供了新的方法論指導。他在《三一教儀式研究》一文中對三一教的入教、會道、誕慶等諸多儀式進行了深入的分析，作者認為就三一教儀式的形成主要有兩個來源，一為道教的科儀，二則是佛教的科儀，同時又包含著一部分的儒家觀念，體現了其三教合一的基本特色〔註 28〕。同時，他在《福建省莆田市仙遊縣三一教信仰狀況田野調研》一文中對三一教的現狀做了大量的數據採集和分析，並指出了三一教所具備的五種社會功能，即：社會公益功能、社會社交功能、心理調適功能、教育功能和社會整合功能，最後作者對現有的

〔註 25〕石滄金，歐陽班銖：《馬來西亞華人的三一教信仰考察》，《東南亞研究》，2012 年第 3 期。

〔註 26〕王成良：《2006 年以來的莆田三一教研究》，華僑大學碩士學位論文，2018 年。

〔註 27〕羅臻輝：《明末清初三一教在漳州傳播考述》，《宗教學研究》，2018 年第 1 期。

〔註 28〕何善蒙：《三一教儀式研究》，《世界宗教研究》，2009 年第 3 期。

問題進行了分析並指出了未來三一教發展的展望〔註29〕。

另，吳慧娟從聲樂的角度對三一教儀式的用樂作了細緻的考察，形成了一批研究成果如《三一教儀式音樂的用樂原則》《三一教儀式音樂的場域與實施》《福建省仙遊縣三一教儀式音樂調查與研究》《三一教儀式中的音聲分析》以及《莆田三一教儀軌及其音樂的道教淵源》。這裡主要舉其博士論文《福建仙遊三一教儀式音樂研究》來論述，總體而言吳博士的研究主要從音樂的角度對三一教的儀式展開研究，作者通過大量的田野調查與考證從舉行儀式的場合、儀式音樂的特點、儀式的使用以及如何使用這些音樂等方面詳細論述了是三一教用樂與當地民間音樂的關係，對於推進三一教的全面研究有著積極的作用〔註30〕。

（四）哲學領域的林兆恩研究

就目前而言，在所有林兆恩相關的研究中，其「三教合一」思想的探討是學者所聚焦之地，這也是文本所關注的領域。除上述已經提到的部分研究專著外，另有三篇碩士論文值得注意：臺灣吳伯曜的碩士論文《林兆恩〈四書正義〉研究》（國立彰化師範大學碩士學位論文，2001 年）、莊恒愷的《林兆恩哲學思想研究》（上海師範大學碩士學位論文，2009 年）、孟依莎的《「三教合一」與三一教實踐》（陝西師範大學碩士學位論文，2016 年）。由此，形成了關於其思想淵源、「三教合一」思想的體系、修行工夫論等問題的研究。

1. 林兆恩思想的淵源

關於林兆恩思想的淵源，眾多學者曾就此問題作出考察，往近學者大多指出了林兆恩思想與陽明心學的關係。鄭志明先生在其《明代三一教主研究》中指出林兆恩哲學思想的框架依舊是宋明理學，而就其整體觀念來說，可以歸類於陸王一系的心學系統〔註31〕。同時，鄭先生也著重考察了林兆恩與釋道二教的關係。此外林國平與何善蒙也認為林兆恩「三教合一」思想的基礎就是心學，其中何善蒙同樣考察了林兆恩與儒釋道三教的關係，他指出林兆恩在思想形成的過程中接受了道釋二教的影響，而就其具體影響來看，對林兆恩思想起關

〔註29〕何善蒙，王廷婷：《福建省莆田市仙遊縣三一教信仰狀況田野調研》，《世界宗教研究》，2007 年第 2 期。

〔註30〕吳慧娟：《福建仙遊三一教儀式音樂研究》，上海音樂學院博士學位論文，2010年。

〔註31〕鄭志明著：《明代三一教主研究》，臺北：臺灣學生書局，1988 年，第 165 頁。

鍵作用的還是道教內丹學與佛教禪宗〔註32〕。此外，莊恒愷的《林兆恩「三教合一」思想中的佛道因素》一文認為，林兆恩思想的發展與莆仙地區的佛道教發展有關，更重要的是林兆恩還是以心學融攝三教，因而對於道教更加傾向內丹學，而佛教則傾向以「明心見性」為要旨的禪宗〔註33〕。

應該說從心學的角度來重新審視林兆恩思想是一個近年來較新的研究方向，尤其是將其作為陽明後學來探討林兆恩與王學的關係。其中，韓秉芳〔註34〕（亦即韓秉方）的《從王陽明到林兆恩──兼論一個傳佈於閩中的王學傍支別派》和彭國翔的《王畿的良知信仰論與晚明儒學的宗教化》兩篇文章較為具有代表性。彭國翔認為嚴格而論林兆恩並非陽明後學，但三一教的思想理論完全是基於陽明心學的，因而林兆恩三一教的建立，可以作為陽明學影響下儒學宗教化的一個具體例證〔註35〕。而韓秉芳則指出，林兆恩的哲學思想從本質上來說是屬於陽明心學的，因而可以說是「姚江別派」，是陽明後學中一個從學術團體向宗教發展的傍支，他的學術地位不應該被低估〔註36〕。

2. 林兆恩的「三教合一」論

林兆恩思想的基本特徵就是「三教合一」，因而大部分學者都聚焦在其「三教合一」思想的研究上。上世紀林國平先生最早提出林兆恩「三教合一」論的基本主張，林先生在《林兆恩與三一教》一書中將其基本思想內涵歸結為四個層次，分別為：「非非三教說」「三教一致說」「三教合一說」以及「歸儒宗孔說」並進一步指出了其思想的主要特徵〔註37〕。目前，對於林兆恩「三教合一」思想的歸旨，學界沒有太多的爭議，基本都認為其思想是三教歸儒。但基於對林兆恩「三教合一」思想體系的不同建構，目前學界大致出現了三種不同的體系。

首先，以何善蒙和孟依莎為代表的體系，他們二人均以「道一教三」作為林兆恩「三教合一」思想的邏輯起點。何善蒙的《三一教研究》《林兆恩「三

〔註32〕何善蒙著：《三一教研究》，杭州：浙江大學出版社，2011 年。

〔註33〕莊恒愷：《林兆恩「三教合一」思想中的佛道因素》，《長江師範學院報》，2012年第 3 期。

〔註34〕根據韓先生公開發表之論文與著作，發現其署名有「韓秉芳」與「韓秉方」之差異，故而文中按照韓先生發表之署名來引用，為避免造成誤會，特此說明。

〔註35〕彭國翔：《王畿的良知信仰論與晚明儒學的宗教化》，《中國哲學史》，2002 年第 3 期。

〔註36〕韓秉芳：《從王陽明到林兆恩──兼論一個傳佈於閩中的王學傍支別派》，國際儒學聯合會：《國際儒學研究》第十九輯（下冊），2012 年。

〔註37〕林國平著：《林兆恩與三一教》，福州：福建人民出版社，1992 年。

教合一」的宗教思想淺析》都有對其「三教合一」的思想進行探析。何善蒙認
為林兆恩的「三教合一」思想是建立在心學基礎之上，而其思想體系大致包括
五個層次：「道一教三說」「三教一致說」「非非三教說」「三教合一說」「歸儒
宗孔說」五個方面。他認為林兆恩的整個理論體系依託於「道一教三說」，而
「三教一致說」是對「道一教三說」的進一步闡釋，其次「非非三教說」乃是
從對現實批判的角度來論證「三教合一」的必要性，最後「歸儒宗孔」則是林
兆恩「三教合一」思想的最終歸旨〔註38〕。而孟依莎在其碩士論文《「三教合
一」與三一教實踐》中，將林兆恩的「三教合一」思想歸納為「道一教三」「非
非三教」和「三教合一」三個層次。她將「道一教三」作為林兆恩「三教合一」
思想的出發點和理論基礎，並認為「非非三教」是林兆恩為解決「三教合一」
思想困境所作出的創見，最後她以教義和修行作為「三教一致」的切入點，並
認為林兆恩「三教合一」思想的歸旨是「歸儒宗孔」〔註39〕。

　　其次，以林國平、趙偉的研究和莊恒愷的碩士論文為代表，他們以林兆恩
對三教之弊的批判作為其「三教合一」思想的起點。趙偉的《林兆恩與〈三教
開迷歸正演義〉研究》一書從明末釋道二教的「三教合一」論、志向、三教之
弊、三教心性相同、三教皆重綱常倫理、三教歸儒宗孔六個方面來論述林兆恩
的「三教合一」思想。從實際的理論建構來看，他的論述突出了林兆恩對明末
三教流弊的批判並強調了林氏以心性、倫理來會通三教，最後以「歸儒宗孔」
作為林兆恩的思想歸旨〔註40〕。而莊恒愷在其碩士論文《林兆恩哲學思想研
究》中建構了以「非非三教」「三教一致」和「歸儒宗孔」為主要內容的「三
教合一」論。他認為林兆恩的「三教合一」思想是以陽明心學為基礎，並糅合
了釋道二教的理論建立起來的，而「非非三教」就是林兆恩提出「三教合一」
的現實起點，進而以三教皆是性命之學、皆重內省工夫和體驗「道」的途徑相
同，三個方面解釋了林兆恩的「三教一致」，最後得出林兆恩三教「歸儒宗孔」
的思想歸旨〔註41〕。

〔註38〕何善蒙：《林兆恩「三教合一」的宗教思想淺析》，《華僑大學學報》（哲學社會
　　　　科學版），2006 年第 4 期。
〔註39〕孟依莎：《「三教合一」與三一教實踐：林兆恩思想特徵研究》，陝西師範大學
　　　　碩士學位論文，2016 年。
〔註40〕趙偉著：《林兆恩與〈三教開迷歸正演義〉研究》，北京：中國社會科學出版社，
　　　　2011 年。
〔註41〕莊恒愷：《林兆恩哲學思想研究》，上海師範大學碩士學位論文，2009 年。

　　最後，鮑希福在其博士論文《三教本心——心學整合儒釋道三教思想研究》第五章中提出了林兆恩「以心為宗」的「三教合一」論。應該說他的理論出發點與鄭志明先生在 1988 年出版的《明代三一教主研究》一書中以心學視角作為林兆恩研究的方法十分相似，他們都以陽明心學作為林兆恩「三教合一」思想的出發點和理論依據。鮑希福認為林兆恩的思想是來自以陸九淵為代表的以「心」統合三教的結晶，並認為他是心學三教關係的集大成者。他提出林兆恩統合三教的本質是以「真心」本體，融合儒釋道三教對「心」的規定，並在此基礎之上完成「三教合一」〔註42〕。

　　除了以上對林兆恩「三教合一」思想體系的建構以外，臺灣吳伯曜的碩士論文《林兆恩〈四書正義〉研究》一文以經典為詮釋中心來查考林氏的哲學思想。其中也特別以《四書正義》的詮釋方法來闡明了林兆恩「歸儒宗孔」的思想特色。應該說以上不同角度的研究都在一定程度上推進了林兆恩「三教合一」思想的研究，同時為本文的研究提供了巨大的借鑒意義。

3. 林兆恩的修行工夫論研究

　　林兆恩在獨特的修行理論引起了學界較多的關注。其中最早注意到其工夫特色的要數林國平先生，林先生的《試釋林兆恩的「九序」氣功理論》一文系統的對「九序心法」所涉及的九個工夫步驟進行了分析，它們分別是：「艮背，以念止念以求心」、「周天，效乾法坤以立極」、「通關，支竅光達以煉形」、「安土敦仁，以結陰丹」、「採取天地，以收藥物」、「凝神氣穴，以媾陽丹」、「脫離生死，以身天地」、「超出天地，以身太虛」、「虛空粉碎，以證極則」，指出林氏「九序心法」的修持方式實得源於道教內丹學〔註43〕。此外，林先生在其專著中進一步對「九序心法」的內涵進行了補充，他認為這一方法圍繞「心」這一本體展開，林兆恩就將其稱為儒家秘傳心法，故又稱「孔門心法」〔註44〕。詹石窗與袁方明的《林兆恩九序功法的哲理意涵再探》一文，認為林兆恩的「九序功法」主要受到了道教內丹學的影響，在淵源上承接道士卓晚春與鍾呂內丹派和張三豐的內丹學。在哲學上主要體現在「陰陽相成」、「虛實相生」、「形神俱煉」、「天人合一」四個觀念。「陰陽相成」是修煉基礎，「虛實相

〔註42〕鮑希福：《三教本心——心學整合儒釋道三教思想研究》，中國社會科學院博士學位論文，2010 年。

〔註43〕林國平：《試釋林兆恩的「九序」氣功理論》，《宗教學研究》，1985 年第 1 期。

〔註44〕林國平著：《林兆恩與三一教》，福州：福建人民出版社，1992 年。

生」是思想內核，「形神俱煉」是具體途徑，「天人合一」是終極目標〔註45〕。蓋建民的《林兆恩三一教內修法門與道教南宗關係的幾個問題新探》主要從修行論出發，考察了林兆恩的修行論與道教南宗的關係。作者認為，林兆恩的「九序心法」主要受到了道教南宗丹法的影響，而其「艮背心法」思想直接來源於以張伯端、石泰、薛道光、陳楠、白玉蟾為代表的道教南宗〔註46〕。

　　另有學者從心學視角心來考察其工夫特色，如莊恒愷在《林兆恩哲學思想研究》一文中提出林兆恩的修行工夫以發明本心為旨要，其工夫次第主要表現為立本、入門、極則三個層次〔註47〕。鮑希福在《三教本心——心學整合儒釋道三教思想研究》提出林兆恩的修養工夫是一種以歸儒為根本的心性進階工夫，其工夫次第包括儒以立本、道以入門、釋以極則，最後使「真心」本體能在世間和出世間兩個方面發揮其功用〔註48〕。

　　除了上述提及的從「九序心法」和發明本心的角度看其工夫論以外，林兆恩本人亦常常提及「孔門心法」。何善蒙在《三一教研究》一書中提出「孔門心法」乃是區別於「九序心法」的另一種工夫，他重點對比了「孔門心法」與「九序心法」的不同，指出「孔門心法」要求門人在日常生活中時刻保持內心的平靜，不被外物所誘惑，而「九序心法」則是在「孔門心法」的基礎上開創的一種具體修煉方式〔註49〕。持同樣觀點的還有孟依莎的《「三教合一」與三一教實踐》，作者認為林兆恩的主要修行方法就是「心法」，而從具體來看，其「心法」又可以分為「孔門心法」和「九序心法」兩種〔註50〕。

　　以上眾多的學者都對林兆恩獨特的修行論進行了深入的闡釋，對其修行論思想的淵源、內涵、次第等問題進行了探討，極大程度上豐富了其修行論的研究。大多數學者都認同林兆恩「九序心法」立本、入門、極則的修行次第，並對「九序心法」的內涵有一定的探析。

〔註45〕詹石窗，袁方明：《林兆恩九序功法的哲理意涵再探》，《中南民族大學學報》（人文社會科學版），2019 年第 1 期。

〔註46〕蓋建民：《林兆恩三一教內修法門與道教南宗關係的幾個問題新探》，《宗教學研究》，2019 年第 2 期。

〔註47〕莊恒愷：《林兆恩哲學思想研究》，上海師範大學碩士學位論文，2009 年。

〔註48〕鮑希福：《三教本心——心學整合儒釋道三教思想研究》，中國社會科學院博士學位論文，2010 年。

〔註49〕何善蒙著：《三一教研究》，杭州：浙江大學出版社，2011 年。

〔註50〕孟依莎：《「三教合一」與三一教實踐：林兆恩思想特徵研究》，陝西師範大學碩士學位論文，2016 年。

（五）其他關於林兆恩哲學思想的研究

除了關於林兆恩「三教合一」思想的研究外，另有一部分學者從其他方面來探討林氏的哲學思想。其中，姚文鑄的《林兆恩的「仁術」》一文從「三教合一」的視野著重考察林兆恩的「仁術」，作者認為林兆恩所謂「仁」的性質乃是儒家的綱常名教，並指出林氏求「仁」的工夫一方面繼承了朱子的「主敬」說，另一方面又結合了王陽明的「格物」說，呈現出自身獨特的工夫理論〔註51〕。而蔣維談的《林兆恩以虛空為本體的哲學思想探析》一文則主要闡釋了林兆恩以虛空為本體的哲學思想，作者從「空一元論的世界觀」、「仁為根本的生命觀」、「性本空的人性論」和「心自知的認識論」闡明林兆恩的哲學體系〔註52〕。而唐明貴先生的《林兆恩〈論語正義〉的詮釋特色》一文以《論語正義》作為切入點，探討林兆恩的儒學思想，作者曾指出林兆恩在學術追求上，既主張兼採朱學，也主張兼採王學，從而達到融合朱王的目的。他融通朱學和王學，試圖消弭二者間的矛盾，使之形成合力〔註53〕。此外，還有臺灣唐經欽的《論焦竑會通三教思想——兼比較焦竑與林兆恩之會通思想》《論明末以儒義融通三教之心體觀——以王龍溪與林兆恩為例》《林兆恩心體觀探討》等文，亦從不同方面對林兆恩的哲學思想進行了探索。

三、研究中的不足與展望

綜上所述，21世紀以來關於林兆恩的研究取得了一系列可觀的成果，無論是研究的領域還是研究的方法都有較大的拓展。目前研究的熱點問題主要集中在生平與著述、「三教合一」思想、修持論、三一教的傳播與復興、林兆恩與陽明學的關係、文學作品中的林兆恩等六個方面。從研究的領域來看涉及哲學、宗教學、社會學、人類學、文學、音樂學等眾多方面，多元化趨勢的研究領域也伴隨著研究方法的多樣化，從傳統的文獻解讀和考據到田野調查和實證方法的應用，無不彰顯著新時代的研究特色。隨著林兆恩研究的不斷深入，許多問題也得以進一步深化，而學界對於林兆恩關注的持續上升，也離不開眾多學者的積極參與。儘管如此，在欣欣向榮的研究中依舊暴露出許多新的問題與不足之處，在取得成果的同時也需要不斷的反思和及時對現

〔註51〕姚文鑄：《林兆恩的「仁術」》，《紹興文理學院學報》，1999年第1期。

〔註52〕蔣維談：《林兆恩以虛空為本體的哲學思想探析》，《福建論壇》（文史哲版），1989年第4期。

〔註53〕唐明貴：《林兆恩〈論語正義〉的詮釋特色》，《鵝湖月刊》，2019年第527期。

有的成果進行總結。

　　第一、從現有的研究成果來看，其「三教合一」思想依舊是研究中的核心，學界對此也有較為初步的探討，但關於其「三教合一」的深入分析依舊不夠，特別是關於林氏如何理解和定位儒釋道三教。同時，研究的視閾相對狹窄，就筆者近幾年之參會經驗而言，大多數學者並不瞭解林兆恩思想。由此也反映出學界對林兆恩的研究依舊缺乏深度和廣度。

　　第二、林兆恩的「三教合一」思想極其豐富，尚有大量文獻未經研究。林氏本人著述繁多，於儒則有《四書正義》，於道則有《道德經釋略》《常清淨經釋略》，於佛則有《金剛經概論》和《心經釋略並概論》。這些著作大多貫穿其「三教合一」之思想，可以視為其「三教合一」論的經學形態，對於深入理解林兆恩對三教義理的會通有著極為重要的參考價值。以上所列舉的著作應該是以後研究中的難點與重點，有必要深入挖掘其對三教義理的融匯，以便推進林兆恩在新時代的研究。

第三節　本書的研究思路與框架

　　本書擬從：林兆恩生平與道教之關係、《道德經釋略》的版本、對勘與詮釋方法、林兆恩對老子思想的詮釋、《道德經釋略》的詮釋特色與意義，四個部分來進行論述。第一部分為林兆恩生平與道教之關係。這一部分首先介紹了林兆恩之家世與生平概況，同時以卓晚春與張三豐為線索著重考察了道教內丹學對其「三教合一」思想的影響，並在這一基礎上探究了林兆恩對道教的理解。第二部分為《道德經釋略》的版本、對勘與詮釋方法。此一部分主要對《道德經釋略》的成書背景、行文結構等內容進行分析。從文獻學的角度來梳理《道德經釋略》一書，以通行的河上公注本、王弼注本與正統道藏中的傅奕本《老子》為對勘底本，進行相關的校對與引論的統計，最後探討林兆恩在《道德經釋略》中的釋經方法。第三部分為林兆恩對老子思想的詮釋。這一部分主要採用文本分析法，以《道德經釋略》為依據，從「道」、「無為」、「仁」、「身」四個核心範疇入手，闡釋林兆恩對《道德經》的詮釋。第四部分為《道德經釋略》的詮釋特色與意義。這一部分主要結合《林子三教正宗統論》來探究《道德經釋略》中所呈現的「三教合一」思想，同時揭示出林兆恩對老子思想的正名以及《道德經釋略》中所呈現的心學影響。

第一章　林兆恩生平與道教之關係

　　林兆恩，福建省興化府莆田縣人，生於明正德十二年（1517），卒於明萬曆二十六年（1598），享年八十二歲。兆恩字懋勳，號龍江，道號子穀子，亦曾自號心隱子，又因其一生致力於三綱五常的宣揚，亦自號三綱先生、常明先生，晚年又號混虛氏、無始氏等。林兆恩一生致力於倡道「三教合一」的思想，並以此創立流傳後世的三一教（三一教又稱夏教），故而亦被稱為三教先生、三一教主，又稱夏午尼氏道統中一三教度世大宗師。清代學者朱彝尊將林兆恩與李贄並稱為「閩之二異端」。從林兆恩「三教合一」思想的理論框架而言其屬於陽明心學無疑，因而學界基本都認同將其歸為陸王一系的心學，如鄭志明、林國平、何善蒙等學者都持此觀點〔註1〕。但在其思想轉變的過程中又極大程度上受到道教內丹學的影響，特別是其所創的「九序心法」對於三一教的形成有著至關重要的意義，詹石窗教授曾指出：「林兆恩的九序修煉思想主要受到道士卓晚春的影響，與鍾呂內丹派和張三豐的內丹思想一脈相承。」〔註2〕因而，林兆恩與道教亦有著十分深厚的思想淵源。

　　林兆恩一生著述頗豐，可謂是浩瀚如煙。據《林子本行實錄》記載，林兆恩在傳教過程中勤於著述，其再傳弟子陳衷瑜曾在《目錄紀因》中言：

　　　　三教林夫子，倡道四十八載，著書數十萬言，凡合一之旨，心

〔註1〕筆者亦曾撰文探討林兆恩「三教合一」思想與陽明心學之關係，指出林氏三教論的本質是以心學為基礎的歸儒論，因而從廣義而言林兆恩當屬陽明後學。參見唐哲嘉：《林兆恩「三教合一」論與陽明心學關係考辨》，《紹興文理學院學報》（人文社會科學），2022 年第 1 期。

〔註2〕詹石窗，袁方明：《林兆恩九序功法的哲理意涵再探》，《中南民族大學學報》（人文社會科學版），2019 年第 1 期。

性之微，經濟之大，無不畢具，皆孔老釋迦以來二千年所未嘗道者。其隨在與門人講解答論之言，即為門人錄而梓之。著作不一時，編校不一人，或以各見，編摘成集。故有曰聖學統宗者，有曰分內集者，有曰夏一集者，曰夏三集者，又有曰分摘，曰標摘，曰約摘，曰復初，曰拾餘者，種種諸集，標名各異，卷帙繁浩，往往重疊混淆，散亂無紀，觀者病之。〔註3〕

　　林兆恩自嘉靖三十年（1551）開始收徒傳教，至萬曆二十六年（1598）逝世，期間共四十八年，林氏基本上每年都會完成不少著作，僅有少數年份是沒有著作問世。因而，林兆恩每隔一段時間就會命門人將其著作彙編成集或做摘編，故而其全集也形成了諸多不同的版本，主要有《聖學統宗》《林子聖學統宗三教歸儒集》《三教分內集》《聖學統宗非非三教心聖集》《林子全集》《林子三教正宗統論》《林子會編》《夏午真經》等。

第一節　林兆恩的家世與生平

　　林兆恩本人出身於莆田望族「九牧林氏」，其家族世代以儒學為宗，其濃厚的家學淵源對林氏思想的形成與發展具有極為重要的影響。同時，按照林兆恩本人思想的轉變過程，大致可以將其一生劃分為：幼年蒙童時期（1527～1531）、發奮求學時期（1532～1546）、棄學從道時期（1547～1550）、創教授學時期（1551～1565）和傳教倡道時期（1565～1598）五個階段。

一、九牧林氏

　　林兆恩本人出身於莆田林氏家族，林家為當地的名門望族，亦有「九牧林氏」之稱。林氏一族本為中原人，直到晉代才遷居閩地，同時期入閩地的還有「黃、陳、鄭、詹、邱、何、胡」七家，加上林兆恩所在的林家一共八家，史稱「衣冠南渡，八姓入閩」。當然「八姓入閩」之說並非僅僅是傳說，而是有史實依據的，《八閩通志》中有載，晉永嘉末年，中原出現動盪，由是「八姓遂南渡入閩」。當然，實際上入閩地的家族遠遠不止以上八姓，八姓只是其中八支較大的氏族。林氏一族的入閩初祖為晉安林祿，《莆田林姓族譜》中有載：

　　　　唐定天下，氏族推晉安之林為甲，祿生景……由晉安遷至莆之

〔註3〕林兆恩撰：《目錄紀因》，《林子三教正宗統論》，北京：宗教文化出版社，2016年，第1頁。

　　北螺村……披自北螺村遷居澄渚，生九子，同時為九州牧。世遠支
　　分，布滿海內，北至玉融、閩縣、長樂、連江、浦城以逮吳下，南自
　　惠安、晉江、龍溪、漳浦以至惠湖，莫不聚斯國族。〔註4〕

　　所以林氏一族的初祖林祿在晉代由中原遷入閩地，而後傳十世隋右丞林
茂由晉安（今福州地區）遷居至莆田的北螺村。又五世而至林萬寵，於唐開元
年間歷仕新安縣令、饒州、高平郡太守，萬寵生有三子，分別為：林韜、林披、
林昌三人。其中林披公於唐天寶年間授太子詹事，贈睦州刺史，遂由北螺村遷
居至澄渚（別名汀渚，今福建莆田市西天尾鎮），林披生有九子，分別為：葦、
藻、蘊、蒙、曄、著、薦、邁、蔇，九子皆為刺史，葦為端州刺史，藻為嶺南
節度副使，蘊為邵州刺史，蒙為揚州、循州刺史，曄為通州刺史，著為橫州刺
史，薦為韶州刺史，邁為商州、雷州刺史，蔇為福唐刺史。因九子皆為刺史，
故世稱「九牧林氏」。

　　林兆恩所在的一支林姓家族出自九牧長房的林葦，世代居住在莆田城東
的赤柱巷。按照林國平先生的考證，從林兆恩往上推六代的家族譜系為：（第
一世）林洪—（第二世）林完—（第三世）林耀—（第四世）林垠—（第五
世）林富—（第六世）林萬仞—（第七世）林兆恩〔註5〕。這一支林氏家族
在明代文風鼎盛，出過許多的進士。林兆恩的六世祖林洪（1239～1434），字
文範，洪武二十九年（1396）中舉人，建文二年（1400）中進士，歷任辰溪
令、滄州同知、儋州同知，著有《竹庵存稿》。兆恩五世祖林完，號梅軒處士，
四世祖林耀，號遲庵，以歲貢授清遠司訓。曾祖父林垠，號槐庭，著有《槐
庭集》。這一代另有進士兩人，林勘（1488～？），字舜卿，成化十七年（1481）
中進士；林塾，字從學，弘治十五年（1502）中進士，官至浙江布政司參議，
著有《拾遺書》。祖父林富（1475～1540），字守仁，號省吾，弘治十五年（1502）
中進士，授大理寺評事，後官至兵部右侍郎兼右僉都御史，巡撫兩廣，著有
《省吾遺集》等。這一輩另有兩人中進士，林應驄（1488～1540），字汝桓，
正德十二年（1517）進士，歷任戶部員外郎、徐聞縣縣丞；林雲同（1491～
1570），字汝雨，嘉靖五年（1526）中進士，官至南京工部尚書、南京刑部尚
書，卒贈太子少保，諡端簡。林富生有六子，長子林萬仞（？～1544）即林

〔註4〕 轉引自：徐立亭主編，薛桂芬著：《晚清巨人傳·林則徐》，哈爾濱：哈爾濱出
　　　　 版社，1996年，第3頁。
〔註5〕 林國平著：《林兆恩與三一教》，福州：福建人民出版社，1992年，第2頁。

兆恩之父，字樅谷、養浩，蔭入太學，終身不仕。林萬仞娶知州李公孚先之女李氏，生有三子，長子林兆金，次子林兆恩，三子林兆居。父輩中另有進士三人，林萬潮（？～1546），自養晦，嘉靖十七年（1538）中進士，初授寧波府推官，後至贛州推官；林廷升，字彥賓，萬曆八年（1580）中進士，官至雷州知府，遷廣西按察副使；林諧，字邦介，萬曆十九年（1591）舉人，萬曆二十九年（1601）中進士，官至應天中式監利知縣，著有《未覺軒詩集》。林兆恩這一輩亦有進士三人，林兆恩之兄長林兆金，字懋南，號鶴山，嘉靖十年（1531）舉人，嘉靖二十九年（1550）進士，官至南京戶部主事；林兆珂，字孟鳴，萬曆元年（1573）舉人，萬曆二年（1575）進士，歷任蒙城知縣、刑部主事、大司寇、安慶太守等，著作有《宙合編》《毛詩多識篇》《毛詩外篇》等；林玩，字光仲，萬曆十一年（1584）舉人，萬曆十四年（1587）進士，官至刑部主事。

由上述的家族史可知「九牧林氏」本身具有十分深厚的儒學傳統，而至祖父輩始又與明代心學大儒王陽明有諸多交集，這一背景很大程度上影響了林兆恩的思想，正如鄭志明先生所指出的：「明代士子的思想形態與行為模式，普遍受到家族和科舉的影響，尤其是家族與科舉結合所形成的階層文化體系」〔註6〕。林富與王陽明的交往始於獄中。正德元年（1506），林富因得罪宦官劉瑾而被捕下獄，在獄中林富結識了同因得罪劉瑾而下獄的王陽明，兩人都是正直之人又因同樣的罪名而下獄難免互生好感。因而林富與王陽明在獄中相談甚歡，兩人互相切磋學問並在獄中談《易》，林富曾作詩《獄中與王陽明講易》記述此事「同患有儔侶，幸接心所。」〔註7〕可見當時之林富乃是折服於陽明之學。到了嘉靖六年（1527），王陽明總督兩廣兼巡撫，遷至梧州上任，後又入廣西平定少數民族叛亂，而此時的林富恰任廣西右布政使，此間林富協助王陽明平定了八寨瑤族起義。王陽明病重後推薦林富代替自己的官職，可以說二人有著密切往來。林富罷官後退居莆田東岩山講學，致力於宣揚陽明之學。林兆恩自小就在其祖父林富的教導下習舉子業，因而林兆恩可以說是自小便接觸了陽明之學。

〔註6〕鄭志明著：《明代三一教主研究》，臺北：臺灣學生書局，1988年，第30頁。
〔註7〕盧金城，林春德主編：《興化文痕》，廈門：廈門大學出版社，1993年，第183頁。

東山祖祠大門　　　　　　　　　　　　東山祖祠內景

　　此外，祖父輩中的林應驄與王陽明亦有諸多書信往來，《王陽明全集》中就收錄了其與林應驄往來的諸多詩文，如《牌行委官林應驄督諭土目》《林汝桓以二詩寄次韻為別》《題夢槎奇遊詩卷乙酉》等。而根據錢明先生的考證，林富之子亦即林兆恩之叔父林萬潮同樣與陽明弟子羅洪先來往密切，因而「憑林家在福建莆田地區的較大影響力，他們父子二人從王陽明及其弟子身上感染到的王學趣旨，是會自覺或不自覺地擴散到整個莆田甚至周邊區域的。」〔註8〕可見林氏一族當為「閩中王門」中較為重要的一支。

　　此外《林子本行實錄》中曾記載，王陽明生前曾見過年幼時的林兆恩，陽明於正德十五年（1520）造訪林家並曾說：「此兒丰姿卓異，殆非科第中人，日後福量過先生遠矣。」〔註9〕但根據《王陽明年譜》來看正德十五年王陽明主要在江西，根本沒有機會造訪莆田林家。因而此說有極大的可能是後人的偽造，但這也反映了林兆恩思想與王學之間的密切關係。可以說，林家深厚的儒學淵源以及林富的教導對幼年的林兆恩產生了很大的影響，特別是為林兆恩以陽明心學來融攝三教奠定了家學基礎。

二、林兆恩之生平

　　依據林兆恩之族弟林兆珂所編《林子年譜》、親傳弟子盧文輝所編《林子本行實錄》以及弟子張洪都所撰的《林子行實》的記載，從林兆恩思想的發展和轉變來看，大致可以嘉靖十一年（1532）、嘉靖二十六年（1547）、嘉靖三十年（1551）以及嘉靖四十五年（1566）為依據，將其一生劃分為五個時期。分

〔註8〕錢明：《閩中王門考略》，《福建論壇》（人文社會科學版），2007年第1期。
〔註9〕盧文輝編著，方芳校譯：《林子本行實錄》，北京：宗教文化出版社，2019年，第17頁。

別為：幼年蒙童時期、發奮求學時期、棄學從道時期、創教授學時期、傳教倡道時期。

（一）幼年蒙童時期

自正德十二年（1527）至嘉靖十年（1531），這一時期大致為林兆恩的蒙童時期，林兆恩在蒙童時期即表現出與一般兒童不一樣的宗教氣象。《林子本行實錄》中載：「初，母李式夢丹輪明月飛入帳中，遂娠焉」〔註10〕、「七月十六日寅時，人見司馬第李氏所居之房，祥光燭天，異香襲人，而三一教主夏午尼氏林子誕」〔註11〕。而《年譜》中也有類似的記載：「先是，母李氏夢月墜於懷，已而有娠。彌月，祥光罩戶，異香射人而先生遂生」〔註12〕。《實錄》的記載本身就有神化林兆恩的成份，而《年譜》的作者為林兆恩之從弟林兆珂，其基本傾向是將林兆恩作為一名理學家來介紹，但適當凸顯林兆恩降生的祥瑞，對於林氏一族而言亦有光耀門楣之作用。因此，儘管這兩者的記載皆有相似之處，但並不能將其視為實有之事，只能說二者的記述都突出了林兆恩不同凡響的生命氣象。而林兆恩周歲時的抓周也更加映襯了這一氣象，「是年，先生周歲，試晬盤，獨舉一鏡。」〔註13〕其祖父省吾公對此感到甚為奇異。

之後，林兆恩於嘉靖元年（1522），入小學接受啟蒙。然而，林兆恩卻沒有表現出超常的學習天賦，每次閱讀幾行，尚需要重複幾十遍才能認識。故而，其祖父林富大為失望，認為其才華配不上其相貌（《實錄》中稱林兆恩「相貌魁梧俊偉」）。值得注意的是，《年譜》和《實錄》中均有記載林兆恩十三歲時出門，總會在袖中暗藏錢財，以資窮人，「母以其妄費詰之，對曰：『吾家世富矣，天道惡盈，胡不以吾之有餘者，補人之不足乎？』母深器之。」〔註14〕這種捨小家而成大家的精神在林兆恩倡教時期顯得尤為突出，也正是這種奉獻精神使得林氏成為風靡一時的三一教主。從林兆恩與其母的對話中可知，林氏

〔註10〕盧文輝編著，方芳校譯：《林子本行實錄》，北京：宗教文化出版社，2019年，第15頁。

〔註11〕盧文輝編著，方芳校譯：《林子本行實錄》，北京：宗教文化出版社，2019年，第16頁。

〔註12〕盧永芳編：《林龍江年譜彙編》，北京：光明日報出版社，2016年，第42頁。

〔註13〕盧永芳編：《林龍江年譜彙編》，北京：光明日報出版社，2016年，第42頁。

〔註14〕盧文輝編著，方芳校譯：《林子本行實錄》，北京：宗教文化出版社，2019年，第18頁。

所言「天道惡盈，胡不以吾之有餘者，補人之不足乎。」的觀念正是來自《道德經》第七十七章「天之道，損有餘而補不足。人之道，則不然，損不足以奉有餘。」可見，林兆恩自小就已經在實踐《道德經》中的思想。故而蒙童時期的林兆恩並不擅長學業，反而表現出一種悲天憫人的宗教情懷。

（二）發奮求學時期

嘉靖十一年（1532）至嘉靖二十五年（1546），為林兆恩的發奮求學期。林兆恩在十六歲以前其學習能力一直是比較遲鈍的，對於出身在「九牧林氏」這樣文風鼎盛的家族，林兆恩的表現自然是無法讓家中長輩滿意的。直到十六歲那年林兆恩突然開悟，「先生年十六。撰《博士家言》，詞鋒景煥。先是，先生讀書數行，須數十遍方能認識。至此，忽開悟意表，下筆有神云。」〔註15〕是年，林兆恩一改常態，在學業方面突飛猛進，其撰寫的《博士家言》風采斐然，其祖父以為奇才。故而，受家族的影響，林兆恩步入讀書人科舉入仕的老路。嘉靖十三年（1534），林兆恩十八歲補邑弟子員。然而，林兆恩的仕途卻依舊不順，之後他連續參加了三次省試，但均以名落孫山而告終。自十六歲開悟之後，林兆恩的學問有了長足的長進，二十四歲遊九鯉湖時，「夢真人為之曰：『麒麟其事業，當代其文章。』後楚何心隱先生，嘗謂人曰：『林子之文，我朝第一，即王陽明諸輩，皆不能及也。』」〔註16〕儘管何心隱確實與林兆恩有所交往，但謂林兆恩文采超王陽明之說，可能只是其教徒對其的溢美之言。直到林兆恩三十歲那年，其第四次參加省試，他特意委託族人前往九鯉湖為他祈夢，「夢三骰子賽色，擲個麼四四，一麼旋轉久而始住。」〔註17〕眾人皆以「八閩第一」期許，然而現實卻是再一次的名落孫山。

（三）棄學從道時期

嘉靖二十六年（1547）至嘉靖二十九年（1550），為林兆恩的棄學從道時期。自三十歲那年第四次省試不第，林兆恩本人的思想發生了劇烈的變化，多年的仕途期許，與長期的應試不第，使得林兆恩對仕途逐漸失去了信心，轉而尋求心身性命之學。此外，趙獻海認為王學中人對科舉冷淡者眾多，因而林兆恩放棄科舉的原因不單純僅是因為鄉試競爭激烈，可能還受到王學科舉觀念

〔註15〕盧永芳編：《林龍江年譜彙編》，北京：光明日報出版社，2016年，第44頁。
〔註16〕盧文輝編著，方芳校譯：《林子本行實錄》，北京：宗教文化出版社，2019年，第21頁。
〔註17〕盧永芳編：《林龍江年譜彙編》，北京：光明日報出版社，2016年，第47頁。

的影響，轉而在民間專研學術〔註18〕。按照《實錄》之記載：

> 教主遂翻然棄舉子業，而銳志於心身性命之學，遍叩三門，自
> 茲始也。數年見，如癡如醉，如癲如狂，凡略有道者，輒拜訪之，
> 厚幣之。或邂逅儒服玄裝，雖甚庸流，亦長跪請教。故莆田人咸以
> 教主為癲，而教主殊不為之少阻，久而真心不退，天地鑒之誠意懇
> 至，聖神通之，得遇明師，授以真決，復得孔子仲尼氏夢中授以《魯
> 論》微旨，曰：「此不可使之之道也，我則罕言之。」嗣是，而老子
> 清尼氏通之以玄，釋迦牟尼氏悟之以空，而教主始言三教矣。〔註19〕

由此可見，正是在其三十歲那年，第四次落榜後，林兆恩棄去舉子業而銳志於性命之學，從此遍扣三門，頻繁出入三教。數年之間，沉醉其中，如癡如醉，但凡似有得道者，皆上門拜訪。也正是在這一過程中，林兆恩發現了現實中三教之弊，同時得遇「明師」傳授「真決」，於是開始倡導「三教合一」。《年譜》中記載曰：

> 先生自敘，謂其棄舉子之學，而從儒者講道，徒見其詳於手容
> 足容之間，掊析支離之陋，恐孔門授受之指似不如此也，乃復棄去
> 儒者之學。而從二氏者流，徒見其溺於枯坐頑空之習，搬精閉氣之
> 術，又恐釋迦老子之道似不如此也。憂愁憤悶，殆若窮人之無所歸
> 焉！豈意天不愛道，而鑒我一點不退真心不？十年間，幸遇明師，
> 憐我而教我也，直指此心是聖，而所以言者，一皆《四書》、《五經》，
> 曰：「由孔孟以來，而此書乃為疏釋所晦而不明至於今矣。」若夫艮
> 背行庭微旨，尤且諄諄為兆恩言之。〔註20〕

林兆恩在出入三教的過程中，發覺現實中儒釋道三教所傳授之學問，大多是「掊析支離之陋」、「溺於枯坐頑空之習」、「搬精閉氣之術」，與孔子、老子、釋迦最初的立教之旨並不相同。因而林兆恩開始系統地對三教進行理論性的反思與批判，也正是在這一基礎上林兆恩提出了以「三教合一」作為救治三教時弊的方法。他認為：「道也者，所以本乎其教也；教也者所以明乎其道也。但世人

〔註18〕 趙獻海：《明後期士人在野經世研究——以林兆恩為個案》，中國明史學會、遼寧師範大學，第十二屆明史國際學術研討會論文集：遼寧師範大學出版社，2007年。

〔註19〕 盧文輝編著，方芳校譯：《林子本行實錄》，北京：宗教文化出版社，2019年，第23～24頁。

〔註20〕 盧永芳編：《林龍江年譜彙編》，北京：光明日報出版社，2016年，第47頁。

不識道與教之分也，故以教為道焉，豈非所謂教三而道亦三邪？殊不知儒氏以其道而儒之以教人也，而非儒自儒以為道也；道氏以其道而道之以教人也，而非道自道以為道也；釋氏以其釋之以教人也，而非釋自釋以為道也。」〔註21〕由此，林兆恩提出「道一教三」之原理，在理論上大倡三教一致之道。值得注意的是，無論是《實錄》還是《年譜》中均有提到向林兆恩傳授性命之學的「明師」，這一角色在林兆恩思想形成過程中扮演著不可替代的作用。在這一時期，林兆恩所接觸的人中有兩個對其思想有著至關重要的影響。第一位就是陽明後學羅洪先，林兆恩曾於嘉靖二十五年（1546）前往江西拜訪羅洪先，為叔父林萬潮求取墓誌銘，於時念庵作《文林郎贛州府推官石樓林君萬潮墓誌銘》，此後二人保持著書信往來。《林子三教正宗統論》收錄了嘉靖三十一年（1552）林兆恩寄給羅洪先的書信《寄羅念庵公》，在信中林氏主要就三教問題發表了看法，可見二人當時曾探討三教之學。第二位就是道士卓晚春，亦稱小仙，這位道士的生平頗有傳奇之處。《實錄》中記載，卓晚春是於嘉靖二十七年（1548）望氣而至林家，二人相談甚歡，卓晚春曾向林兆恩傳授道教之學，使林兆恩「豁然大悟」（關於卓晚春對林兆恩思想之影響下文將詳述）。從《年譜》的描述來看，「明師」所授「直指此心是聖」，同時所傳經典為儒家之《四書》《五經》，似不太可能為卓晚春。因此酒井忠夫在《明代的三教合一與善書》一章中言及，此事在《心聖直接》的跋中有所記載，其中提到林兆恩在前往江西的途中遇到奇人傳授正訣，另林兆恩前往江西曾與羅洪先見面並受其教誨，這或許與「明師」傳授正訣有關，但並不能完全肯定〔註22〕。關於「明師」的身份依舊存疑，但實際上「明師」究竟是誰並沒有那麼重要，或許為林兆恩本人的假託之辭。但可以明確的是，這一時期林兆恩放棄了傳統的「學而優則仕」的觀念，轉而開始從三教中尋求寄託性命之道。

（四）創教授學時期

　　從嘉靖三十年（1551）至嘉靖四十四年（1565），這是林兆恩的創教授學時期，這一階段林兆恩主要從事創教授學與著述立說。是年林兆恩正式對外招收門徒，標誌著三一教（夏教）作為學術團體的誕生。而三一教最初的門徒都

〔註21〕林兆恩撰：《道一教三》，《林子三教正宗統論》，北京：宗教文化出版社，2016年，第10頁。

〔註22〕詳情參見酒勁忠夫著，劉岳兵，何英鶯譯：《中國善書研究》，南京：江蘇人民出版社，2010年，第249頁。此中所言的《心聖直接》應當為《心聖直指》，可能是翻譯問題。但筆者並未在《林子三教正宗統論》的《心聖直指》篇找到關於此事的敘述，不知是否是版本原因亦或是其他原因。

是儒生，按照《林子本行實錄》的記載：「黃州素與教主友善，每詳察言動間，心悅誠服，及執贄長跪，願為弟子而受教。」〔註23〕黃州本是莆田一帶有名望的儒生，而後的幾年中，林兆居、黃大本、黃陽、林兆誥、林兆瓊、黃輝陽等諸生相繼追隨。至嘉靖三十七年（1558），三一教已經有了一定的規模，《林子本行實錄》中記載「時遠近聞風求拜者，蒸蒸雲集。」〔註24〕此時林兆恩主要扮演的是一個教書先生的角色，他在莆田東岩山的宗孔堂講授的學問依舊是以心學為主，強調「歸儒宗孔」。此外之所以會有那麼多諸生追隨林兆恩，也是因為林氏本人在儒生中有較高的聲望。儘管林兆恩本人棄絕仕途，但在三十歲以前林氏乃是以出仕為己任，其文名藉甚。除了講授其「三教合一」之說，林兆恩在宗孔堂更多的是督促諸生習舉子業，嘉靖三十三年（1554）他還特別制定了十九條門規約束諸生。這些門規的內容如下所示：

　　一作文。以四九日為期，每期作文一篇，辰候至午候而止。諸生所習之經不同，會日俱作四書文，經文隨便自作。

　　一看書。每日上午四書，下午本經，各一頁半。所看書，白文務要熟誦，小注亦要熟誦。

　　一讀書。每十日義二篇，論策表各一篇。

　　一書程甚簡，中間有不能自解經旨，欲從他師，及私加作論策表等文，讀五經性理鑒綱目等書者，聽之。

　　一諸生務要除去惡習，私齋中不許招集外人，及議人是非長短。〔註25〕

　　由於內容較多，此處僅列舉部分門規。從這些門規的內容來看，包括作文、背誦經書、問難、朗誦、講學等，基本都是圍繞明代科舉考試的內容而制定的。可見，三一教採取的組織形式也僅僅是聚會講學而已，這種形式在晚明之際是相當普遍的現象，如當時的應社、中江社、海門社、蒲桃社等。因而，此時的三一教更多只是一個學術團體，林兆恩的身份也僅僅是一個隱居的「山人」。

　　當然這樣看來，林兆恩本人的聲望似乎也僅僅局限在士人群體中，並不足

〔註23〕盧文輝編著，方芳校譯：《林子本行實錄》，北京：宗教文化出版社，2019 年，第 31 頁。

〔註24〕盧文輝編著，方芳校譯：《林子本行實錄》，北京：宗教文化出版社，2019 年，第 42 頁。

〔註25〕林兆恩撰：《明經堂》，《林子三教正宗統論》，北京：宗教文化出版社，2016 年，第 93～94 頁。

以使普通民眾接受其「三教合一」之說。然而這一時期莆仙地區特殊的社會狀況卻打破了這一局面，也為後來林兆恩樹立教主形象奠定了基礎。明代的東南沿海地區一直飽受倭寇的侵擾，特別是在嘉興三十一年（1552）之後，東南沿海地區的倭災愈演愈惡劣，明政府的腐敗無能，使得當地的百姓處於水深火熱之中。根據《林子本行實錄》所記載，嘉靖三十七年（1558）至四十三年（1564）之間，莆田地區屢遭倭寇的劫掠，《年譜》和《實錄》中「乘勝薄莆城」「時倭寇迫城彌甚」「莆城陷」的記載比比皆是。然而禍不單行，倭禍之外又恰逢瘟疫流行，這無疑給民生帶來了毀滅性的打擊，「郡守易公道譚，除興化，聞積屍盈城，遂停車福清，不敢蒞臨。」〔註26〕處於絕望中的民眾自然希望出現一位救世主。而此時林兆恩卻挺身而出，毀家紓難，一方面組織民兵力抗倭寇，另一方面組織子弟收屍並治療瘟疫。《實錄》中保留了興化府郡守易道譚對林氏之義舉的勘查，經縣學教授劉仕銳之歸納如下：

> 堪得原莆田縣儒學生員林兆恩，性資英邁，德器淵宏，早錄泮宮，而文譽屢勝於場屋，旋棄舉業，而志趣高尚乎山林，講學授徒，發明心性之旨。黜奢崇禮，挽回淳樸之風，孝友篤於家庭，仁義孚於中外。誦太祖〈喻民〉之數語，以匾於堂，刻聖訓〈冬至〉之祝文而教乎俗。恤民還券，志實繼乎先人，舉義建田，德丕沾乎族黨。貸穀立社倉之規，而不取其息。發粟倡平糴之價，而不逐乎時。鄉村窮民之避寇城內者，人施以錢以米，至於再而至於三……率門徒姚秉德等二十餘人，凡南洋、北洋處所，荒野無宿露之冤，暨琦頭、仙遊地方，遺骸有安揭之感。此其清貞出世，既有鳳翔鵠舉之標，而操行超群，又存民胞物與之量。前蒙按院樊公、郡守陸公俱行獎勵。郡守董公、貳守文公、通判來公、推官孫公、大尹賀公，咸造其廬，是誠振古之豪人，非直一鄉之善士者也。〔註27〕

首先，對於倭寇的來犯，「戊午歲，倭寇迫城，（林兆恩）訂廣兵千金之券，而城池賴以得全……體分守翁公之建議，則幕兵百餘人。」〔註28〕林兆恩以自

〔註26〕盧文輝編著，方芳校譯：《林子本行實錄》，北京：宗教文化出版社，2019年，第57頁。

〔註27〕盧文輝編著，方芳校譯：《林子本行實錄》，北京：宗教文化出版社，2019年，第57～58頁。

〔註28〕盧文輝編著，方芳校譯：《林子本行實錄》，北京：宗教文化出版社，2019年，第57頁。

身的財產招募民兵，力抗倭寇，保全了莆田城。此外，他對於遭受倭寇之災的百姓施以錢米，並將粥菜分享給不能自存的老幼。其次，「經歷辛酉、壬戌之歲，民多兵疫死亡之災，（林兆恩）率門徒黃仕欽等三十餘人，收埋全屍者三千餘身，積薪火化者二萬餘數，穴別男女而葬之以禮，奠設酒肉而慰之以文。」〔註29〕林兆恩帶領門人替死於戰亂和瘟疫的人們收屍並火化，同時還根據男女之別分開埋葬，之後還設酒肉祭奠他們。於時他還曾作《收屍歌》《寇退收屍歌》等作品，這些作品依舊收錄在《林子三教正宗統論》中。此外，他還以得之「明師」的「艮背心法」為百姓治療瘟疫，儘管《實錄》中對於這一事件的記載頗具神秘色彩〔註30〕，但其治病的事實卻是可信的，黃宗羲在《林三教傳》中也曾提到林氏以艮背之法為人卻病，且行之多驗。

林兆恩紀念館 　　　　　　　　　林兆恩抗倭紀念館

基於以上的種種義行，林兆恩在民間取得了很大的威信，其義行也受到當時許多學者的讚揚，管志道甚至誇讚其為「閩中巨擘」（《覺迷蠡測》）。在經歷了這些事件後，林兆恩的聲望不再局限在士人群體中，而是真正深入到了民間百姓，這也為他後來轉變為三一教主奠定了群眾基礎。

（五）傳教倡道時期

嘉靖四十五年（1566）至萬曆二十六年（1598），這一時期林兆恩的工作主要是傳教倡道。以往學者傾向於將嘉靖三十年（1551）至萬曆二十六年

〔註29〕盧文輝編著，方芳校譯：《林子本行實錄》，北京：宗教文化出版社，2019年，第57～58頁。

〔註30〕《實錄》中提到嘉靖四十一年（1562），莆田城內瘟疫流行，有民眾求救於林氏，而林氏乃曰「道高龍虎伏，德重鬼神欽」，而之後「病者咸不藥而起，教主之寫正氣自此始。」參見《實錄》，第40頁。

（1598）視為一個思想階段，筆者以為雖然都是傳教，但三一教的性質與林兆恩的身份實際已經發生了根本性的轉變，故而宜單獨劃分此一時期。如上所言，嘉靖三十年（1551），林兆恩三十五歲時創立三一教，公開倡導「三教合一」的學說，但此時的三一教依舊只是一個以讀書人為主的學術團體，與宗教根本沾不上邊。然而自嘉靖四十五年（1566）始三一教的性質逐漸由學術團體向民間宗教轉變〔註31〕。從「三教合一」論到三一教的實踐，存在三個重要環節使得儒學向宗教方向轉化。第一，三一教的教徒不再局限於原先的讀書人，而是擴大為全體社會階層。第二，帶有宗教性質的入門儀式和祠堂的建立。第三，林兆恩將儒釋道三教的道統宗教化，轉而納入三一教（夏教）的道統體系中。正是因為這幾點的轉變，三一教才開始由學術團體向民間宗教傾斜。

　　而自嘉靖四十五年（1564）開始，林兆恩改變了以往收徒謹小慎微的做法，其傳教的對象不再局限於以往的諸生，按照《閩書》記載：「上自縉紳學士，下至篁子市人，莫不津接」（《閩書》卷9《林兆恩傳》）。隨著門徒的不斷擴大，三一教由原先的儒生結社轉而向民間宗教發展，林兆恩也從原來的教書先生轉變為宗教教主。僅嘉靖四十五年（1564），林兆恩所前往的傳教之地就有福州、寓洪塘金山寺、大中寺、華林寺、雪峰寺等地。而到了隆慶元年（1567），林兆恩更是主動辭別原先儒林授業的重任，開始雲遊四方，傳教天下，其活動範圍也不再局限於莆田地區。在三一教隨之發展壯大的過程中，其宗教特性也越發明顯，為了更加清晰地展現林兆恩的傳教活動，根據《年譜》與《實錄》之記載特附下表。

表 1-1-1　嘉靖四十五年後林兆恩的傳教活動表

傳教時間	傳教路線
嘉靖四十五年（1564）	四月往福州，寓洪塘金山寺，曾往大中寺、華林寺與雪峰寺，九月還。
隆慶元年（1567）	二月往福州，寓洪塘金山寺，曾到雪峰寺，八月還。十二月往武夷、建陽，次年三月還。
隆慶二年（1568）	四月往福州，七月還。

〔註31〕林國平先生在《林兆恩與三一教》一書中認為三一教的變化是從嘉靖四十五年開始，而何善蒙在《三一教》研究一書中提出嘉靖四十三年的《心聖直指》標誌著林兆恩宗教理論的確立，兩者存在一些細微差距。此處且不做專門討論，三一教的轉型大致是在這段時間內產生的。

隆慶三年（1569）	二月至江西萬年，八月還。
隆慶四年（1570）	往丹陽、南京，九月還。
隆慶五年（1571）	十月往福州，十二月還。
隆慶六年（1572）	四月往樵陽，九月還。
萬曆元年（1573）	二月往江西，五月還。
萬曆四年（1576）	二月往福州，至延平，六月還。
萬曆五年（1577）	十月往仙遊。
萬曆六年（1578）	五月往新安，後至杭州，九月還。
萬曆七年（1579）	春往福州，四月還。
萬曆八年（1580）	遊鼓山，後至武夷、寧化、福州，八月還。
萬曆九年（1581）	遊囊山。
萬曆十一年（1583）	至閩清，後還。
萬曆十三年（1585）	五月往武夷，至建寧，後歸武夷，九月還。

　　以上所列之傳教情況均是林兆恩本人的行跡，還未算上其門徒的傳教情況。從上表也可以發現林兆恩傳教的特點基本是向北擴張，在二十多年間從福建至江西、江蘇、浙江等省份。在這一過程中，三一教的聲勢不斷擴大，其門徒數量也急劇增長，由此也造成了三一教由原來的學術團體向民間宗教傾斜。

　　第一，民間開始出現帶有宗教性質的林兆恩崇拜。任何宗教都是有其崇拜對象，《林子本行實錄》記載隆慶四年（1570）林兆恩前往金陵的情況，「素聞教主名者，咸焚香拜於道左，及抵金陵，居朝天宮西山道院，拜者甚眾，復居城外普惠寺，拜者尤眾。」〔註32〕從焚香跪拜的行為可知民間對林兆恩的認知更多的已經將其作為一個教主來看待。而到了隆慶六年（1572），福建信徒更是將林兆恩視為神明，「人人肖像以祀」。直至萬曆年間，浙江方士扶鸞繪三教合一圖，稱「近諸神朝天見玉皇天尊，所事者乃三教合一像，即今之三教先生也，可傳祀之。」〔註33〕這種情況最終導致了林兆恩身份的轉變。至萬曆十五

〔註32〕盧文輝編著，方芳校譯：《林子本行實錄》，北京：宗教文化出版社，2019年，第69頁。
〔註33〕盧文輝編著，方芳校譯：《林子本行實錄》，北京：宗教文化出版社，2019年，第122頁。

年（1585）門人始稱其為「三一教教主」。

第二，宗教儀式開始取代以往的儒林授業。三一教發展到一定的規模，其教徒成分也越發複雜，時號稱賢者 800 人〔註34〕，這還是原先的士人團體被商人、農民、僧侶、道士等下層群眾替代的情況下。如此大的規模，原先講學的形式已經無法滿足三一教的發展，林兆恩遂採取宗教儀式的入門方式，《林子本行實錄》記載：「初見時，用果酌一副，折錢或一錢或五分，即刻入門人籍，焚香寫符，密咒說誓，即給畫像一幅。令其供奉。每日吃齋，名不迂齋。又囑其人，即父母問之，亦不許說。」〔註35〕從這裡提及的焚香寫符、密咒說誓、供奉畫像等內容來看，儼然是吸收了釋道二教的部分宗教儀式。可以說此時的三一教真正具備了宗教的特性。同時，作為宗教活動場所的三教祠堂陸續建立。根據林國平先生的考證，可考的三教祠堂大約出現於萬曆十二年（1582）的莆田，此後至萬曆二十六年（1598）間大約有 19 座祠堂建立〔註36〕。這些祠堂分為三種類型，一般的祭祀對象主要是林兆恩，而稍微大些的祠堂也會有孔子、老子、釋迦的塑像，更大的祠堂則還會有張三豐、卓晚春等人的塑像。從祠堂的建立來看，三一教已經具備作為一個民間宗教的重要元素，基本在形式上實現了化儒學為宗教的步驟。

第三，為了支撐三一教的正統地位，林兆恩又特別將三教道統納入夏教的道統（三一教又稱夏教）。林兆恩曾於嘉靖四十一年（1562）作《三教會編》，以編年體的形式編排三教史實並附上自己的評議，以示三教正統。而萬曆十二年（1582）始，三一教的信徒開始稱林兆恩為「夏午尼氏」，「尼」之一字則是模仿三教聖人孔子（仲尼）、老子（清尼）、釋迦（牟尼），一方面有意提高林兆恩的地位，另一方面也意在說明林氏繼承三教道統。由此林兆恩在學理層面

〔註34〕林兆恩的三傳弟子董史所著的《林子門賢實錄》中則記載了 217 位有姓名、行事和問答的人。何善蒙教授曾作相關考證，認為 217 這一數據依舊有很大的水分，他在《三一教》研究中認為其中 142 位門徒是比較可靠的，相關名單參見何善蒙著：《三一教研究》，杭州：浙江大學出版社，2011 年，第 22～26 頁。當然這僅僅是有姓名可考的，至於無名無姓之人應該更多，可見三一教當時之聲勢浩大。

〔註35〕盧文輝編著，方芳校譯：《林子本行實錄》，北京：宗教文化出版社，2019 年，第 109 頁。

〔註36〕可考的第一座三一教堂出現於福建莆田的馬峰，為黃芳所建，關於三教祠堂的詳細資料可參見林國平著：《林兆恩與三一教》，福州：福建人民出版社，1992 年，第 115 頁。

開始為夏教編訂道統，如其言曰：「夏也者大也，而太極在其中矣。太極而陰陽也，陰陽統於夏；陰陽而五行也，五行統於夏；退藏於密，即儒是夏；谷神不死，即道是夏；如是降伏，即釋是夏。」〔註37〕在這裡「夏」取代了原先的「道一教三」說中的「道」而成為三教之本原，「夏」成為化生三教乃至萬物的最高本體。如此一來，「儒亦夏也，而仲尼之道在我矣；道亦夏也，而黃帝老子之道在我矣；釋亦夏也，而釋迦之道在我矣。」〔註38〕夏教（三一教）成為統合儒釋道三教的新教，而這一新教顯然是需要有道統作為支撐，因而林兆恩將原有的儒釋道三教聖人全部納入夏教。其門人記曰：「三一教主為夏午尼之聖，則三氏所統，又皆教主之所統也。」〔註39〕從而實現了其「三教合一」的獨特道統觀。

林兆恩墓前牌坊

林兆恩墓

萬曆二十六年（1598）正月十四日寅時，林兆恩逝世，終年八十二歲。《年譜》中記載：「寅時，先生拱手而逝。手撥開復合，肢體和柔，鬚鬢轉黑，神色淡黃，不少殞落。遠近聞訃，莫不奔走悲號」〔註40〕。萬曆三十年（1602），林兆恩之孫齊瀛護送其靈車出城，途中送葬者達數千人之多，可見林兆恩在當時的影響力之大。

〔註37〕林兆恩撰：《說夏上》，《林子三教正宗統論》，北京：宗教文化出版社，2016年，第 87 頁。

〔註38〕林兆恩撰：《說夏中》，《林子三教正宗統論》，北京：宗教文化出版社，2016年，第 87 頁。

〔註39〕林兆恩撰：《道統論》，《林子三教正宗統論》，北京：宗教文化出版社，2016年，第 1101 頁。

〔註40〕盧永芳編：《林龍江年譜彙編》，北京：光明日報出版社，2016年，第 81 頁。

第二節　林兆恩與道教內丹學

　　林兆恩之思想大體上是以陽明心學為進路，同時也大量吸收了釋道二教的理論，特別是道教思想對其影響尤大。黃宗羲認為林兆恩雖然以「歸儒宗孔」為己任，但「然觀其所得，結丹出神，則於道家之旁門為庶幾焉。」〔註41〕應該說黃宗羲的評價道出了林兆恩思想中的道教影響。從整個明代來看，道教思想對儒家之影響尤其深遠，柳存仁先生曾提出「與宋學比較來說，其受過道教影響則同，其所受道教影響的深度與闊度，則遠非宋代儒教所能望其項背」〔註42〕。明代道教主要是以正一道和全真道影響最大，而全真教對社會影響最大之處即在於其內丹學，道教對社會文化滲透中最為突出的就在於內丹的修煉思想。即便是傳統的士人中亦有許多崇尚內丹學，如王門後學羅洪先、泰州學派的顏鈞、羅汝芳等人都曾癡迷於修煉內丹之術。事實上王學的創立除了大量吸收禪宗思想之外更是與道教內丹學密切相關，這或許也是他們與林兆恩的相似之處。林兆恩思想的形成期恰逢接觸道教內丹學，而道教思想在此後三一教宗教化的過程中亦起到了極大的作用。林兆恩內丹思想的淵源則主要來自道士卓晚春和張三豐。

一、林兆恩與卓晚春的交往

　　嘉靖二十五年（1546），恰逢林兆恩三十歲，這也是他第四次參加省試。然而命運弄人，早在莆田享有「文名籍甚」的林兆恩再一次名落孫山，自此之後林兆恩一蹶不振，終於放棄了舉子業。此時林兆恩思想急劇轉變，他遍扣三門，開始「銳心學道」。而卓晚春的出現恰好滿足了林兆恩學道的需求，嘉靖二十七年（1548）卓晚春上門拜訪林兆恩。卓晚春本莆田渚林人，生於嘉靖年間，自號無山子、上陽子，時人稱「小仙」。根據有關資料記載：

　　　　卓氏天資聰敏，發言靈異，少小稱神算，然卓子不識字，既能
　　　　詩，又善草書；無尺寸之帛，所穿之衣隨時脫下，即為旁人持去；
　　　　無升斗之儲，人或邀之而少拂其意，雖瓊筵珍羞，亦不願往；無分
　　　　裏之資，每得於人者，輒以施人。少小時，雖寒甚，必露宿於石頭
　　　　上，只著黑麻布裙，又背加青紗帕子，履霜赤腳，更無他衣。及長

〔註41〕陳煥章撰：《陳煥章文錄》，長沙：嶽麓書社，2015年，第410頁。
〔註42〕柳存仁著：《明儒與道教》，《和風堂文集》卷中，上海：上海古籍出版社，1991
　　　　年，第819頁。

雖衣重棉，每霜天必浴於溪谷，又飲水數十甌，曰：「漂我紫金丹也。」是亦人中之奇矣……卓子六歲喪父，八歲喪母，無所資藉，而丐乞於道。時人咸以其能神算，又知未來事，爭迎食之，遂大顯名於時。當道貴人枉臨求見者甚眾，卓子必與之分庭迭賓主，當道貴人亦以其能不屈，愈加敬愛，其為時流所尊禮如此。卓子蓬頭不梳，余每勸之冠，後亦冠唐中；足跣不洗，余每勸之履，後亦履道鞋；又不復有伉儷之志，余每勸之昏，不答也，後亦竟不昏。歲值中元，輒具牲醴以祀其父若母，登高而望之，長跪揮淚，能不忘其本之所自出也。自號無山子，人或乎為仙子，或乎為小仙，或乎為上陽子。我莆之前渚林人也，名晚春。〔註43〕

　　從此中之描述也大致可以看出卓晚春是莆田地區一個頗具傳奇色彩的道士，故而自小就被稱為「神算」，這樣一個神秘道士的來訪自然極大程度上引起了林兆恩的興趣。卓晚春之所以會拜訪林兆恩乃是由於其「望氣」所致，據《林子本行實錄》記載：「安得瑞氣繞屋乃爾？定有異事……是必有人得道，故瑞氣騰騰如是爾。」〔註44〕當然《林子本行實錄》的記載帶有濃厚的宗教色彩。但二人相識之後，縱飲行歌，形影不離，「自此兩人遂相友善，縱飲行歌，人遂稱為卓狂林顛云」〔註45〕。而這樣的日子一直延續到嘉靖三十四年（1545），期間大約有七年的時間，兩人都在探討丹道和修煉的問題。在這一過程中兩人建立了深厚的友誼，林兆恩曾作《贈送卓子雲遊》《上陽子卓小仙畫贊》等詩歌，可見林氏對卓晚春的崇敬。可以說卓晚春將林兆恩真正帶入了道教的理論世界，儘管卓晚春的具體派別不甚明確，但《林子三教正宗統論》中《寤言錄》部分特別收錄了卓晚春的一些言論與詩句，如其言曰「丹之濁者為天，清者為日」〔註46〕、「大道金丹不在書」〔註47〕、「天地殿前一小仙，謫

〔註43〕林兆恩撰：《寤言錄》，《林子三教正宗統論》，北京：宗教文化出版社，2016年，第1041頁。

〔註44〕盧文輝編著，方芳校譯：《林子本行實錄》，北京：宗教文化出版社，2019年，第25～26頁。

〔註45〕盧文輝編著，方芳校譯：《林子本行實錄》，北京：宗教文化出版社，2019年，第26頁。

〔註46〕林兆恩撰：《寤言錄》，《林子三教正宗統論》，北京：宗教文化出版社，2016年，第1050頁。

〔註47〕林兆恩撰：《寤言錄》，《林子三教正宗統論》，北京：宗教文化出版社，2016年，第1053頁。

落人間弄玉蟾」〔註48〕，從其言行與記載來看，卓晚春好談煉丹之術，又對白玉蟾十分敬仰，且卓晚春之號「上陽子」與元代著名的南宗道士陳致虛一致，故而基本可以認為卓晚春為道教南宗丹法的傳人。

林兆恩在與卓晚春的交往過程中，在很大程度上受到了其道教內丹學理論的影響。就具體的思想淵源來看，卓晚春的貢獻主要在於對林氏修行工夫上的影響。林兆恩的修行工夫論帶有濃厚的道教色彩，一方面反映在其學理基礎，另一方面則體現在具體的工夫步驟。首先，道教的內丹學認為人之身體乃是與自然結構和變化相一致的，因而內丹學往往用各種自然界的事物和變化來解釋人體的變化，從而為具體的修煉奠定學理基礎。林兆恩修行思想中很重要的一點即在於「人身乃一天地」的理念，林國平先生認為林兆恩的這一理念直接來源於卓晚春〔註49〕。《寤言錄》中大量記載了林兆恩與卓晚春的對話，這些論述具有很強的相似性，都是以自然來比附人身的言論，例如以下三組論述：

第一組：

上陽子曰：「地之廣，極北一萬二千里，極南一萬二千里，極東八千里，極西八千里。」子穀子曰：「南北各一萬二千裏，而東西各八千里者，何也？象人之身也。」〔註50〕

第二組：

上陽子曰：「地之廣，自北距南，八萬四千里……一萬二千里。」子穀子曰「南土兩萬六千里，北土二萬二千里……南北二土各二萬四千里，土之中一萬二千里者，所謂中國也。人之神宮，亦一寸二分，知吾身則知天地矣。故中國為地之極，神宮為人之極。」〔註51〕

第三組：

上陽子曰：「崑崙發脈三十六條，北九條，中五條，即中國之五嶽也；東七條，南八條，西七條。」子穀子曰：「即身中之三十

〔註48〕林兆恩撰：《寤言錄》，《林子三教正宗統論》，北京：宗教文化出版社，2016年，第1054頁。

〔註49〕林國平：《三一教與道教的關係——從林兆恩與卓晚春、張三峰的關係談起》，《宗教學研究》，1988年第4期。

〔註50〕林兆恩撰：《寤言錄》，《林子三教正宗統論》，北京：宗教文化出版社，2016年，第1042頁。

〔註51〕林兆恩撰：《寤言錄》，《林子三教正宗統論》，北京：宗教文化出版社，2016年，第1042頁。

六宮也。」〔註52〕

類似的言論還有很多，此中且以此三組論說加以說明，對比二者之論林兆恩（子穀子）與卓晚春（上陽子）的論述基本是一致的。這固然是記錄卓晚春向林兆恩傳教的言論，而林兆恩的論述與卓晚春的論述具有很強的呼應性，無疑揭示了「人身天地」的思想來自卓晚春的傳授。此外就具體的修行過程而言，林兆恩所創的「九序心法」無疑也帶有厚重的道教因素。

二、張三豐對林兆恩的影響

在接觸道教的過程中還有一位道士同樣對林兆恩產生過巨大的影響，那就是素來神秘的張三豐。嘉靖三十年（1551），林兆恩正式創立三一教並開始招收門徒。此時的三一教幾乎還是一個純粹的學術團體，林兆恩在其中主要是一名教書先生的角色，他一邊督促門徒肄習舉子業，一邊宣揚自己「三教合一」的主張。然而以嘉靖四十四年（1565）為界，三一教開始由學術團體向宗教團體傾斜。這種變化一方面也是由於門徒鼓吹的原因，其中較為重要的因素就是與張三豐的交往。據載，張三豐是元末明初的一位傳奇道士，傳說中張三豐曾經為縣令，後來才成為全真道士，於終南山遇到火龍道人傳授丹訣，最後於武當修煉。永樂五年（1407）年，明成祖曾派遣內侍朱祥前往武當山尋訪張三豐，然而尋訪十年竟是不知所在。而英宗時，則詔封張三豐為「通微顯化真人」，後來憲宗時又封其為「韜光尚志真仙」，世宗時又追封為「清微元妙真君」，而民間更是有許多百姓信奉張三豐。根據《林子本行實錄》的記載，林兆恩與張三豐的交往如下：

> 萬曆八年庚辰，教主居古囊，忽有一物從頂門直下神室，圓轉如丸，教主異之，猶未知其為何也。越旬日，遊上生寺，張三峰真人晦其姓名曰桃文羽，來見教主，謂之曰：「此名黑鐵丹，古今希有也，全靠功行，功行未及，孰臻其極？」遂與教主談及「火候微旨」，有《玄歌》《玄譚》，教主錄而刻之。〔註53〕

按照這則記載，萬曆八年（1580）林兆恩曾得張三豐真傳。張三豐在內丹理論上卓有成就，因此張三豐向林兆恩傳授的也應當是內丹的修煉方法，至於是何種丹法不得而知。而鄭志明先生認為：「對照《林子》第三十五冊中所載

〔註52〕林兆恩撰：《窺言錄》，《林子三教正宗統論》，北京：宗教文化出版社，2016年，第1047頁。

〔註53〕盧文輝編著，方芳校譯：《林子本行實錄》，北京：宗教文化出版社，2019年，第90頁。

張三豐的《玄歌》《玄譚》即可知，其丹法接近於內丹東派陸西星的陰陽雙修」〔註54〕。但是這一記載來自《林子本行實錄》，而《實錄》往往帶有誇張的成分，因而張三豐親授林兆恩之說可信度不高，原因就在於時間問題。據記載，張三豐出生於元定宗二年（1247），如果按照這裡的記載林兆恩於1580年見到了張三豐，這就意味著此時的張三豐已然超過300歲了，這幾乎是不可能的。三一教教徒所編的《林子本行實錄》認為兩人有師承關係，最大的可能就是為了借張三豐的影響力宣揚三一教。但這並不是說林兆恩沒有可能受到張三豐思想的影響，相反張三豐的理論確實對林兆恩產生了極為重要的影響。原因有四：第一，儘管兩人沒有真正見面，構成實際的師承關係，但隔代的影響亦是可能發生的。林兆恩全集中收錄《三豐先生》一文提到：「嘗與人論議三教等書，如決江河，其所雅言，專以忠孝仁義勸世。」〔註55〕可見張三豐的「三教合一」論十分注重人倫原則，認為修道的根本是儒家的綱常倫理，這一思想也在林兆恩的思想中有所反應，如他曾言：「子以為棄人倫然後可以學道歟？殊不知學道正所以為明人倫之本也」〔註56〕。第二，林兆恩曾於隆慶三年（1569）和萬曆十一年（1583），先後兩次嘗試前往武當山，儘管由於各種原因他的武當之行最終沒能實現。其前往武當的目的除了參拜道教聖地武當山外，還有可能在尋找張三豐的足跡。第三，林兆恩確實曾經閱讀過張三豐的著作，至今《林子三教正宗統論》中依舊留有張三豐的《玄歌》和《玄譚》，且如林氏所言：「近得覽三峰先生《玄歌》一章，覆命梓氏，標於《玄譚》之上。然《玄歌》乃以修身煉性為先，而所謂『真種本宗，陰剝陽純，住世累功』者，是皆玄門之漸教也。若《玄譚》則以外景無無為至。而所謂『竅中之竅，去胎住息，紫金黑鐵』者，不謂玄門之極致乎？」〔註57〕可見，儘管林兆恩並非實地跟隨張三豐學習，但至少他是受到其著作影響的，否則林氏也不會將張三豐的著作附在自己的全集中。第四，張三豐也是一位「三教合一」論者，其三教同源論和修行論對林兆恩「道一教三」說以及「九序心法」都有很大影響，在林氏的思

〔註54〕鄭志明著：《明代三一教主研究》，臺北：臺灣學生書局，1988年，第95～97頁。

〔註55〕林兆恩撰：《三豐先生》，《林子三教正宗統論》，北京：宗教文化出版社，2016年，第1035頁。

〔註56〕林兆恩撰：《答論學道》，《林子三教正宗統論》，北京：宗教文化出版社，2016年，881頁。

〔註57〕林兆恩撰：《附玄譚》，《林子三教正宗統論》，北京：宗教文化出版社，2016年，第1036頁。

想中也保留了這一部分痕跡，此中不再一一贅述。

綜上所述，道教內丹學理論對於林兆恩思想的影響是十分深遠的。其三傳弟子董史也認為林氏「黑鐵丹之明於三峰」〔註58〕，而「金丹之啟自上陽」〔註59〕。至今為止，依舊有部分三一教堂中供奉著張三豐和卓晚春的塑像，認為他們「有功於師門」，並將其稱為「圓通教主」與「上陽真人」。可以說，道教的內丹學理論對後來林兆恩「三教合一」思想的形成與三一教的發展都產生了不可忽視的作用。

第三節　林兆恩對道教的理解

一、道教之道統

林兆恩所理解的道教往往與道家相互摻雜，這種混合道家、道教的治學方法也是林兆恩的一大治學特色。這種情況一方面源於他所接受的道家影響是以道教內丹學為主的理論基礎，另一方面也是道教自身倡導以老子之學為宗導致的。明代道教以南方正一道為顯貴，洪武年間，正一道第43代天師張宇初強調道教要以老子之學為宗，他在《道門十規》中說：「雖有道經師三寶之分，而始自太上授道德五千言於關令尹」〔註60〕，認為道教的修煉之術乃始於老子之學，後世的方術之道脫離老子清淨虛無之學，因而視之為異端。林兆恩所在的福建亦屬於南方正一道的統轄範圍，因而林兆恩本人作為一個學者混合道家、道教乃屬正常之事。

首先對於道教正統，林兆恩認為黃老之學才是道教立教之本。因而他說：「道流未始知黃帝、老子，而信黃帝、老子者，信黃帝、老子之名也……信黃帝、老子之名者，而語之以黃帝、老子之實，得一而已，不荒唐，不迂怪，必以為黃帝、老子之異端，而不吾信也。」〔註61〕在他看來黃帝與老子才是道教

〔註58〕盧文輝編著，方芳校譯：《林子本行實錄》，北京：宗教文化出版社，2019 年，第 3 頁。

〔註59〕盧文輝編著，方芳校譯：《林子本行實錄》，北京：宗教文化出版社，2019 年，第 3 頁。

〔註60〕《道門十規》，《道藏》第 32 冊，文物出版社、上海書店、天津古籍出版社，1988 年，第 146 頁。

〔註61〕林兆恩撰：《信難》，《林子三教正宗統論》，北京：宗教文化出版社，2016 年，第 1033 頁。

正統之學，而後世之人只信黃帝老子之名，而不知黃老之學的根本宗旨，因而
這些人實際上是黃老之學的異端。不僅林兆恩為老子正名，在他之前的薛蕙也
曾提出過類似的觀點，薛蕙認為：「天下知尊老子，而老子之言世猶莫能知也。
況至後世，道術數傳數變，學者舍本趣末，毀所不見，且詆訾老子為異端，則
其筆之於書者，天下益莫能知矣。」〔註62〕可見為老子正名的思想並非林氏獨
有，亦是明代老子學中的一股思潮。林兆恩就道教學派的道統傳承提出了自己
的見解，在他看來「老子之道大矣，後世學之者眾，而未聞有得其宗者」〔註63〕，
黃帝老子之後的道家學統已經失去傳承，但他並沒有否定後世一切的黃老後學。
在他看來，老子之道不明於世，但間或有可稱道者。他對於老子後學莊子就給
予了高度的評價，認為「學無所不窺，然其要本歸於老子之言……老子之道，
至莊子而益明，亦至莊子而益晦」〔註64〕，同時認為三國時期的魏伯陽，晉之
鍾離權、許遜，唐代的司馬承禎、呂洞賓，宋之白玉蟾和明代的張三豐等人多
少都傳承了部分老子之學。林兆恩尤其在《三教會編》中對淨明道的發展做了
詳細的梳理，因而有學者認為在林兆恩看來淨明道才是黃老正統之所在，應該
說這一理解有失偏頗。由於淨明道本身具有很強的儒道融合的特點，故而在元
明時期具有較大的影響力，王陽明及其後學對淨明道亦是推崇有加，「陽明學派
的王龍溪、羅近溪。高攀龍、屠龍等人與淨明道士過從甚密，對其學說評價甚
高。高攀龍認為『仙家惟有許族陽最正，其傳只淨明忠孝四字』。(《高子遺書》
卷五)實際上，淨明道的忠孝教義也頗具理學色彩」〔註65〕。從林兆恩對道教
道統的理解上來看，他確實較為推崇內丹學與淨明道，但這種推崇是與其志向
相聯繫的。其原因就在於內丹學較為注重心性修養之學，而淨明道則十分提倡
儒家的忠孝之道，這兩者都對其提倡「三教合一」的思想有諸多益處。可以說
林兆恩對道教道統的理解既有現實道教的影響，也蘊含著他會通三教的志向。
儘管他對道教的理解並不符合學術史實，但考慮到其「三教合一」的立場也就
不難理解他的觀點了。

〔註62〕薛蕙著，《老子集解》，熊鐵基，陳紅星主編：《老子集成》第六卷，北京：宗
　　　　教文化出版化，2009 年，第 278 頁。
〔註63〕林兆恩撰：《三教會編卷一》，《林子三教正宗統論》，北京：宗教文化出版社，
　　　　2016 年，第 278 頁。
〔註64〕林兆恩撰：《三教會編卷一》，《林子三教正宗統論》，北京：宗教文化出版社，
　　　　2016 年，第 295 頁。
〔註65〕卿希泰主編：《中國道教》，北京：東方出版中心，1994 年，第 185 頁。

　　而就其所處時代的道教，林兆恩認為：「道之一大枝也，復分為三小枝，清淨也，彼家也，爐火也，各自標門，互相爭辯。」〔註66〕他認為當時的道教總分為三家，這種理解與林兆恩所處時代的道教發展情況密切相關。林兆恩前半生所處的時代正是明世宗在位時期，而明世宗是一位道教的狂熱崇拜者，他在位幾乎半個世紀而畢生崇道。世宗即位後，喜好齋醮，先後徵召龍虎山上清宮道士邵元節大加寵幸，繼又招道士陶仲文入宮，陶得寵二十年。明世宗多次自封道號，萬壽帝君、靈霄上清統雷元陽妙一飛玄真君等，又收受道書、仙方、秘籍等數千種。就明世宗所信奉的道教流派來說，他信奉符籙派，但同時也不排斥丹鼎派，對內丹與外丹之學均有濃厚的興趣。因而世宗在位時期，道教信仰波及整個明代社會，上至朝廷，下至民間，都受到了薰染，這種風氣自然也波及林兆恩所在的莆田一帶。所以，林兆恩對道家的理解顯然與當時道教的主流派別有關，由於明代正一道逐漸向北方全真道靠攏，因而其理論並沒有局限在符籙，同時也十分推崇全真丹法。按照林兆恩所接受的道教影響來說，他對道教的理解主要以道教丹法來作分別，正如何善蒙所指出的，「就道教思想的影響來看，對林兆恩思想起關鍵作用的是道教內丹學」〔註67〕。因而此他認為道教分化為「清淨」、「彼家」和「爐火」，這當然並不符合實際情況，但這並不妨礙他對道教弊端的批判。前兩者俱是內丹之學，「清淨」指主張清靜獨修的「清淨丹法」，「彼家」則是主張陰陽交合成丹的「彼家丹法」，而「爐火」則是外丹之道。而在這三派之中，林兆恩對「彼家」與「爐火」的批判更甚，在他看來「配合採取之喻，似既支矣，而好色之徒，則有彼家之說，淫穢而可非也；安爐立鼎之喻，似既支矣，而規利之徒，則有爐火之說，貪鄙而可非也。」〔註68〕他認為修煉「彼家丹法」是借陰陽交合成丹的理論來行淫穢之事，這些道教徒實則都是好色之徒。而修煉「爐火丹法」的道教徒只是想藉此來獲利，這些人都是貪婪好利之徒。因而他認為這兩派實際上都不是黃老的後學分支，所以在三家之中林兆恩更加傾向於「清淨」派。而現實的社會情況，也誠如林兆恩所言「各自標門，互相爭辯」，正統之爭使得各派爭論不休，矛盾重重。

　　那麼黃帝老子之學的實質究竟是什麼呢？林兆恩將其歸結為心性之學。

〔註66〕林兆恩撰：《三教本始》，《林子三教正宗統論》，北京：宗教文化出版社，2016年，第18頁。

〔註67〕何善蒙著：《三一教研究》，杭州：浙江大學出版社，2011年，第155頁。

〔註68〕林兆恩撰：《非道》，《林子三教正宗統論》，北京：宗教文化出版社，2016年，第1010頁。

他曾明確地說：「黃帝、老子之學，心性也」〔註69〕、「如有盡心知性之徒出焉，則於三教之書，自能心領而神會矣。蓋三教之書，而三教之聖人，都從心性中發出來爾」〔註70〕。林兆恩認為黃帝老子之學都是從心性之中生發出來的，因而將其稱之為「心性」之學。所以，林兆恩認為道教的根本之學也是在「心」上作工夫，「道教之所以求端於吾心之黃帝老子焉，則清淨在我，而亦不異於黃帝老子矣」〔註71〕，只要做到了「求端於吾心」則清淨就不離我身了，如此則能復歸於黃帝老子之學的正統。

當然，類似的主張在道教理論中亦不乏相關之論說，如前所提到的正一道天師張宇初就曾提出以心性為三教共同之源，從而倡導三教歸一，這種主動匯入「三教合一」思潮的態度，實際也反映出儒學對明代道教的融攝與影響。而明代中後期，由於陽明心學之影響，「心性」之學或稱之為「性命」之學，在此一時期更是蔚然成風，如同為王門後學的焦竑、陶望齡等人也是以「性命」作為求學之本〔註72〕。不同的是，林兆恩對「心性」之學的闡發是與其「非非三教」的三教批判論相聯繫的，故而不同於泛言「性命」之學，此一部分下文將詳細展開。

二、非非道

如上所言，林兆恩在三十歲那年第四次落榜，之後他便頻繁出入三教轉而追求心身性命之學，他曾向門人自述學道過程謂：

> 初余之迷於外道也，概有十年。蓋嘗師事儒門，而窮物而詞章矣，既而悔之。又嘗師事玄門，而遺世，而辟糧矣，既而悔之。又嘗師事空門，而著空，而枯坐矣，既而悔之。屢入迷途，幸而知返。今以余所迷而非，及余所見所聞而非者，俱與諸生言之，庶諸生有所鑒戒，而不復如余昔日之迷，可笑而可癡也。諸生中亦有迷於外

〔註69〕林兆恩撰：《信難》，《林子三教正宗統論》，北京：宗教文化出版社，2016 年，第 1032 頁。

〔註70〕林兆恩撰：《三教之書難以盡信》，《林子三教正宗統論》，北京：宗教文化出版社，2016 年，第 835 頁。

〔註71〕轉引自，趙偉著：《林兆恩與〈三教開迷歸正演義〉研究》，北京：中國社會科學出版社，2011 年，第 43 頁。

〔註72〕《居士傳》中載：「（陶周望）與同官焦弱侯相策發，始研求性命之學……每曰：『古人見性空以修道，今人見性空以長欲』」。參見彭紹升撰，張培鋒校注：《居士傳校注》，北京：中華書局，2016 年，第 375～376 頁。

道而不知返者，豈迷自迷，亦且迷人，自迷迷人，非余弟子。〔註73〕

林兆恩對門徒所述的這一段經歷，大致是在 1547 年第四次省試落第後，他棄考從道轉而尋求性命之學。在此後的十餘年中，林兆恩遍訪三教，尋求性命之學，然而卻「屢入迷途」。他在出入「玄門」的過程中，亦發現現實道教的諸多弊端。因而他站在老子之學本心性的立場上，針對道教之弊展開了一系列的批判。盧文輝在《道德經釋略跋》中曾提到：

> 世之學老子者，徒狥老子之跡，而不知求老子之心；或求老子之心，而不得其心之真體真用，與夫根本工夫。以故惑於長生久視，覬於輕舉飛昇，溺於修齋禮斗，誕妄不經，迷謬不改。甚至刑名權利者，援之以文其奸；縱橫捭闔者，藉之以逞其譎；清談放達者，託之以售其矯。使老子學，至今為梗，而抱千古不明之恨，竊為老子冤之！〔註74〕

司馬遷在《史記》中將申韓與老莊並置而成《申韓老莊列傳》，後世遂有刑名本道德之說，一定程度上造成了對老子學說的誤解。但道教對老子思想的改造則更甚，作為中國本土宗教的代表，道教一方面是尊老子為祖師，另一方面是將老子思想與宗教相結合，特別是將老學視為一種長視久生的養生之術。因而，林兆恩對道教中不符合老子思想的相關理念、儀式、工夫等進行了徹底地釐清。具體來看，林兆恩對道教的批判主要集中在四個方面：第一，道教避世的處世方式；第二，道教飛騰羽化的宗教迷信；第三，道教人倫廢棄的現實情況；第四，道教運氣靜坐的修行工夫。

（一）對道教處世方式的批判

從明代道教的發展情況來看，興起於金元的全真道開始走向衰弱，而南方正一道顯貴。全真道創教之初就不僅僅專注於修道，而且主張積極入世，匡扶天下，因而有較大的社會影響。進入明代以後，全真道遭到明王室的嫌棄，加上修命養性的內丹之學需要較高的文化水平，導致全真道的發展逐漸走下坡路。因而不少全真道士都逐漸離開社會政治的舞臺，走向了隱遁山林的清修道路。

〔註73〕林兆恩撰：《非三教》，《林子三教正宗統論》，北京：宗教文化出版社，2016年，第 1011 頁。

〔註74〕林兆恩撰：《道德經釋略跋》，《林子三教正宗統論》，北京：宗教文化出版社，2016 年，第 560 頁。

　　隱遁山林本來就是道教徒的一大修行模式。在林兆恩看來，學道的目的之一是為了更好的處世，所以他批評「拋世然後可以學道」〔註75〕的態度。針對道教徒消極避世、隱遁山林的處世方式他給予了嚴厲的批判。在他看來，道教所崇奉的祖師黃帝老子都積極入世，勇於承擔社會責任。他認為，「黃帝為天子，老子為柱下史。柱下史，今之侍御史秩也。果如後世道家者流，入之深山而無所為者歟？」〔註76〕道教的祖師一個貴為天子，另一個官任史秩，根本不像後世的「道家者流」那樣遁入深山，無所作為。相反，他極為稱頌黃帝老子的功績，認為：「黃帝之治天下也，百神出而受職於明堂之庭」〔註77〕，同時也提出：「余歷觀帝王制作之盛，未有如黃帝者。見日月星辰之象，始有星官之書；制玄衣黃裳之服，以象天地之色。至於大撓甲子，容成蓋天，萇萲置閏，隸首算數，伶倫律呂，星氣之占，器用之利，內經之作，蠶桑之教，畫野分州以監萬國，經土設井以塞爭端，立步制畝以防不足，制作之盛，難以勝紀。而謂黃老之道，無所作為可乎？」〔註78〕因而黃帝之有功於社稷大矣，而黃帝老子的「無為而治」乃是一種極為高明的治世之法，絕非後世道教所理解的避世尋道。

　　在林兆恩看來，入世間法代表著對社會群體的責任意識，而出世間法則僅僅專注於個人修行。因而當有門徒請教他釋道二教之流弊時，他明確地說：「或問『釋老之教，而人非之者，何也？』林子曰：『以其不知有世間責也』，故詳於不可使知之道，而專與上智者道也。然上智之士，豈可多得？而釋老之教，焉得不為人之所非邪？」〔註79〕他一針見血地點明了世人對釋道二教的批判在於「不知有世間責也」，釋道二教專以出世間法教人，背棄承擔社會責任。當然，林兆恩沒有否定釋道二教本身具有的教化作用，但他從社會責任的群體性角度，闡明了教化世間應以大多數人為重。而道教的此種教化僅僅是針對「上智之士」也就是少部分有智慧的人，所以他說：「夫棄去三綱五常之至德，

〔註75〕林兆恩撰：《答論學道》，《林子三教正宗統論》，北京：宗教文化出版社，2016年，第881頁。

〔註76〕林兆恩撰：《三教會編卷一》，《林子三教正宗統論》，北京：宗教文化出版社，2016年，第277頁。

〔註77〕林兆恩撰：《黃帝軒轅氏》，《林子三教正宗統論》，北京：宗教文化出版社，2016年，第265頁。

〔註78〕林兆恩撰：《黃帝軒轅氏》，《林子三教正宗統論》，北京：宗教文化出版社，2016年，第265頁。

〔註79〕林兆恩撰：《可與知者道》，《林子三教正宗統論》，北京：宗教文化出版社，2016年，第1014頁。

士農工商之常業，而為逍遙物外之遊者，是乃敗風壞化，孟浪遊食者之所為也，奚足道哉？」〔註80〕、「不能盡士農工商之常業，而周旋於人倫日用之間者，且不可以為人，而況能得道乎？」〔註81〕顯然，道教消極避世的出世之法不符合人倫日用之需求，同時也缺乏承擔社會義務的責任。因而，他認為這種清修的方式根本不能得道。

（二）道教宗教迷信的批判

其次，林兆恩認為道教中所主張的神仙道術都是無稽之談，故而他極力排斥道教的宗教迷信。他批評道：「設使道家果有飛騰羽化之術，則兆恩亦何從而學之……第以老子、釋迦之道，皆從心上用工夫爾。」〔註82〕在林兆恩看來，老子修行的根本工夫乃是在心上用力，因而道教所謂的羽化飛昇，長生不死皆屬於宗教迷信。從觀念上的批判進而落實到現實層面，他對於道教中的水解、法術、符咒等宗教儀式和儀軌都予以駁斥，認為這些都是荒誕的宗教迷信，無助於心性工夫的涵養。那麼後世的這些迷信是如何產生的呢？他在《破迷》中提出：「二氏流傳既失真，又以己之私意揣度而逆億之，玄遠其說，謬悠其辭，以尊其師，以神其教，至於詭怪荒誕，不足於取信於人，此則二氏之流弊也。」〔註83〕可見，林兆恩認為後世道教私自揣度祖師之意而任意發揮，為了傳教而將老子思想神化、異化，最終產生了那些荒誕無稽的宗教迷信。尤其是道教所主張的長生不死的思想，他認為乃是世間大惑，因而他認為：「後世虛誕之徒，思欲以假合之軀，白日而登升者，亦甚可笑。」〔註84〕針對老子黃帝羽化飛昇的傳說，林兆恩予以了駁斥。他考察了道家祖師的歷史來說明世間無長生不死之人，且看以下一段記載：

> 時有以羽化飛騰之術，長生不死之訣，訪於林子。林子曰：「兆恩嘗考三氏之書，黃帝住世，百十有一年，釋迦七十有九，老聃九十，

〔註80〕林兆恩撰：《世間法為重》，《林子三教正宗統論》，北京：宗教文化出版社，2016年，第1014頁。

〔註81〕林兆恩撰：《道業正一篇》，《林子三教正宗統論》，北京：宗教文化出版社，2016年，第415頁。

〔註82〕林兆恩撰：《林子舊稿》，四庫毀禁書叢刊子部第19冊《林子三教正宗統論》，北京出版社，1998年，第187頁。

〔註83〕林兆恩撰：《三教之書難以盡信》，《林子三教正宗統論》，北京：宗教文化出版社，2016年，第835頁。

〔註84〕林兆恩撰：《黃帝軒轅氏》，《林子三教正宗統論》，北京：宗教文化出版社，2016年，第266頁。

孔子七十有三，都無飛騰羽化之術，又無長生不死之訣。」〔註85〕

所以在林兆恩看來，道教祖師黃帝老子，一個活了一百一十一歲，另一個活了九十歲，他們都無法長生不死，何況於他們的後學。他認為，形體的衰老與死亡是不可避免的，這是一種無法抗拒的自然規律，「夫人大常，生而少壯，轉而為衰老，轉而為死亡，聖凡之所共也，上智之所弗幸免焉者也。」〔註86〕這種自然規律對於聖人和凡人都一樣，沒有人能夠幸免。林兆恩的思想中繼承了一定的儒家宿命論，認為人命由天所定，「夫人生之命。必有所懸矣，而永年益壽之徒，命獨不懸於天乎？」〔註87〕因而後世的道士執著於追求長生不死之術是違背道家本意的。林兆恩雖然否定了形體不死的迷信，但對於道教中養生的思想予以了保留和合理的解釋。在他看來人固有一死，但養生以求長壽則是合理的追求，因而他引程伊川的話說：「程伊川嘗有言曰：『若說白日飛昇之類則無，若言居山林間，保形煉氣，以延年益壽則有之。』……吾嘗夏葛而冬裘，饑食而渴飲，節嗜欲，定心氣，如斯而已矣」〔註88〕程頤否定了道教中的成仙之說，但他也認為在山林中修養是有益於人之身心健康的。而林兆恩則進一步認為順應自然的變化，調整人體生理欲求，修身養性自然能夠達到長壽的效果。這就將原來神秘的宗教迷信還原為現實的科學養生。此外，林兆恩進一步將老子的「沒身不殆」解釋為精神性的永生，所謂飛騰羽化之術就是「如黃帝之仙去，帝堯之殂落，一點清靈在天不昧」〔註89〕，而長生不死則是「歸天之神氣，期與天地相為炳煥」〔註90〕。這種精神的不死，乃是通過心性的修養產生的，所以他認為道教中所謂的「拔宅」乃是「養成元神，炯炯不昧，離身長往，歸還於天」〔註91〕，而所謂的

〔註85〕林兆恩撰：《羽化長生》，《林子三教正宗統論》，北京：宗教文化出版社，2016年，第820頁。

〔註86〕林國平著：《林兆恩與三一教》，福建：福建人民出版社，1992年，第59頁。

〔註87〕林兆恩撰：《命定之天》，《林子三教正宗統論》，北京：宗教文化出版社，2016年，第821頁。

〔註88〕林兆恩撰：《命定之天》，《林子三教正宗統論》，北京：宗教文化出版社，2016年，第821頁。

〔註89〕林兆恩撰：《羽化長生》，《林子三教正宗統論》，北京：宗教文化出版社，2016年，第820頁。

〔註90〕林兆恩撰：《夏語不獨怨教》，《林子三教正宗統論》，北京：宗教文化出版社，2016年，第72頁。

〔註91〕林兆恩撰：《拔宅》，《林子三教正宗統論》，北京：宗教文化出版社，2016年，第827頁。

「飛昇」則是「謂神之歸天者，仙去也」〔註92〕。

林兆恩希望用儒家的生死觀來破除道教長生不死的宗教迷信，改變道教徒對超人間力量的追求，轉而通過道德修養的方式來解決生死大事。因而他認為真正的長生不死是通過儒家的立德、立功、立業之法建立起來的，如「堯舜撫運於明時，仲尼獲麟於叔季，窮達異勢，陽德同享，顯被一時，垂休萬世」〔註93〕，所以身體雖然已經死亡，但功績長存於世，故而其精神永生，在這個意義上來說「元神歷萬劫而不壞」〔註94〕。他以「楚之屈平子，宋之張世傑，其人也，耿耿赤心，萬古猶烈。」〔註95〕之典故來解釋道教中的「水解」，又用「古之所謂剖心以成忠，待烹以為孝者，其人也，丹心一點，萬古不滅。」〔註96〕的說法來解釋「刑解」。可見，林兆恩正是以儒家的忠孝之道來闡釋道教中所謂的長生之道，希望通過儒家積極入世的人生觀來解決生死大事，通過將修身養性之道寓於立德、立功、立業的三不朽事業中探尋生命的終極意義。

（三）對道教人倫廢棄的批判

人倫問題一直是宗教與世俗社會難以調和的一大問題，特別是中國古代一直是一個以人倫為重的社會，因此林兆恩認為那些不重嗣續的道教徒都是黃老之學的異端。他提出學道之目的就是為了更好地明白人倫之本，所以棄人倫而學道是不可取的，正如他所言：「子以為棄人倫然後可以學道歟？殊不知學道正所以為明人倫之本也」〔註97〕。然而現實社會中，道教徒拋家棄子而入道觀中清修的情況比比皆是，「今之僧尼道士，散處於寺觀之中者，雖曰不饑不寒矣，然乃與不父不子，不夫不婦。」〔註98〕由於道教徒脫離世俗社會而清

〔註92〕 林兆恩撰：《飛昇》，《林子三教正宗統論》，北京：宗教文化出版社，2016年，第 827 頁。

〔註93〕 林兆恩撰：《醒心詩摘注跋》，《林子三教正宗統論》，北京：宗教文化出版社，2016 年，第 936 頁。

〔註94〕 林兆恩撰：《醒心詩摘注跋》，《林子三教正宗統論》，北京：宗教文化出版社，2016 年，第 936 頁。

〔註95〕 林兆恩撰：《水解》，《林子三教正宗統論》，北京：宗教文化出版社，2016年，第 827 頁。

〔註96〕 林兆恩撰：《刑解》，《林子三教正宗統論》，北京：宗教文化出版社，2016年，第 827 頁。

〔註97〕 林兆恩撰：《答論學道》，《林子三教正宗統論》，北京：宗教文化出版社，2016年，881 頁。

〔註98〕 林兆恩撰：《道業正一篇》，《林子三教正宗統論》，北京：宗教文化出版社，2016 年，第 415 頁。

修，由此造成了對傳統的父子、夫婦等人倫關係的破壞。針對道教徒人倫廢棄的情況，林兆恩提出了自己的見解：

> 故均是人也，人皆有君臣，人皆有父子，人皆有夫婦。而道釋者流，獨無君臣，獨無父子，獨無夫婦者，是道釋者流，獨非人乎？道釋者流亦人也，而獨無君臣，獨無父子，獨無夫婦者，何也？豈天既生其人，而固薄之邪？抑亦其人，無分於斯道之常也？蓋由於好奇索怪之士，不識寂滅清淨之旨，而妄倡為寂滅清淨之說，於是聲矖之徒，遂從而信之，以棄去君臣之義，父子之仁，夫婦之別，而謂寂滅清淨之教，乃在於此者，惑之甚也。又有一等之徒，求其寂滅清淨之旨而不得，乃從而棄去君臣之義，父子之仁，夫婦之別，以為寂滅清淨之教，亦不過如此。此三綱之所由滅絕，而人道不幾與廢乎？〔註99〕

如上所述，林兆恩認為人的根本特性即在於具備人倫，人天生就具備君臣、父子、夫婦的三綱之道。因而無論是道士還是僧尼，他們與普通人一樣，本身都具備三綱五常。而造成後世道教徒人倫斷棄的原因有二：其一，由於「好奇索怪之士」誤解了黃老清淨的根本旨意。在林兆恩看來，黃老之學乃是心性之學，而後世道教徒不識心性之大，因而流於表面工夫，以為斷棄人倫即為修道之法；其二，還有甚者因求不得清淨之法門，而以絕棄三綱為清淨法門。這兩者共同造成了對老子之學的誤解，以至於導致了後世道教不重人倫的弊端。為了糾正此種弊端，他考察了道教始祖黃帝與老子之人倫，並提出：「且道家之教，非始於黃帝老子乎？黃帝老子人倫之大，載之史可考也。」〔註100〕林兆恩認為道教始於黃帝老子，而黃帝老子之人倫可以通過史書來查證。他通過列舉史實的方式來論證黃老的人倫之大，「黃帝四妃二十五子，得姓者十四人，為十二姓，顓頊帝嚳，以及唐虞夏商周皆其孫子，是黃帝未嘗遺人倫也；老子之子宗，宗為魏相，封於段幹（「叚」應為段，此中採原作），宗子注，注子宮，宮玄孫假，假仕於孝文帝，假之子解，為膠西王卬太傅，是老子未嘗遺人倫也。」〔註101〕黃帝有四位妃子，

〔註99〕　林兆恩撰：《道業正一篇》，《林子三教正宗統論》，北京：宗教文化出版社，2016 年，第 414 頁。

〔註100〕　林兆恩撰：《道業正一篇》，《林子三教正宗統論》，北京：宗教文化出版社，2016 年，第 414 頁。

〔註101〕　林兆恩撰：《擬撰道釋人倫疏稿》，《林子三教正宗統論》，北京：宗教文化出版社，2016 年，第 126 頁。

二十五個兒子，而老子的兒子宗也被封為魏相。他從大量的史料來說明道教祖師不失人倫之大，因而後世道教徒背棄人倫並不合於黃老本旨。

（四）對道教運氣工夫的批判

林兆恩不但對於道教中的義理觀念有所批判，而且進一步從修養工夫層面對後世道教之流弊提出了批判。在林氏看來，「世之所謂神仙者，果得黃帝老子之正宗歟？林子曰：『否。黃帝老子邊北之枝也。』」〔註102〕他認為所謂的神仙都不是黃老之學的正統，故而道教中的修仙之法乃是道教旁門之道。林兆恩認為道教所提倡的「運氣」法門實乃是一大弊端，因而當有人問他「運氣」之道時，他曾言：「非也。不運氣而氣自運，孟子所謂無暴其氣。」〔註103〕顯然林兆恩借用孟子「無暴其氣」的理論反對道教徒「運氣」的修行之法。孟子提出：「夫志，氣之帥也；氣，體之充也。夫志至焉，氣次焉。故曰：持其志，無暴其氣。」〔註104〕在孟子看來，志向是血氣的統帥；血氣則是身體的基本組成。二者相比，志向是高級的、主導的，血氣是其次的、從屬的。因此要專注於自身的志向，而不應該放任自身的血氣。

林兆恩進一步站在道家立場上，對「運氣」說提出了批判。他說：「不運氣，氣自運，運氣反令氣不順。君不見蒼蒼上浮之謂天，北辰居，五氣宣。夫何為哉？任自然。世人既無口授與心傳，何為乎窮年矻矻守殘編？徒頌順成人，逆成仙，豈知太極一立，自然顛倒。上升下降無休歇，天地日月都迴旋。為無為，玄更玄。」〔註105〕林兆恩認為天的運行與列星的運行都是任自然而行，故而運氣反而會導致氣不順。而後世道教徒既沒有口授也沒有心傳之法，而僅僅迷信於「順成人，逆成仙」的宗教迷信。自陳摶的無極圖以來，道教徒往往執著於「逆氣」以復歸「無極」的成仙之法，林兆恩則認為，「太極」自始至終都處於升降的運動中，因而生死也是不斷轉化的，「運氣」成仙之說根本是無稽之談。

〔註102〕 林兆恩撰：《分摘玄宗大道下》，《林子三教正宗統論》，北京：宗教文化出版社，2016 年，第 972 頁。

〔註103〕 林兆恩撰：《運氣》，《林子三教正宗統論》，北京：宗教文化出版社，2016 年，第 826 頁。

〔註104〕 孟子著，顏興林譯注：《孟子・公孫丑上》，南昌：二十一世紀出版社，2014 年，第 46 頁。

〔註105〕 林兆恩撰：《嘲運氣》，《林子三教正宗統論》，北京：宗教文化出版社，2016 年，第 914 頁。

　　從林兆恩對道教的批判來看，他所理解的道教是混合了道家與道教為一體。從批判的對象來看，林兆恩所反對是乃是冠以道家之名的道教異端。他從道教的處世觀、道教的宗教迷信、道教的人倫問題以及道教的工夫修養等四個方面對後世道教的流弊進行了系統的批判。林兆恩對道教的批判不僅僅流於表面的觀念上，而是觸及到了許多重大的社會問題。他從儒家入世的角度堅決反對道教徒避世清修的處世方式，又從儒家的生死觀與三綱五常對道教的宗教迷信和人倫問題予以匡正，最終又從義理上的批判轉到對道教修養工夫的批判。林兆恩「非非道」的本質還是站在儒家世間法的立場來否定道教出世間的教化之法，希望通過儒家的三綱五常、士農工商之道來融攝道教。

第二章 《道德經釋略》的版本、對勘與詮釋方法

本章主要對《道德經釋略》文本的成書、版本、對勘以及詮釋方法做出考察。第一部分是關於現存《道德經釋略》版本的考察，同時對其成書時間、編撰的過程等背景作一定的交代。第二部分是仿照劉笑敢先生的《老子古今》一書，對《道德經釋略》中所用《道德經》全文進行對勘與引論的統計。對勘的底本主要採用通行的河上公注本與王弼注本以及正統道藏中的傳奕本，通過對比的方式來考察林兆恩所用《道德經》版本的優劣之處，與此同時統計林兆恩在《道德經釋略》中所援引的相關注解。對文本的梳理可以更好地幫助我們分析林兆恩注老的意圖、方法與特色等。本章的最後一部分是對林兆恩注老方法與理論的考察，大體來看林兆恩在這部《道德經釋略》中主要採用了以下幾種方式：一、以心釋經法，二、集注注釋法，三、語錄體與問答法，四、字訓注釋法。

第一節 《道德經釋略》的成書與版本

本節主要就《道德經釋略》的成書過程與版本信息作一定的交代。此書雖是署名為林兆恩所作，但嚴格意義上來說其成書過程非一人一時所成，其中亦包含林氏之諸多弟子的參與與修訂。當然，就思想之歸屬而言無疑還是林兆恩本人，故而這一文獻依舊是研究林兆恩思想的重要參考資料。

一、《道德經釋略》的成書過程

　　《道德經釋略》共計六卷，分作乾坤二部，收錄於林兆恩的全集中，全文總計二百四十餘條注解。在體例上不分道經與德經亦不分上下篇，第一章至八章為卷一、第九章至十九章為卷二、第二十章至三十一章為第卷三、第三十二章至五十八章為卷五、第五十九章至八十一章為卷六。文前附有林兆恩本人所作的《道德經釋略自序》，其親傳弟子盧文輝所作的《道德經釋略跋》以及門人陳大道所作之《道德經釋略跋》。同時文內每卷題下附有「門人盧文輝訂正」的字樣，第三十一章後有「門人施信甘鄭朝科命梓」的字樣，第八十一章後又有「門人程廷良鄭朝開命梓」的字樣，由此可見此部《道德經釋略》的成書是林兆恩與其門人共同完成的作品。大致來說，依據《林子年譜》中所述，「命陳大道分摘三教諸集而類編之，標曰《林子分內集》，曰《三教分摘便覽》，共十冊……《道德經釋略》六卷。」〔註1〕陳大道的主要工作是分摘和編排《道德經釋略》的主體，之後門人施信甘與鄭朝科兩人刊印前三卷的內容，程廷良與鄭朝開負責刊印後三卷的內容，最後交由其親傳弟子盧文輝統一訂正。所以，嚴格意義上來說，《道德經釋略》並非林兆恩本人親撰，主要是由弟子摘錄其關於《道德經》的論說編排而成，但就其思想之歸屬而言，無疑還是真實反映了其本人的思想。

　　其次是關於《道德經釋略》的成書年代，根據林兆恩本人所撰的《道德經釋略自序》可以判斷，此書屬於林兆恩晚期的作品。至於其具體的時間，其序後的落款年月是「萬曆戊子臘日七十二叟子穀子龍江林子兆恩。」〔註2〕由此可見，這部《道德經釋略》的正式成書大約是在林兆恩七十二歲時完成的，亦即萬曆十六年（1588）。但值得注意的是《道德經釋略》雖然是由其弟子盧文輝於萬曆十六年訂正並刊刻，但其實際的寫作並非是短期完成的，而是存在一個較長的過程，其序中提到：「余初讀《道德經》，懵然而無知也。近一二年來，稍有所悟，漫撰《道德經》釋略，以就正諸有道之君子云。」〔註3〕因而林兆恩關於《道德經釋略》的寫作存在一定的時間跨度，而非一時之作。《道德經釋略》文本中也常常出現學者關於《道德經》中思想的質詢，

〔註1〕盧永芳點校：《林龍江年譜彙編》，北京：光明日報出版社，第71頁。
〔註2〕林兆恩撰：《道德經釋略自序》，《林子三教正宗統論》，北京：宗教文化出版社，2016年，第559頁。
〔註3〕林兆恩撰：《道德經釋略自序》，《林子三教正宗統論》，北京：宗教文化出版社，2016年，第559頁。

如第十九章中記載：「林子在武夷，有儒生鄒姓者，覽《道德經》『絕聖棄智』有疑，問於林子」〔註4〕。第五十章中言：「林子在武夷有二方生，爭論〈出生入死〉章。」〔註5〕可見，《道德經釋略》中的許多內容是林兆恩在回應諸生疑問的時候積累下來的。

二、《道德經釋略》的主要版本

最後關於版本的問題，《道德經釋略》最早的版本為明萬曆年間刻本，後又有崇禎年間刻本。因《道德經釋略》主要收錄於林兆恩本人的全集中，而林氏本人著述繁多，因而其全集也形成了不同的版本，如《林子會編》《林子全集》《三教分內集》《林子三教正宗統論》《林子聖學統宗三教歸儒集》等。而根據林國平先生的考證，國內外現存不同版本的林兆恩全集共有 16 種之多〔註6〕。不同全集之間收錄的情況不盡相同，其中《林子三教正宗統論》是目前相對較完整的全集，能更準確地反映林兆恩思想的全貌。因而本文所採用的《道德經釋略》乃是收入於《林子三教正宗統論》（2016 年，宗教文化出版社整理出版）中的版本，此版亦為萬曆年刻本〔註7〕。此外，《藏外道書》《無求備齋老子集成初編》《老子集成》《千頃堂書目》《老子考》《知見書目》等均有收錄。

第二節 《道德經釋略》全文對勘與引論

為了更加全面地解讀林兆恩所撰的《道德經釋略》，文獻學的研究方法是必要的。故而，本節筆者仿照劉笑敢先生的《〈老子古今〉五種對勘與析評引

〔註4〕 林兆恩撰：《道德經釋略》第十九章，《林子三教正宗統論》，北京：宗教文化出版社，2016 年，第 583 頁。

〔註5〕 林兆恩撰：《道德經釋略》第五十章，《林子三教正宗統論》，北京：宗教文化出版社，2016 年，第 609 頁。

〔註6〕 林國平著：《林兆恩與三一教》，福州：福建人民出版社，1992 年，第 16～21頁。

〔註7〕 現存的 16 種林兆恩全集中，日本尊經閣文庫本、學習院藏本、內閣文庫、京都大學圖書館藏近衛文庫本、京都府立圖書館本、京都大學人文科學研究書藏本、蓬左文庫藏本以及美國的哈佛燕京社藏本為萬曆年刻本。而美國普林斯頓大學圖書館藏本、北京圖書館藏本為崇禎刻本。參見山根幸夫著：《日本現存明人文集目錄》，東京汲古書院，1978 年，第 194 頁以及間野潛龍著：《明代文化史研究》，同朋舍，1979 年，第 455 頁。

論》，主要以通行的河上公注本、王弼注本以及正統道藏中的傅奕本為對勘底本，對《道德經釋略》全文進行對勘。劉先生的大作通過句式、字詞、結構、修辭等分析，結合五種典型的《老子》文本進行對比，對於探究《老子》文本的演變和發展做出了傑出的貢獻。當然，本文的研究對象僅僅是《道德經釋略》，故而筆者僅僅是借鑒了劉先生的思路，意在揭示林兆恩所用《道德經》版本的特點，同時在書中統計了其在每章中所援引的歷代注老之作和三教學者與經典之論。這一方法的運用對於揭示林氏的注老方法與詮釋特色有一定的參考意義。現將其原文附上進行對勘，參見下表 1-2-1（特別說明：下表中除第十一章與第二十五章之斷句較為特殊外，一般章節在不影響文義理解的情況下，僅核對文字上的差異）。

一、《道德經釋略》原文與對勘

表 1-2-1　《道德經釋略》對勘與引論

章節	《道德經釋略》原文	引論與對勘
1	道可道，非常道。名可名，非常名。無名天地之始，有名萬物之母。故常無欲以觀其妙；常有欲以觀其徼。此兩者，同出而異名，同謂之玄。玄之又玄，眾妙之門。	本章援引王道《老子億》、程俱《老子論》以及呂知常《道德經講義》。本章與三本皆同。
2	天下皆知美之為美，斯惡矣；皆知善之為善，斯不善矣。故有無相生，難易相成，長短相較，高下相傾，音聲相和，前後相隨。是以聖人處無為之事，行不言之教，萬物作而不辭，生而不有，為而不恃，功成而弗居。夫惟不居，是以不去。	此章「矣」字，河本、王本與傅本皆作「已」。「萬物作而不辭」一句，河本與王本皆作「萬物作焉而不辭」。「夫惟不居」，河本作「夫惟弗居」，王本作「夫唯弗居」，傅本作「夫惟不處」。
3	不尚賢，使民不爭；不貴難得之貨，使民不為盜；不見可欲，使心不亂。是以聖人之治，虛其心，實其腹，弱其志，強其骨，常使民無知無欲，使夫知者不敢為也。為無為，則無不治。	本章「使心不亂」，王本與傅本作「使民心不亂」。「知者」一詞，河本與王本作「智者」。
4	道沖而用之，或不盈，淵兮似萬物之宗。挫其銳，解其紛，和其光，同其塵，湛兮似若存。吾不知誰之子，象帝之先。	本章援引金華仙人和嚴君平之論。「湛兮似若存」一句，王本與傅本作「湛兮似或存」。本章同於河本。

5	天地不仁，以萬物為芻狗；聖人不仁，以百姓為芻狗。天地之間，其猶橐籥乎？虛而不屈，動而愈出。多言數窮，不如守中。	本章多援引呂知常《道德經講義》。本章同於河本與王本。傅本「虛而不屈」作「虛而不詘」。
6	谷神不死，是謂玄牝。玄牝之門，是謂天地根。綿綿若存，用之不勤。	本章援引呂知常《道德經講義》和吳澄之論。本章同於三本。
7	天長地久，天地所以能長且久者，以其不自生，故能長生。是以聖人後其身而身先，外其身而身存。非以其無私邪？故能成其私。	本章林兆恩自身的言論中有援引薛蕙《老子集解》。本章同於三本。
8	上善若水，水善利萬物而不爭，處眾人之所惡，故幾於道矣。居善地，心善淵，與善仁，言善信，政善治，事善能，動善時。夫惟不爭，故無尤。	本章援引薛蕙《老子集解》與王道《老子億》。「故幾於道矣」一句，河本與王本作「故幾於道」。「政善治」河本與王本作「正善治」。「夫惟不爭，故無尤」河本與王本皆作「夫唯不爭，故無尤」，傅本作「夫惟不爭，故無尤矣」。
9	持而盈之，不如其已。揣而銳之，不可長保。金玉滿堂，莫之能守。富貴而驕，自遺其咎。功成名遂身退，天之道。	「揣而銳之」王本作「揣而梲之」，傅本作「鈙而梲之」。「功成名遂身退，天之道」一句，王本作「功遂身退，天之道」，傅本作「成名功遂身退，天之道」。此章同於河本。
10	載營魄抱一，能無離乎？專氣致柔，能嬰兒乎？滌除玄覽，能無疵乎？愛國治民，能無為乎？天門開合，能為雌乎？明白四達，能無知乎？生之，畜之。生而不有，為而不恃，長而不宰，是謂玄德。	本章援引呂知常《道德經講義》、薛蕙《老子集解》以及朱子、司馬光和孔子之言。「愛國治民，能無為乎？」王本作「能無知乎？」，傅本作「能無以知乎？」。「明白四達，能無知乎？」王本作「能無為乎？」，傅本作「能無以為乎？」。內容大體同於河本，然句式上河本為陳述句而非反問句。
11	三十輻共一轂，當其無有，車之用。埏埴以為器，當其無有，器之用。鑿戶牖以為室，當其無有，室之用。故有之以為利，無之以為用。	本章援引薛蕙《老子集解》。本章「當其無有，車之用。埏埴以為器，當其無有，器之用。鑿戶牖以為室，當其無有，室之用。」河本、王本、傅本皆作「當其無，有車之用。埏埴以為器，當其無，有器之用。鑿戶牖以為室，當其無，有室之用」。除斷句差異，內容上同於三注本。
12	五色令人目盲，五音令人耳聾，五味令人口爽，馳騁田獵，令人心發狂，難得之貨，令人行妨。是以聖人為腹不為目，故去彼取此。	本章援引鳩摩羅什與呂惠卿之論。本章同於三本。

13	寵辱若驚，貴大患若身。何謂寵辱若驚？寵為下，得之若驚，失之若驚，是謂寵辱若驚。何謂貴大患若身？吾所以有大患者，為吾有身，及吾無身，吾有何患？故貴以身為天下者，可以寄天下；愛以身為天下者，可以託天下。	王本無「者」字。「可以寄天下」河本作「則可寄於天下」，王本作「若可寄天下」，傅本作「則可以託天下矣」。「可以託天下」河本作「乃可以託於天下」，王本作「若可託天下」，傅本作「則可以寄天下矣」。
14	視之不見名曰夷，聽之不聞名曰希，搏之不得名曰微。此三者，不可致詰，故混而為一。其上不皦，其下不昧。繩繩不可名，復歸於無物。是謂無狀之狀，無像之像，是謂惚恍。迎之不見其首，隨之不見其後。執古之道，以御今之有，能知古始，是謂道紀。	本章援引程大昌《易老通言》與薛蕙《老子集解》。「無像之象」河本、王本與傅本皆作「無物之象」。「惚恍」一詞，河本作「忽恍」，傅本作「芴芒」。
15	古之善為士者，微妙玄通，深不可識。豫兮若冬涉川，猶兮若畏四鄰，儼兮其若客，渙若冰將釋，敦兮其若樸，曠兮其若谷，渾兮其若濁。孰能濁以靜之徐清，孰能安以久之徐生。保此道者不欲盈，夫惟不盈，故能敝不新成。	本章援引薛蕙《老子集解》。本章林本缺「夫唯不可識，故強為之容」一句，三本皆有。「渙若冰將釋」河本與王本作「渙兮若冰之將釋」。「孰能安以久之徐生」林本缺「動」字。
16	致虛極，守靜篤。萬物並作，吾以觀復。夫物芸芸，各歸其根。歸根曰靜，靜曰覆命。覆命曰常，知常曰明。不知常，妄作。知常容，容乃公，公乃王，王乃天，天乃道，道乃久，沒身不殆。	本章援引薛蕙《老子集解》、王道《老子億》以及司馬承禎之言。「各歸其根」河本與王本作「各復歸其根」，「靜曰覆命」河本與王本作「是謂覆命」，傅本作「靖曰覆命」。本章「妄作」缺「凶」字。
17	太上，下知有之，其次親之，譽之，其次畏之，其次侮之。信不足，有不信。猶兮其貴言，功成事遂，百姓皆曰我自然。	本章援引王道《老子億》和吳澄之論。「其次親之，譽之」王本作「其次，親而譽之」，傅本作「其次，親之。其次，譽之」。「信不足，有不信」河本為「信不足焉」，王本為「信不足，焉有不信焉」，傅本作「故信不足，焉有不信」。
18	大道廢，有仁義。智慧出，有大偽。六親不和，有孝慈。國家昏亂，有忠臣。	本章援引薛蕙《老子集解》。本章同於河本與王本。
19	絕聖棄智，民利百倍。絕仁棄義，民復孝慈。絕巧棄利，盜賊無有。此三者，以為文不足，故令有所屬。見素抱樸，少私寡欲。	本章援引薛蕙《老子集解》與王道《老子億》。本章同於河本與王本。
20	絕學無憂。唯之與阿，相去幾何？善之與惡，相去何若？人之所畏，不可不畏。荒兮其未央哉！眾人熙熙，如享太	本原援引《淮南子》與《老子億》。「相去何若」王本作「若何」。「泊」字，河本為「怕」，傅本作「魄」。「乘乘」王

	牢，如春登臺。我獨泊兮其未兆，如嬰兒之未孩；乘乘兮若無所歸！眾人皆有餘，而我獨若遺。我愚人之心也哉！沌沌兮，俗人昭昭，我獨若昏；俗人察察，我獨悶悶。忽若晦，寂若無所止。眾人皆有以，我獨頑似鄙。我獨異於人，而貴食母。	本作「儽儽」，傅本作「偄偄」。「忽若晦，寂若無所止」一句，河本作「忽兮若海。漂兮若無所止」，王本作「澹兮其若海，飂兮若無止」，傅本作「淡兮其若海，漂兮似無所止」。
21	孔德之容，惟道是從。道之為物，惟恍惟惚。惚兮恍兮，其中有象；恍兮惚兮，其中有物。窈兮冥兮，其中有精；其精甚真，其中有信。自今及古，其名不去以閱眾甫。吾何以知眾甫之然哉？以此。	本章引蘇軾之論。「吾何以知眾甫之然哉」一句，「然」字王本作「狀」，河本與傅本亦作「然」。其餘同於王本。
22	曲則全，枉則直，窪則盈，敝則新。少則得，多則惑。是以聖人抱一為天下式。不自見故明，不自是故彰，不自伐故有功，不自矜故長。夫唯不爭，故天下莫能與之爭。古之所謂曲則全者，豈虛言哉！誠全而歸之。	本章援引呂知常《道德經講義》。本章同於河本與王本。
23	希言自然。飄風不終朝，驟雨不終日。孰為此者？天地。天地尚不能久，而況於人乎？故從事於道者，同於道；德者，同於德；失者，同於失。同於道者，道亦得之；同於德者，德亦得之；同於失者，失亦得之。信不足，有不信。	本章多援引王道《老子億》。「飄風不終朝」一句王本作「故飄風不終朝」，傅本作「故飄風不崇朝」。「道亦得之」「德亦得之」「失亦得之」河本與王本皆有「樂」字。「信不足，有不信」一句河本、王本、傅本皆有助詞「焉」，三者亦不同。
24	跂者不立，跨者不行，自見者不明，自是者不彰，自伐者無功，自矜者不長。其在道也，曰餘食贅行。物或惡之，故有道者不處也。	本章援引程明道之論。本章同於河本。
25	有物混成，先天地生。寂兮寥兮，獨立而不改，周行而不殆，可以為天下母。吾不知其名字之曰道，強為之名曰大。大曰逝，逝曰遠，遠曰反。故道大，天大，地大，王亦大。域中有四大，而王居其一焉。人法地地，法天天，法道道，法自然。	本章援引呂知常《道德經講義》和王道《老子億》。本章「人法地地，法天天，法道道，法自然」一句，林本從唐李約斷句，三注本皆為「人法地，地法天，天法道，道法自然」。
26	重為輕根，靜為躁君。是以君子終日行不離輜重，雖有榮觀燕處超然。奈何萬乘之主，而以身輕天下。輕則失本，躁則失君。	本章援引王道《老子億》。本章「是以君子終日行不離輜重」一句，河本與王本皆作「聖人」，傅本作「君子」。「燕處超然」傅本作「宴處超然」。

27	善行無轍跡，善言無瑕讁，善計不用籌策，善閉無關鍵而不可開，善結無繩約而不可解。是以聖人常善救人，故無棄人；常善救物，故無棄物。是謂襲明。故善人，不善人之師；不善人者，善人之資。不貴其師，不愛其資，雖智大迷。是謂要妙。	本章多援引王道《老子億》。本章「善計不用籌策，善閉無關鍵而不可開」一句，王本作「善數不用籌策」，傅本作「善數者無籌策」，此外「鍵」字，河本與王本皆作「楗」，傅本同「鍵」。
28	知其雄，守其雌，為天下溪。為天下溪，常德不離，復歸於嬰兒。知其白，守其黑，為天下式。為天下式，常德不忒，復歸於無極。知其榮，守其辱，為天下谷。為天下谷，常德乃足，復歸於樸。樸散而為器，聖人用之則為官長。故大制不割。	本章援引薛蕙《老子集解》、《列子》與《淮南子》之論。「樸散而為器」一句，河本、王本與傅本皆作「樸散則為器」，其餘大體相同。
29	將欲取天下而為之，吾見其不得已。天下神器，不可為也。為者敗之，執者失之。故物或行或隨或呴或吹，或強或羸或載或隳。是以聖人去甚，去奢，去泰。	本章援引薛蕙《老子集解》與司馬光之論。本章同於河本。
30	以道佐人主者，不以兵強天下，其事好還。師之所處，荊棘生焉；大軍之後，必有凶年。善者，果而已，不敢以取強。果而勿矜，果而勿伐，果而勿驕。果而不得已，果而勿強。物壯則老，是謂不道，不道早已。	本章同於河本。
31	夫佳兵者，不祥之器，物或惡之，故有道者不處也。君子居則貴左，用兵則貴右。兵者不祥之器，非君子之器，不得已而用之，恬淡為上。勝而不美，而美之者，是樂殺人也。夫樂殺人者，不可得志於天下矣。吉事尚左，凶事尚右。偏將軍處左，上將軍處右，言以喪禮處之。殺人眾多，以悲哀泣之，戰勝以喪禮處之。	本章援引王道《老子億》。本章「是樂殺人也」河本與王本皆作「是樂殺人」，傅本作「樂之者是樂殺人也」。「悲哀泣之」同河本與傅本，王本作「哀悲泣之」。「偏將軍處左，上將軍處右」，「處」字河本與王本皆作「居」。
32	道常無名。樸雖小，天下不敢臣。侯王若能守，萬物將自賓。天地相合，以降甘露，民莫之令而自均。始制有名，名亦既有，夫亦將知止，知止所以不殆。譬道之在天下，猶川谷之於江海也。	本章「天下不敢臣」，王本作「天下莫能臣也」，傅本作「天下莫能臣」。「侯王若能守」河本與王本作「侯王若能守之」。「猶川谷之於江海也」河本與王本作「猶川谷之於江海」。
33	知人者智，自知者明。勝人者有力，自勝者強。知足者富。強行者有志。不失其所者久。死而不亡者壽。	本章援引謝逸《溪堂謝逸壽亭記》。本章同於河本與王本。

34	大道氾兮，其可左右。萬物恃之以生而不辭，功成不名有。愛養萬物而不為主。常無欲，可名於小；萬物歸焉而不為主，可名於大。是以聖人終不為大，故能成其大。	本章「萬物恃之以生而不辭」一句，河本與王本作「萬物恃之而生而不辭」。「愛養萬物而不為主」，王本作「衣養」，傅本作「衣被」。其餘同河本。
35	執大象天下往。往而不害，安平泰。樂與餌，過客止。道之出口，淡乎其無味。視之不足見，聽之不足聞，用之不可既。	本章援引薛蕙《老子集解》。本章「執大象」傅本為「執大象者」。「安平泰」河本與王本作「安平太」。
36	將欲歙之，必固張之；將欲弱之，必固強之；將欲廢之，必固興之；將欲奪之，必固與之。是謂微明。柔勝剛，弱勝強，魚不可脫於淵，國之利器，不可以示人。	本章援引薛蕙《老子集解》。本章「將欲歙之」，「歙」字河本作「噏」，傅本作「翕」。「柔勝剛，弱勝強」河本與王本皆作「柔弱勝剛強」，傅本則為「柔之勝剛，弱之勝強」。
37	道常無為，而無不為。王侯若能守之，萬物將自化。化而欲作，吾將鎮之以無名之樸。無名之樸，亦將不欲。不欲以靜，天下將自正。	本章「王侯」，河本與王本作「侯王」，傅本亦作「王侯」。「不欲以靜，天下將自正」一句，河本與王本皆作「天下將自定」，而傅本作「不欲以靖，天下將自正」。
38	上德不德，是以有德。下德不失德，是以無德。上德無為，而無以為；下德為之，而有以為。上仁為之，而無以為。上義為之，而有以為。上禮為之，而莫之應，則攘臂而仍之。故失道而后德，失德而後仁，失仁而後義，失義而後禮。夫禮者，忠信之薄，而亂之首。前識者，道之華，而愚之始。是以大丈夫處其厚，不處其薄；居其實，不居其華。故去彼取此。	本章多援引薛蕙《老子集解》、王道《老子億》以及《禮記》。本章「則攘臂而仍之」中「仍」字，王本作「扔」。「居其實，不居其華」一句，河本與傅本作「處其實，不處其華」，王本作「處其實，不居其華」。
39	昔之得一者，天得一以清，地得一以寧，神得一以靈，谷得一以盈，萬物得一以生，侯王得一以為天下貞。其致之一也。天無以清，將恐裂；地無以寧，將恐發；神無以靈，將恐歇；谷無以盈，將恐竭；萬物無以生，將恐滅；侯王無以貞，而貴高將恐蹶。故貴以賤為本，高以下為基。是以侯王自稱孤寡不穀。此其以賤為本邪？非乎？故致數，輿無輿，不欲琭琭如玉，落落如石。	本章「侯王得一以為天下貞」同於王本，河本作「侯王得一以為天下正」，傅本作「王侯得一以為天下貞」。「侯王無以貞，而貴高將恐蹶」一句，河本作「侯王無以貴高將恐厥」，傅本作「王侯無以貞而貴高將恐厥」。「落落如石」王本作「珞珞如石」，傅本作「落落若石」。
40	反者，道之動；弱者，道之用。天下之物，生於有，有生於無。	本章多援引薛蕙《老子集解》。本章同於傅本。

41	上士聞道，勤而行之；中士聞道，若存若亡；下士聞道，大笑之，不笑不足以為道！故建言有之：明道若昧，進道若退，夷道若纇，上德若谷，大白若辱，廣德若不足，建德若偷，質真若渝，大方無隅，大器晚成，大音希聲，大象無形，道隱無名。夫惟道善貸且成。	本章大體同於河本與王本，「惟」字，河本與王本皆作「唯」。
42	道生一，一生二，二生三，三生萬物。萬物負陰而抱陽，沖氣以為和。人之所惡，惟孤寡不穀，而王公以為稱。故物或損之而益，或益之而損。人之所教，我亦教之。強梁者不得其死，吾將以為教父。	本章援引司馬光、董思靖與吳澄之論。本章大體同於河本與王本，「惟」字，河本與王本皆作「唯」。
43	天下之至柔，馳騁天下之至堅。無有入於無間，吾是以知無為之有益。不言之教，無為之益，天下希及之。	本章援引薛蕙《老子集解》和嚴君平之論。本章同於河本。
44	名與身孰親？身與貨孰多？得與亡孰病？是故甚愛必大費，多藏必厚亡。知足不辱，知止不殆，可以長久。	本章援引薛蕙《老子集解》與呂惠卿之論。本章同於王本與傅本。
45	大成若缺，其用不敝。大盈若沖，其用不窮。大直若屈，大巧若拙，大辯若訥。躁勝寒，靜勝熱。清靜為天下正。	本章援引白居易之論。本章大體同於王本，「敝」字河本與王本作「弊」，傅本作「敝」。
46	天下有道，卻走馬以糞；天下無道，戎馬生於郊。罪莫大於可欲，禍莫大於不知足，咎莫大於欲得。故知足之足，常足。	本章同於河本，王本缺「罪莫大於可欲」一句。傅本「卻走馬以糞」一句作「卻走馬以播」。
47	不出戶，知天下；不窺牖，見天道。其出彌遠，其知彌少。是以聖人不行而至，不見而名，不為而成。	本章援引王道《老子億》。本章「是以聖人不行而至」中「至」字，河本、王本與傅本皆作「知」。
48	為學日益，為道日損。損之又損，以至於無為。無為而無不為矣。取天下常以無事，及其有事，不足以取天下。	本章「無為而無不為矣」一句三本皆作「無為而無不為」，其餘同於王本。
49	聖人無常心，以百姓心為心。善者吾善之，不善者吾亦善之，德善矣。信者吾信之，不信者吾亦信之，德信矣。聖人之在天下，惵惵為天下渾其心，百姓皆注其耳目，聖人皆孩之。	本章「德善矣」與「德信矣」河本與王本皆無「矣」字，傅本「德」字作「得」。「聖人之在天下，惵惵為天下渾其心」一句，河本為「聖人之在天下怵怵，為天下渾其心」，王本為「聖人之在天下歙歙，為天下渾其心」，而傅本作「聖人之在天下也，歙歙焉，為天下渾渾焉」。

50	出生入死。生之徒十有三，死之徒十有三，人之生，動之死地者，亦十有三。夫何故？以其生生之厚。蓋聞善攝生者，陸行不避兕虎，入軍不避甲兵。兕無所投其角，虎無所措其爪，兵無所容其刃，夫何故？以其無死地。	本章援引呂知常《道德經講義》。本章「動之死地者」三本皆無「者」字。「陸行不避兕虎，入軍不避甲兵」一句，三本皆作「陸行不遇兕虎，入軍不遇甲兵」。
51	道生之，德畜之，物形之，勢成之。是以萬物莫不尊道而貴德。道之尊，德之貴，夫莫之命而常自然。故道，生之，畜之，長之，育之，成之，熟之，養之，覆之。生而不有，為而不恃，長而不宰。是謂玄德。	本章多援引薛蕙《老子集解》。本章「夫道，生之，畜之，長之，育之，成之，熟之，養之，覆之。」一句，三本皆作「故道生之，德畜之」，此外「成之，熟之」王本與傅本皆作「亭之，毒之」。近於河本。
52	天下有始，以為天下母。既得其母，以知其子；既知其子，復守其母，沒身不殆。塞其兌，閉其門，終身不勤；開其兌，濟其事，終身不救。見小曰明，守柔曰強。用其光，復歸其明，無遺身殃，是謂襲常。	本章「是謂襲常」一句，河本作「是謂習常」，王本作「是為習常」，傅本同。「以為天下母」一句，傅本作「可以為天下母」，河本與王本同。
53	使我介然有知，行於大道，惟施是畏。大道甚夷，而民好徑。朝甚除，田甚蕪，倉甚虛，服文采，帶利劍，厭飲食，財貨有餘，是謂盜夸。非道也哉！	本章「惟」字河本與王本皆作「唯」，傅本同。「是謂盜夸」一句，傅本與王本作「是謂盜誇」，河本同。林本與河本「夸」字本為繁體，而傅本與王本皆為簡體，因繁簡轉化，故一致。
54	善建者不拔，善抱者不脱，子孫祭祀不輟。修之身，其德乃真；修之家，其德乃餘；修之鄉，其德乃長；修之國，其德乃豐；修之天下，其德乃普。故以身觀身，以家觀家，以鄉觀鄉，以邦觀邦，以天下觀天下，吾何以知天下然哉？以此。	本章河本與王本「修之身」皆為「修之於身」，後文皆有「於」字，傅本同。「其德乃普」一句，傅本作「其德乃薄」，河本與王本同。「以邦觀邦」一句，河本與王本皆作「以國觀國」，傅本同。
55	含德之厚，比於赤子。毒蟲不螫，猛獸不據，攫鳥不搏。骨弱筋柔而握固，未知牝牡之合而作，精之至也。終日號而嗌不嗄，和之至也。知和曰常，知常曰明，益生曰祥，心使氣曰強。物壯則老，謂之不道，不道早已。	本章「毒蟲不螫」王本作「蜂蠆虺蛇不螫」，傅本作「蜂蠆不螫」，河本同。「終日號而嗌不嗄」一句，河本為「終日號而不啞」，王本為「終日號而不嗄」，傅本作「終日號而嗌不嗄」。
56	知者不言，言者不知。塞其兌，閉其門，挫其銳，解其紛，和其光，同其塵，是謂玄同。不可得而親，不可得而疏；不可得而利，不可得而害；不可得而貴，不可得而賤。故為天下貴。	本章「紛」字，王本作「分」，河本與傅本同。「不可得而親」河本與王本有「故」字，傅本同。此外傅本與河本「不可得」句式有三句皆有「亦」字。

57	以正治國，以奇用兵，以無事取天下。吾何以知其然哉？天下多忌諱，而民彌貧；民多利器，國家滋昏；人多技巧，奇物滋起；法令滋彰，盜賊多有。故聖人云：我無為而民自化，我好靜而民自正，我無事而民自富，我無欲而民自樸。	本章三本「吾何以知其然哉？」一句，後皆有「以此」二字，林本缺失。「人多技巧」一句，王本作「人多伎巧」，傅本作「民多智慧」。本章近於河本。
58	其政悶悶，其民淳淳；其政察察，其民缺缺。禍兮福之所倚，福兮禍之所伏。孰知其極？其無正耶？正復為奇，善伏為妖。民之迷，其日固久。是以聖人方而不割，廉而不劌，直而不肆，光而不耀。	本章援引薛蕙《老子集解》。此中「其無正耶」，河本與王本為「其無正」，傅本作「其無正衺」。「善伏為妖」一句河本為「善復為訞」，王本為「善復為妖」，傅本則作「善復為祆」。「廉而不劌」一句，河本作「廉而不害」，王本與傅本同。
59	治人事天莫如嗇。夫唯嗇，是謂早服，早服謂之重積德。重積德，則無不克。無不克，則莫知其極。莫知其極，可以有國。有國之母，可以長久。是謂深根固柢，長生久視之道。	本章援引朱熹之言。「治人事天莫如嗇」一句，三本皆作「治人事天莫若嗇」。其餘大體相同。
60	治大國若烹小鮮。以道蒞天下，其鬼不神；非其鬼不神，其神不傷人；非其神不傷人，聖人亦不傷人。夫兩不相傷，故德交歸焉。	本章林兆恩本人的注解中夾雜《老子億》之論。本章同於傅本，「蒞」字，河本與王本作「涖」。河本與王本「涖」為簡體字，因繁簡轉化，故一致。
61	大國者下流，天下之交，天下之牝。牝常以靜勝牡，以靜為下。故大國以下小國，則取小國；小國以下大國，則取大國。故或下以取，或下而取。大國不過欲兼蓄人，小國不過欲入事人。夫兩者各得其所欲，大者宜為下。	本章援引王道《老子億》。本章「大國不過欲兼蓄人」一句，其中「蓄」字三本皆作「畜」，其餘同於王本。
62	道者萬物之奧，善人之寶，不善人之所保。美言可以市，尊行可以加人。人之不善，何棄之有？故立天子，置三公，雖有拱璧以先駟馬，不如坐進此道。古之所以貴此道者何？不曰求以得，有罪以免邪？故為天下貴。	本章援引吳澄之論。本章「不曰求以得」一句，河本作「何不曰以求得」，王本作「不曰以求得」，傅本同。其餘同於王本。
63	為無為，事無事，味無味。大小多少，報怨以德。圖難於其易，為大於其細；天下難事，必作於易；天下大事，必作於細。是以聖人終不為大，故能成其大。夫輕諾必寡信，多易必多難。是以聖人猶難之，故終無難。	本章同於河本。

64	其安易持，其未兆易謀，其脆易破，其微易散。為之於未有，治之於未亂。合抱之木，生於毫末；九層之臺，起於累土；千里之行，始於足下。為者敗之，執者失之。是以聖人無為故無敗，無執故無失。民之從事，常於幾成而敗之。慎終如始，則無敗事。是以聖人欲不欲，不貴難得之貨；學不學，復眾人之所過。以輔萬物之自然而不敢為。	本章同於河本。
65	古之善為道者，非以明民，將以愚之。民之難治，以其智多。故以智治國，國之賊；不以智治國，國之福。知此兩者，亦楷式。能知楷式，是謂玄德。玄德深矣，遠矣，與物反矣，然後乃至大順。	本章援引薛蕙《老子集解》。本章「知此兩者，亦楷式。能知楷式，是謂玄德」一句，「楷」字傅本與王本皆作「稽」，河本同。此外，「能知」一詞，河本與王本作「常知」，傅本同。
66	江海所以能為百谷王者，以其善下之，故能為百谷王。是以聖人欲上民，必以言下之；欲先民，必以身後之。是以處上而民不重，處前而民不害。是以天下樂推而不厭。以其不爭，故天下莫能與之爭。	本章援引吳澄之言。本章同於河本。
67	天下皆謂我道大，似不肖。夫唯大，故似不肖。若肖，久矣，其細也夫。我有三寶，寶而持之。一曰慈，二曰儉，三曰不敢為天下先。慈故能勇，儉故能廣，不敢為天下先，故能成器長。今捨慈且勇，捨儉且廣，捨後且先，死矣！夫慈以戰則勝，以守則固。天將救之，以慈衛之。	本章援引薛蕙《老子集解》。本章「寶而持之」，河本與王本為「持而保之」，傅本作「持而寶之」。其餘同於王本。
68	善為士者不武，善戰者不怒，善勝敵者不爭，善用人者為之下。是謂不爭之德，是謂用人之力，是謂配天，古之極。	本章「善勝敵者不爭」一句，河本與王本作「善勝敵者不與」，傅本同。
69	用兵有言，吾不敢為主而為客，不敢進寸而退尺。是謂行無行，攘無臂，仍無敵，執無兵。禍莫大於輕敵，輕敵幾喪吾寶。故抗兵相加，哀者勝矣。	本章援引王道《老子億》。本章同於河本。王本「仍無敵」作「扔無敵」。
70	吾言甚易知，甚易行；天下莫能知，莫能行。言有宗，事有君。夫惟無知，是以不我知。知我者希，則我貴矣。是以聖人被褐懷玉。	本章「惟」字，王本作「唯」，河本與傅本同。「則我貴矣」一句，河本與工本皆作「則我者貴」，傅本同。

71	知不知上，不知知病。夫惟病病，是以不病。聖人不病，以其病病，是以不病。	本章援引薛蕙《老子集解》。本章「惟」字河本與王本作「唯」，傅本同。其餘同於河本。
72	民不畏威則大威至，無狹其所居，無厭其所生。夫惟不厭，是以不厭。是以聖人自知不自見，自愛不自貴。故去彼取此。	本章同於河本。「無狹其所居」一句，「狹」字傅本與王本皆作「狎」，河本同。
73	勇於敢則殺，勇於不敢則活，此兩者，或利或害。天之所惡，孰知其故？是以聖人猶難之。天之道，不爭而善勝，不言而善應，不召而自來，繟然而善謀。天網恢恢，疏而不失。	本章同於王本。「繟」字傅本作「默」。「疏而不失」河本作「踈而不失」。
74	民不畏死，奈何以死懼之？若使民常畏死，而為奇者，吾得執而殺之。孰敢？常有司殺者殺。夫代司殺者殺，是謂代大匠斲，夫代大匠斲，希有不傷手矣。	本章援引明太祖朱元璋《道德經·序》。本章「大匠斫」一詞，三本皆作「大匠斲」。「夫代大匠斫」一句三本皆作「夫代大匠斲者」，林本缺「者」字。
75	民之饑以其上食稅之多，是以饑民之難治，以其上之有為，是以難治。民之輕死，以其生生之厚，是以輕死。夫惟無以生為者，是賢於貴生。	本章多援引薛蕙《老子集解》。本章「夫惟無以生為者」一句，「惟」字河本與王本作「唯」，傅本同。「生生之厚」一詞，三本皆作「求生之厚」。
76	人之生也柔弱，其死也堅強；草木之生也柔弱，其死也枯槁。故堅強者死之徒，柔弱者生之徒。是以兵強則不勝，木強則共。強大處下，柔弱處上。	本章援引荀子與嚴君平之論。本章「草木之生也柔弱」一句，河本與王本作「萬物草木之生也柔脆」，傅本作「草木之生也柔脆」，「柔弱」一詞三本皆作「柔脆」。「木強則共」，王本作「木強則兵」，林本、傅本與河本同。
77	天之道，其猶張弓乎？高者抑之，下者舉之，有餘者損之，不足者補之。天之道，損有餘而補不足；人之道則不然，損不足以奉有餘。孰能有餘以奉天下？惟有道者。是以聖人為而不恃，功成而不處，其不欲見賢邪？	本章援引王道《老子億》。本章「其猶張弓乎」，王本作「其猶張弓與」，傅本為「其猶張弓歟」，河本同。「惟有道者」，「惟」字河本與王本作「唯」，傅本同。另，「其不欲見賢邪」一句，河本與王本為「其不欲見賢」，傅本同。
78	天下柔弱，莫過於水，而攻堅強者，莫之能勝，其無以易之。弱之勝強，柔之勝剛，天下莫不知，莫能行。是以聖人云：受國之垢，是謂社稷主；受國之不祥，是謂天下王。正言若反。	本章援引王道《老子億》。本章同於河本。「天下柔弱，莫過於水」一句，王本與傅本皆作「天下莫柔弱於水」，與河本有較大差異。
79	和大怨必有餘怨，安可以為善？是以聖人執左契，而不責於人。有德司契，無德司徹。天道無親，常與善人。	本章多援引薛蕙《老子集解》。本章同於河本與王本，傅本「有德司契」一句作「故有德司契」，多一「故」字，大體相同。

| 80 | 小國寡民，使有什伯之器而不用，使民重死而不遠徙。雖有舟輿，無所乘之；雖有甲兵，無所陳之。使民復結繩而用之，甘其食，美其服，安其居，樂其俗。鄰國相望，雞犬之聲相聞，民至老死，不相往來。 | 本章援引薛蕙《老子集解》、王道《老子億》以及司馬光和蘇轍之言。本章「使民復結繩而用之」一句，王本作「使人復結繩而用之」，傅本與河本同。其餘同於王本。 |
| 81 | 信言不美，美言不信。善者不辯，辯者不善。知者不博，博者不知。聖人無積，既以為人，己愈有；既以與人，己愈多。天之道，利而不害；聖人之道，為而不爭。 | 本章援引王道《老子億》與蘇轍之言。本章同於傅本，「聖人無積」一句，河本與王本皆作「聖人不積」。 |

二、所用《道德經》版本的分析

　　關於引論部分下文將詳細闡述，此中主要分析林氏所用《道德經》版本的特點。從上述的對勘來看，林兆恩所用的《道德經》版本與河上公本、王弼本與傅奕本皆存在差異，其中與河上公注本相同的章節共有 25 章，分別為：第一章、第四章、第五章、第六章、第七章、第九章、第十章（內容同，句式有差異）、第十一章（內容同，斷句有較大差異）、第十二章、第十八章、二十二章、二十四章、二十五章（內容同，斷句有較大差異）、二十九章、三十章、三十三章、四十三章、四十六章、六十三章、六十四章、六十六章、六十九章、七十二章、七十八章、七十九章。與王弼注本相同的章節有 13 章，分別為：第一章、第五章、第六章、第七章、第十一章（內容同，斷句有較大差異）、第十二章、第十八章、二十二章、二十五章（內容同，斷句有差異）、三十三章、第四十四章、七十三章、七十九章。與傅奕本相同的章節有 9 章，分別為：第一章、第六章、第七章、第十一章（內容同，斷句有較大差異）、第十二章、第四十章、第四十四章、第六十章、八十一章。上述所統計的相同是指文字內容相同，但不包括斷句的細微差異，唯獨第十一章與第二十五章的斷句很大程度上影響了文義的理解，故而單獨標注。其餘未提到的章節與三注本皆有所不同。由此可見，林兆恩所用的《道德經》版本要麼是本就存在的不同於三注本的其餘本，或者是林兆恩本人以河上公注本為底本，同時結合了王弼注本與傅奕注本的改編本。筆者認為第二種可能的概率相對較大，原因如下：第一，林兆恩在注解《道德經》之時有廣泛援引歷代注老之作，其本人應該是有參閱眾多《道德經》版本的經歷。如《道德經釋略》第十七章中在解釋「太上，下知

有之」之時引吳澄之論，提到：「吳幼清本，作『太上不知有之』」〔註8〕，第二十五章中言：「世人每以法地法天法道為句，獨唐李約則以地地天天道道為句」〔註9〕，可見其對於各種版本是較為熟悉的，完全能夠博採不同版本的優勢。第二，《道德經釋略》中大部分與三注本不同的章節，存在明顯的混合三本的痕跡。特別是《道德經》中的「唯」字，通行本的河上公本與王弼本大體都是依「唯」字，河本只有第七十章作「惟」，而林兆恩本與傅奕本都是作「惟」，說明在「惟」的使用上，林兆恩是採傅本。而對於正文的內容，《道德經釋略》與河上公本相同的章節最多，與傅奕本相同的最少，說明在正文的使用上主要是依據河上公本。上表已經有較為詳細的對比和分析，此中不再贅言。

　　除了在版本上有混採諸本的特徵，《道德經釋略中》也有部分章節存在明顯的錯誤與缺失。如第十五章林本缺「夫唯不可識，故強為之容」一句，三注本皆有，此外「孰能安以久之徐生」一句，三注本皆作「孰能安以久動之（而）徐生」，林本明顯缺少「動」字。又如林本第十六章「不知常，妄作」明顯缺失「凶」字，文義不通，三注本皆為「不知常，妄作凶」。再如林本第二十章「忽若晦，寂若無所止」一句，河本作「忽兮若海。漂兮若無所止」，王本作「澹兮其若海，飂兮若無止」，而傅本則為「淡兮其若海，漂兮似無所止」，雖三注本亦有文字上的差異，但皆是作「若海」而林本作「若晦」，極有可能是抄寫錯誤所致。類似的錯誤尚有幾處，此處亦不再贅言。當然，《道德經釋略》中也有一章較為特殊，雖不同於三注本卻近於出土的帛書本。《道德經》第十一章，三注本皆為「當其無，有車之用。埏埴以為器，當其無，有器之用。鑿戶牖以為室，當其無，有室之用」，而林兆恩本則作「當其無有，車用。埏埴以為器，當其無有，器之用。鑿戶牖以為室，當其無有，室之用」。從字詞上來說，並無不同，但在斷句上有較大的差異，主要之區別在於是「無」還是「無有」，出土的帛書本是作「無有」。劉笑敢先生在《老子古今》中提到，「無有」這一讀法是清人畢沅所提出，從畢讀者有馬敘倫、高亨、朱謙之等人〔註10〕。林兆恩雖然沒有明確解釋為何如此斷句，但《道德經釋

〔註8〕林兆恩撰：《道德經略》第十七章，《林子三教正宗統論》，北京：宗教文化出版社，2016年，第581頁。

〔註9〕林兆恩撰：《道德經略》第二十五章，《林子三教正宗統論》，北京：宗教文化出版社，2016年，第590頁。

〔註10〕劉笑敢著：《老子古今：五種對勘與析評引論》，北京：中國社會科學出版社，2006年，第167頁。

略》中的斷句確實是按照「無有」這一斷法,林兆恩認為:「何以謂之無有車之用?以其車之無有以為用也。而其中之無有者,以與未始制車之時,一皆無有也。而器而室,亦復如是。」〔註11〕林氏以「無有」為用,他強調的「無有」是指事物未始產生以前的狀態。傳統讀法中「當其無」,「無」可為名詞,而「當其無有」,「無有」是指一種狀態,可為修飾,亦通。檢視明代的諸多注老之作如薛蕙的《老子集解》、王道的《老子億》、沈一貫的《老子通》和朱得之的《老子通義》等著作,皆無此讀法。就此而言,林氏之斷句值得注意,或曾參閱近於帛書本的《道德經》。

第三節 《道德經釋略》的詮釋方法

一般而言,對於經典的注釋不外乎兩大類型,即「六經注我」與「我注六經」。這一思想實源於宋代心學大儒陸九淵,按照《宋史》記載:「或勸九淵著書。曰:『六經注我,我注六經。』又曰:『學苟知道,六經皆我注腳。』」〔註12〕所謂「六經注我」其意在於掌握義理之後把六經作為闡明我思想的腳注;而「我注六經」則強調在語言文字上推敲和梳理六經的義理。這兩種注釋理念代表了以文本為中心和以詮釋者為中心兩個不同的詮釋向度,但二者也並非是絕對對立之方法。從《道德經釋略》的詮釋理念來看此作無疑是以「六經注我」之理念為主導,但另一方面來看林兆恩在文中亦有採用字訓之注釋方法,彰顯出「我注六經」的詮釋模式。大體而言,此作主要採用了以下幾種詮釋方法:一、以心釋經法,二、集注注釋法,三、語錄體與問答法,四、字訓注釋法。

一、以心釋經法

首先是關於此書的詮釋理念。如上所言,《道德經釋略》為林氏晚年之作,自嘉靖四十五年(1566)後,林兆恩專注於倡道傳教之活動,可以說其「三教合一」思想已經完全成熟。因而《道德經釋略》中也充斥著林兆恩調和三教的理論傾向。林兆恩雖然是以《道德經》作為注解的對象,但他始終將「三教合一」作為其解老的思想基礎,所以其對《道德經》文本的詮釋基本是一種「六

〔註11〕 林兆恩撰:《道德經釋略》第十一章,《林子三教正宗統論》,北京:宗教文化
　　　　出版社,2016年,第576頁。
〔註12〕 《宋史》,北京:中華書局,1985年,第12881頁。

經注我」的心學釋經法。正如其門人陳大道在《道德經釋略跋》中所記述曰：

先生昔在宗孔堂，嘗謂大道曰：「女曾讀《道德經》五千言未？昔者老子，乃以其自性真經，而草道德五千言矣。」而先生之所以注道德五千言者，謂非從自性真經中發出來邪？故其不屬於思，而非思之所得而知也；非關於慮，而非慮之所得而幾也。不謂之寂而常感，以利為本之自然乎？要而言之，三氏聖人，亦惟以見性為先爾。不先見性，豈識真經？真經之不識，而曰可以窺老子之經，與我先生之注也，必不然矣。〔註13〕

陳大道認為其師林兆恩所作之《道德經釋略》完全是從其「自性」中所發之「真經」，其注解之方法非關思慮，而是以「見性」為根本旨趣。眾所周知，林兆恩本人學以「三教合一」為宗，故而其所謂之「見性」亦不脫離此一思想立場。盧文輝亦在跋中曾言：「故自春秋秦漢以來，注者非一人，人非一言，竟未聞有以老子之心，發老子之蘊，而得其所謂真實義者。乃吾師龍江夫子，倡明三教，慨老氏之失傳，而於是經尤加之意。」〔註14〕此言恰恰道出了林氏之詮釋理念，實際上林氏注老強調「以心傳心」，以「三教合一」來融攝老子思想，達到注老與倡教互發之目的。具體來看，林兆恩將其「三教合一」論貫穿於三教經典的詮釋中，正如其言曰：「夫三教之旨，載之篇章，而咸謂之經者，何也？經者常也，謂此心性之經常也。儒之六經，道之《道德經》，釋之《心經》、《金剛經》，皆心性之理。又從心性中發出來，篇章雖繁，不過為後人之印證爾。」〔註15〕因而經學（這裡的經學是廣義而言非特指六經，包含三教之經典）即林氏「三教合一」論的另一種形態。一方面是借「三教合一」論來詮釋三教經典，另一方面是由詮釋三教經典來展現其「三教合一」論。這二者互為表裏，可以表達為「心」→「經」，「經」→「心」，因而可以說經典詮釋即「三教合一」論的經學形態。正如林氏自己所言：「心也者經也，萬世不易之常經也；經也者心也，萬世不易之常心也。」〔註16〕可見，林兆恩「三教

〔註13〕 林兆恩撰：《道德經釋略跋》，《林子三教正宗統論》，北京：宗教文化出版社，2016 年，第 562 頁。

〔註14〕 林兆恩撰：《道德經釋略跋》，《林子三教正宗統論》，北京：宗教文化出版社，2016 年，第 560 頁。

〔註15〕 林兆恩撰：《醒心詩摘注》，《林子三教正宗統論》，北京：宗教文化出版社，2016 年，第 934 頁。

〔註16〕 林兆恩撰：《須識真心》，《林子三教正宗統論》，北京：宗教文化出版社，2016 年，第 872 頁。

合一」論的本質是「以心為宗」。因而在他看來「心」即是「經」,「經」即是「心」,既然「心」即「經」,那麼其「三教合一」論同樣也表現在其對三教經典的詮釋中。這種「以心釋經」的詮釋方式恰恰是心學的詮釋模式,正如王陽明亦曾在《稽山書院尊經閣記》一文中記述曰:

> 故六經者,吾心之記籍也,而六經之實,則具於吾心。猶之產業庫藏之實積,種種色色,具存於其家,其記籍者,特名狀數目而已。而世之學者,不知求六經之實於吾心,而徒考索於影響之間,牽制於文義之末,硜硜然以為是六經矣。〔註17〕

王陽明認為吾心與六經的關係就像家中的府庫與其中所珍藏的財產,六經不過是用來記載吾心的典籍。因而對六經的掌握不在於考辯其中所內涵的章句文義,而是與吾心相互印證,發明吾心。因而王陽明本人亦是強調以吾心來通六經,正如李承貴教授就曾指出:陽明所謂「以心釋經」是基於「心即理」之上的「心學皆解經模式」〔註18〕,從這一點來看林氏與陽明心學可謂是一脈相承。

為了發明「三教合一」的立場,林兆恩在具體的注解過程中,也常常援引儒家和佛教的思想和理論。如在第五章中林氏就引《中庸》和《金剛經》來闡發其「仁」的思想,在第十八章中又引韓愈的言論,諸如此類引用文中尚有很多,正如上表所示。總之,在《道德經釋略》中,三教思想被林兆恩打成一片,常常被林氏相互引徵以闡發其「三教合一」的內涵。因而,與其說他是在注解老子的思想,不如說他是在借注解老子來闡釋其「三教合一」的主張。

二、集注注釋法

《道德經釋略》雖然取名為「釋略」,但其內容卻十分翔實,同時參閱了大量的歷代注老之作。其注釋方法有明顯的模仿明人薛蕙的《老子集解》,即通過集注的方式來詮釋老子思想,此類注文主要是穿插在正文中。通過上表的對勘情況可知,林兆恩在《道德經釋略》中廣泛援引前人之論說對老子思想進行注解,這部分內容既有不涉及《道德經》的學者之論說,也有專門的《道德經》注解。為了更加直觀地展現林氏在《道德經釋略》中所引用的儒釋道三教學者與經典的情況,特附以下表格進行說明。

〔註17〕王守仁著:《王陽明全集》(上),上海:上海古籍出版社,2015 年,第 255 頁。
〔註18〕李承貴:《心理學視域中的王陽明心學研究》,《學術界》,2020 年第 6 期。

表 1-3-1

序號	所引用的經典或人物	引用的章節	引用次數
1	（明）薛惠《老子集解》	7，8，10，14，15，16，18，19，28，29，37，38，40，43，44，51，58，65，67，71，75，79，80	32 次（部分章節多次）
2	（明）王道《老子億》	1，8，16，17，19，20，23，25，26，27，31，38，47，60，61，69，77，78，80，81	26 次（部分章節多次）
3	（南宋）呂知常《道德經講義》	1，5，6，10，22，25，50	7 次
4	（元）吳澄	11，17，42，62，66	5 次
5	（北宋）司馬光	10，29，42，79，80	5 次
6	（南宋）朱熹	10，29，59	3 次
7	（西漢）嚴君平	4，43，76	3 次
8	（北宋）呂惠卿	12，44	2 次
9	（西漢）劉安《淮南子》	20，28	2 次
10	（戰國）莊子	52，71	2 次
11	（北宋）蘇轍	80，81	2 次
12	（東晉）鳩摩羅什	12	1 次
13	（南宋）程大昌《易老通言》	14	1 次
14	（唐）司馬承禎	16	1 次
15	（北宋）蘇軾	21	1 次
16	金華仙人（或為金華山人）〔註19〕	4	1 次
17	（北宋）程顥	24	1 次
18	（戰國）列子	28	1 次
19	（北宋）謝逸《溪堂謝逸壽亭記》	33	1 次
20	（南宋）董思靖	42	1 次

〔註19〕熊鐵基與陳紅星主編的《老子集成》中認為書中所引為「金華山人」，「金華山人」這一稱呼曾出現在王安石《汴說》一文中，「省親江南，有金華山人者率然相過，自言能逆斥禍福。」可能為金華山道士。參見張富祥，李玉誠注：《王安石集》，鄭州：河南大學出版社，2016 年，第 242 頁。

21	（唐）白居易	45	1 次
22	（北宋）周敦頤	51	1 次
23	（北宋）程俱《老子論》	1	1 次
24	（明）朱元璋《道德經‧序》	74	1 次
25	（戰國）荀子	76	1 次
26	（春秋）孔子	10	1 次
27	（漢）《禮記》	38	1 次

　　根據以上的統計，林兆恩在《道德經釋略》中單獨引用（不包括其本人注解中的部分引用）進行的注解一共 27 家，其所引用的內容縱貫春秋至明代的儒釋道三教學者，可見林兆恩所涉及的內容還是比較廣博的。其中引用最多的還是明代薛惠的《老子集解》和王道的《老子億》，分別高達 32 次與 26 次。其次引用較多的當屬南宋呂知常的《道德經講義》7 次、元代的吳澄 5 次和北宋的司馬光 5 次。另有一部分引用夾雜於林氏自身的言論中，其中涉及《中庸》《論語》《漢書》《周禮》《尚書》《左傳》《易》《金剛經》《西升經》《常清靜經》《天寶金鏡靈樞神景內經》等著作以及其他三教學者的言論，此類引用數量較為龐大，故此處不一一列舉。集解注釋法在《道德經釋略》中所佔比例是相對較高的，林兆恩在許多章節基本都是直取他注而不復評議，例如第六十六章援引吳澄之論而不加評議，又如第八十章中援引薛惠《老子集解》、王道《老子億》以及司馬光和蘇轍之言而不加評議。

三、語錄體與問答法

　　除了援引前人之說，《道德經釋略》中還有一種採用「林子曰」的語錄體注文，這種注解方法不同於以往刻板的注經印象，具有較強的通俗性和親切感。此類注文是《道德經釋略》中占比篇幅最大的注文，和集注一樣往往隨機穿插於《道德經》正文中，而非是集中在各章文後。這些言論記錄了林兆恩本人對於《道德經》中內容的看法與詮釋。同時與「林子曰」相配合的就是問答式的解說形式，事實上林兆恩的大部分著作中都存在問答的形式，《道德經釋略》中關於這類問答的形式可參見下表的統計。

表 1-3-2　《道德經釋略》中的答問

章節	提問之內容
2	或問事矣，而曰「無為之事」，其將何以處之？教矣，而曰「不言之教」，其將何以行之？
3	或問何以虛其心？或問聖人之所言無為。
5	或問老子之教，豈不與孔子異邪？
6	或問玄牝有定在乎否？
12	吳生曰：「敢問為腹之真實義。」
19	林子在武夷，有儒生鄒姓者，覽《道德經》『絕聖棄智』有疑，問於林子。或問「絕仁棄義，民復孝慈」何謂也？
25	或問道道
50	林子在武夷有二方生，爭論〈出生入死〉章……二方生爭論不已，來質林子。
52	有儒門胡姓者，能詩能文能習於禮，能覽三氏經典，造林子而問虛空本體之身。
59	或問老子之學，果在長生與？……則弟子之惑滋甚！或問長生有諸。
67	或問：「天下皆謂我道大似不肖，豈非所謂不肖乎人邪？而曰人不得而肖之者，何也？」
69	或問用兵以慈為寶，何謂也？且聞之《書》曰：「威克厥愛，允濟；愛克厥威，允罔功。」豈其以慈為寶與？
70	或問「夫惟無知」。

　　從上表來看，涉及問答形式的章節主要有 13 章，所問的問題大多與《道德經》原文相關，如第二章問「無為之事」與「不言之教」，第十二章問「為腹」之意等。當然，大部分的提問都是以「或問」為開頭，只有少部分是涉及姓名與地點等信息。這種形式一方面說明了林兆恩注老的通俗性傾向，另一方面也佐證了《道德經釋略》為林氏積年累月的講學所彙集，問答過程中所涉及的地點（武夷）、人物（胡姓儒生、鄒姓儒生、吳生）等信息也在一定程度上反映出林氏的講學經歷。按照《林子年譜》中的記載，林兆恩前往武夷傳教的次數就有 3 次，分別為慶隆元年（1567）、萬曆八年（1580）以及萬曆十三年（1585），上述提到的二次武夷問學極有可能就是林氏在傳教過程中所遇之事。

四、字訓注釋法

　　上述所提到的集注與語錄體注文皆是義理性的詮釋文體，此外《道德經釋略》中還有一類注文即字訓類的注文。此類注文基本上都是單獨成段，自成一體，幾乎分佈在全文的近半章節中，與上述兩種注文構成了《道德經釋略》的主體，具有不可忽視的作用。同時其作用也不同於義理性的注文，其目的重在疏通《道德經》文義。此類注文表明，《道德經釋略》是一部既注重義理詮釋又注重字訓考據的佳作，現將其內的字訓類注文統計於下表。

表 1-3-3　《道德經釋略》中的字訓注文

章節	字訓注文
2	始生曰作，作亦生也。
5	芻狗：古者結草為狗，用之祭祀，祭畢則棄之。橐籥，鑄冶所用致風之器。橐以皮為之，皮囊以為風袋也；籥以竹為之，袋口之管也。
9	揣，治也。
10	人始生曰嬰。
11	埏音羶，埴音殖。《周禮》曰：「轂者，以為轉利也；輻者，以為直指也。埏，和土也；埴，土之黏者」。車，載重行遠；器，物所藏；室，人所寢處。
12	爽，爽快之爽，喜好也。飲食之人，則人賤之。
13	愛，即寵也。
15	通者，不滯礙也。猶豫，皆不果之意。儼，矜莊也。渙，舒散也。木未斫削曰樸。曠，空也。安，猶安汝止之安。生，猶虛室生白之生。
20	荒者，《尚書》所謂色荒禽荒之義也。央，已也。
21	甫，美也；眾甫，天地萬物，凡自道而出者，皆是也。閱，閱歷也。漢書：此如傳舍，所閱多矣。《陸機賦》：「川閱水而成川，世閱人而成世」。
24	跂者，舉踵而望，腳跟不著地也。跨，越也。贅行，行之贅也。
25	人，指王者而言。法者，效法也。
26	根，本也。躁者，動之甚而煩擾也。君，主也。榮觀，猶言壯觀奇觀。燕，安也。
27	轍跡，車轍之跡也。瑕，玉病也。瑕謫，有瑕可謫也。籌策，計數者所用之筭，以竹為之。關鍵，門關之鍵也。繩約，繩以束之也。襲，掩藏也。記曰：「掩而充裘曰襲。」襲明，言藏其明而不露也。
28	雄，剛強也。雌，柔弱也。白，明顯也。黑，昏昧也。榮，尊高也。辱，卑下也。溪谷，眾水所注。而天下，則極言之也。常德，常道也。樸，謂道之純全也。嬰兒，無極樸，乃人固有之道，故皆以復歸言之。

30	好還，猶言出乎爾者，反乎爾者也。果，決也。《詩》曰：「不留不處，三事就緒。」孫武子曰：「兵聞拙速，未巧之久也。」矜，自恃也。伐，誇大也。驕，恣肆也，早已，謂不能久。三事，三農也。
36	「將欲」云者，將然之辭也。「必固」云者，已然之辭也。歙，闔也。張，開也。微明者，指歙張弱強等語，言雖微而實明也。
39	發，發洩也。蹶音厥，顛仆也。數，計數之數，指輿之眾材言之。
40	反，復也。
41	纇，絲節也。偷，惰也。渝，變也。
43	馳騁，役使也。間，間隙也。無間，無內也。
44	多，猶重也。
53	介然，猶言忽然。介然有知，忽然而有覺也。除，修治也。盜誇者，取非其有，更誇張也。
55	螫音釋，毒蟲，蜂蠆之屬，以尾端肆毒曰螫。猛獸，虎豹之屬，以爪足拏按曰據。攫鳥，鷹隼之屬，以掌距擊觸曰搏。祥，妖孽也。
58	奇，褒也。曰割曰劌，皆謂芒利傷物也。
61	交，會也，眾水所會也。
62	奧，妙也，深遠之義。拱璧，合拱之璧。駟馬，一乘之馬。坐，坐致太平之坐。罪，過也。
63	事，即為也，所為之事也。
64	復者，如日月既食而復也。
67	不肖，謂無所象類。
68	士，戰士也。
69	仍，就也。《詩》曰：「仍執醜虜。」
73	繟，音闡，緩也。
76	共，拱通柱也。
79	和，謂和解。責，責取也。徹，明徹也。

　　按照上述統計，涉及此類注文的章節共 35 章。大部分的字訓類注文都是單獨成段，與義理性的注文有所區分，二者之間並沒有太多直接的聯繫，似乎是兩套並行而不悖的注解辦法。關於這類字訓注文的分類，從訓字的方法上大致可以分成三類：一、用通俗的語言來直接解釋概念的內涵，如解釋第五章中「芻狗」為「古者結草為狗，用之祭祀，祭畢則棄之」，解釋第二十四章「跂者「為「舉踵而望，腳跟不著地也」等。二、用組詞或引詩文的方法間接解釋概念的內涵，如解釋第二十章中「荒」為「《尚書》所謂色荒禽荒之義也」，解

釋第十五章「安」為「猶安汝止之安」。三、勾連《道德經》文本內部的不同詞彙，使之相通，如解釋第十三章「愛以身為天下者」一句中的「愛」字為「愛，即寵也」，解釋第二十五章「人法地」中的「人」為「人，指王者而言」。此外，林兆恩針對《道德經》文本中部分生僻字還有特別的注音，如「繟，音闡」、「螫音釋」、「蹶音厥」、「埏音羶」、「埴音殖」。雖然字訓類的注文大多通俗易懂且解釋相對準確，但與義理性的注文並不構成相互闡發的關係，不似專門為學者所準備。因而，這部《道德經釋略》的受眾可能主要還是三一教徒，三一教的教徒文化程度存在較大的差異。按照林兆恩本人的倡教收徒情況，嘉靖三十年（1551），林兆恩 35 歲時初創三一教，公開倡導「三教合一」的學說，而此時的三一教依舊只是一個以讀書人為主的學術團體。而自嘉靖四十五年（1564）開始，林兆恩才一改以往謹小慎微的收徒做法，按照《閩書》記載：「上自縉紳學士，下至篦子市人，莫不津接」（《閩書》卷 9《林兆恩傳》）。當三一教發展到一定的規模，其教徒成分也變得極為複雜，原先的士人團體被後來的商人、農民、僧侶、道士等下層群眾替代，由此也造成了教徒在文化上的巨大差異。因而，筆者推測《道德經釋略》之所以有大量的字訓類注文，可能就是為下層的三一教教徒閱讀此作所準備的。

第三章　林兆恩對老子思想的詮釋

　　林兆恩的《道德經釋略》雖是採用逐章注解的形式，但依舊存在許多章節是僅援引他注而不復評議或只有簡單的文義梳理，此類章節並沒有提出太多新的見解。故而本書對林兆恩注老的考察主要是以範疇為中心，大體圍繞「道」、「無為」、「仁」、「身」四個核心範疇來展開論述。第一部分，道論。就「道」而言，林兆恩在《道德經釋略》中提出「常道之道」，以「常道」作為老子哲學的形上之本體，同時闡述了「常道」不可道的特質，展現出對老子之道論的獨特理解。第二部分，無為論。林兆恩對「無為」的詮釋，一方面是堅持以老解老，著重從政治哲學的角度發揮老子原有的思想，另一方面則又以儒家修身治國平天下的入世精神來詮釋「無為」。第三部分，仁論。《道德經釋略》中表現出一種以同向超越的學理路徑來理解老子的「仁」學，一方面主張「道德」高於「仁義」，另一方面又認為老子所棄絕之「仁義」為假仁假義，從而得出了老子之學不異於儒家之學的結論。第四部分，身論。林兆恩認為《道德經》中「身」的範疇具有雙重內涵，對應著兩種不同的價值主體，即「世人之身」與「聖人之身」。「世人之身」對應著所謂的「形骸之身」亦即肉身，而「聖人之身」乃是「非身大身」也可以稱之為道身。因而「身」範疇的雙重性不僅意味著「身」範疇本身內涵的差異，也意味著「身」所代表的主體的差異。從林兆恩對《道德經》中四個主要範疇的詮釋來看，其對老子思想的解讀表現出濃厚的會通儒道的意圖。

第一節　不可道之常道──道論

　　「道」是《道德經》文本中諸多範疇的核心之一，同時也是最為基礎的

一個範疇。《道德經》第一章即言「道可道，非常道」，然而歷來關於此章就有不同之解說，其主要之分歧即在於「道可道，非常道」究竟是指「道」可以講述還是言「道」不可以講述。如果將「道可道，非常道」解釋為：道可以講述，它不是一成不變的道，那麼「道」就是可以講述的，如朱謙之言：「自昔解老者流，以道為不可言……天地之道，恒久而不已，四時變化，而能久成。若不可變、不可易，則安有所謂常者？故曰『道可道，非常道』也，『名可名，非常名』也」〔註1〕。但是如果將「道」視為可以言說的，那麼與老子本人對「道」性質的描述則不符，老子本人對「道」的看法是「強字之曰大」、「繩繩不可名」，因而大多學者認為「道」是不可言的。儘管如此，但首句中「非常道」一詞中的「非常」顯然不是現代意義上的複合詞，而是應該將其理解為「不是常道」或是「不是一般的道」，如此就又造成了「道」和「常道」的分歧。「常道」既可以是一個特定的概念，也可以是一個複合詞，如河上公曾言：「常道當以無為養神，無事安民，含光藏暉，滅跡匿端，不可稱道。」〔註2〕而王卡也認為：「『常道』是老子哲學特有的概念，幽深玄妙，只可意會而不可言說」〔註3〕。那麼，老子哲學中的「道可道，非常道」究竟是「道」還是「常道」呢？林兆恩在《道德經釋略》中提出「道」為「常道之道」，以「常道」作為老子哲學的形上之本體，展現出對老子之道論的獨特理解。

一、「道」還是「常道」？

老子在《道德經》第一章中即提出了其思想的核心範疇，並建構了一個以「道」為中心的宇宙生成模型，可謂是《道德經》文本的大綱。林兆恩在此章以「常道」為詮釋中心，並闡述了「常道」的第一性原理。以下為第一章原文與林氏的部分注解：

> 道可道，非常道。名可名，非常名。無名天地之始，有名萬物之母。故常無欲以觀其妙；常有欲以觀其徼。此兩者，同出而異名，同謂之玄。玄之又玄，眾妙之門。〔註4〕

〔註1〕朱謙之撰：《老子校釋》，北京：中華書局，1984年，第4頁。

〔註2〕王卡點校：《老子道德經河上公章句》，北京：中華書局，1993年，第1頁。

〔註3〕王卡點校：《老子道德經河上公章句》，北京：中華書局，1993年，第11頁。

〔註4〕林兆恩撰：《道德經釋略》第一章，《林子三教正宗統論》，北京：宗教文化出版社，2016年，第563～564頁。

　　林子曰：「何以謂之常道？何以謂之常道而不可道也？何以謂之
常名？何以謂之常名而不可名也？此言「常」乃《常清靜經》所謂
「真常」之「常」，而武城王氏《老子億》曰：常者，不變不滅之謂。
真常之道，體本虛無，不受變滅，故不可以言語形容，不可以名狀
指擬。才落名言，便屬形跡，才有形跡，終歸變滅。又曰：「名則言
之命物者，如仁義聖智之類是也。」〔註5〕

　　對於《道德經》首章之首句，林兆恩直以「常道」為解，而不以「道」
解。其本人亦曾在《道德經釋略自序》中提出：「經名道德者，皆所以言道德
深遠之意也。然而道也者，非他也，常道之道也……常道上德，其可得而言
乎？讀者悟意而忘言，斯為得之。」〔註6〕所以林兆恩認為《道德經》中所
言之「道」為「常道」。以往學者基本都是將「道」視為老子哲學的形上本體，
認為「道」是作為宇宙萬物的生成本原，如董平認為首句：「第一個『道』字
與『可道』之『道』，內涵並不相同。第一個『道』字，是老子所揭示的作為
宇宙本根之『道』；『可道』之『道』，則是『言說』的意思……凡一切可以言
說之『道』，都不是『常道』或永恆之『道』。」〔註7〕所以從詞的結構而言，
「常道」並不能視為一個固定的概念而只能是一個複合詞。同樣，陳鼓應認
為「道可道，非常道」一句中只有第三個「道」字才是老子哲學上的專有名
詞，它意指構成宇宙的實體與動力……「常道」之「常」，為真常、永恆之意。
一般將「常道」解釋為永恆之道而不可以不變作解〔註8〕。因而，《道德經》
第一章中作為宇宙萬物本原的概念就是「道」，而「常」只是強調「道」的永
恆特性。而林兆恩則是以「常道」為宇宙生成之本原，他借鑒了《常清靜經》
中的「真常」觀念，認為這個「道」實際上為「真常之道」，「常」字為「不
變不滅」之意，如此「常道」雖然在內涵上也是指永恆的「道」，但實際上「常
道」成了一個專有名詞或概念。關於此章，近來有學者提出一種新的觀點，
認為「道」實際上是指宇宙萬物本原之作用，而「常道」才是宇宙萬物本原

〔註5〕　林兆恩撰：《道德經釋略》第一章，《林子三教正宗統論》，北京：宗教文化出
　　　　版社，2016 年，第 563 頁。
〔註6〕　林兆恩撰：《道德經釋略自序》，《林子三教正宗統論》，北京：宗教文化出版社，
　　　　2016 年，第 559 頁。
〔註7〕　董平著：《老子研讀》，北京：中華書局，2015 年，第 43 頁。
〔註8〕　陳鼓應注譯：《老子注譯及評介》參照簡帛本最新修訂版，北京：商務印書館，
　　　　2016 年，第 73 頁。

之本體。如此則「道可道，非常道」的含義為可以解釋為：可以言說的宇宙萬物本原之作用，不是宇宙萬物本原之本體〔註9〕。這一解法雖有其獨到的解釋力與創新之處，但依舊存在相關問題。首先這種理解把《老子》文本複雜化了，同時若以「道」為萬物本原之作用，則「道」僅僅是一種作用，在文義上難以和「道常無為」、「道法自然」等命題相銜接。「道常無為」與「道法自然」中「道」是作為一個主語，「無為」與「自然」是對「道」的一種描述，那麼「道」應是一個名詞。若說是把某種事物的作用概括成一個名詞來定義，這一做法很難在老子哲學中找到旁證，而且顯然這樣的處理方式又把老子哲學複雜化了。當然把「常道」作為宇宙萬物的本原，這一看法與林兆恩之解釋有相通之處，儘管林兆恩沒有把「道」作為萬物本原之作用來界定，而僅僅是以「常道」來重新解釋「道」。

　　嚴格意義上來說，「常道」一詞僅在《道德經》文本中僅出現過1次。但在《道德經釋略》中以「常道」來解「道」的章節並不局限於第一章。同樣以「常道」為解的章節還是第四章，林兆恩在解釋「道沖而用之」一句時亦言：「豈不以道也者，道也，常道之道邪？……然此常道則盈滿於天地間矣」〔註10〕。此外《道德經》第三十二章言「道常無名」，其本意是言「道」具有不可言說的特性，而林兆恩在解此章時直以「道常」作為一個概念，提出：「道常者，常道也，真常之道也，不謂之無名天地之始乎？」〔註11〕把「道常」理解為「常道」雖在形式上比較牽強，但字義上強通，「常道無名」本身亦是強調了「常道」不可言之特性。類似的章節還有第三十七章的「道常無為」，林氏釋為「真常之道，本無為也」〔註12〕，此外還有第十四、第二十五等章節中也出現了「常道」之概念。雖然林兆恩大多數時候都是以「道」來闡述老子思想，但在許多重要章節中皆是以「常道」作為一個概念。因而儘管林兆恩常常將「道」與「常道」混合使用，但從其對「常道」的使用來看，顯然「常道」才是一個更為根本性的概念，所以在林兆恩看來「常道」才是

〔註9〕馮國超：〈「道可道，非常道」新解〉，《中國社會科學》，2022年第6期。

〔註10〕林兆恩撰：《道德經釋略》第四章，《林子三教正宗統論》，北京：宗教文化出版社，2016年，第566頁。

〔註11〕林兆恩撰：《道德經釋略》第三十二章，《林子三教正宗統論》，北京：宗教文化出版社，2016年，第595頁。

〔註12〕林兆恩撰：《道德經釋略》第三十七章，《林子三教正宗統論》，北京：宗教文化出版社，2016年，第598頁。

作為宇宙萬物生成之本原。

　　當然類似的詮釋在明代的其他注老之作中亦可得見，如陳深的《老子品節》言：「常者，不變不易，先天地而無始，後天地而無終，故謂之常道。常道常名，不容思議，不可見聞，不著言語，故曰道而可道，則非常道矣。」〔註13〕陳深將「常道」解為「先天地而無始，後天地而無終」，同時認為「常道」、「常名」不容思議，不可見聞，不著言語，顯然同樣是將「常道」作為形上的本體來界定。再往前追溯亦可在唐代陸希聲的《道德真經傳》中看到類似的解說，陸希聲也曾提出：「常道常名，不可道不可名，唯知體用之說，乃可玄通其極耳。」〔註14〕同樣是以「常道」、「常名」作為一對特有的概念。就此而言，林兆恩的解釋並非是獨創，而是有跡可循。

二、可道還是不可道？

　　如上所言，關於老子之「道」有可言與不可言之爭，林兆恩以「常道」作為宇宙生成之本體，那麼「名可名，非常名」一句，同樣是以「常名」為特定的概念。所謂的「名可名，非常名」是指可以說出來的名，就不是永恆的名，如此「常道」、「常名」應該是不可言說的，古今以來持此一觀點的學者亦不在少數。如宋代的王安石就曾言：「道本不可道，若其可道，則是其跡也。有其跡，則非吾之常道也。」〔註15〕如此，「道」本身是不可言說的，而能言說的只是「道」之跡象。同樣，任繼愈先生也認為：「『道』，說得出的，它就不是永恆的『道』」〔註16〕。林兆恩認為「常道」體本虛無，本身是不可以用言語來形容，以形狀來指稱，它存在於天地生成之前的混沌狀態，故而是謂「無名」。

　　　　《老子億》：「無名者，道也。」莊子所謂「常無有」，周子所謂
　　　　「無極」是也。自本自根，生天生地，故曰「天地之始」。有名者，
　　　　道所生之一也，德也。莊子所謂「太一」，周子所謂「太極」是也。

〔註13〕陳深著，《老子品節》，熊鐵基，陳紅星主編：《老子集成》第七卷，北京：宗教文化出版化，2009 年，第 127 頁。

〔註14〕陸希聲著，《道德真經傳》，熊鐵基，陳紅星主編：《老子集成》第一卷，北京：宗教文化出版化，2009 年，第 586 頁。

〔註15〕王安石著，《老子注》，熊鐵基，陳紅星主編：《老子集成》第二卷，北京：宗教文化出版化，2009 年，第 558 頁。

〔註16〕任繼愈著：《老子繹讀》，北京：商務印書館，2009 年，第 44 頁。

一生二，二生三，三生萬物，故曰「萬物之母」。〔註17〕

此中，林兆恩援引《老子億》，以周敦頤的《太極圖說》來闡述宇宙生成圖式。「常道」即為「無極」，它具有自本自根，生天生地的特性，這是言「常道」的第一性原理，「未有天地，先有此道，道非古與？」〔註18〕它在天地產生之前，是天地產生的本原，在一切有形、有名之前，故而是謂「無名」。「道生一」即是「無極而太極」，「一」為「太極」，是萬物產生的起點，故而是一切有形、有名的開端，是謂「有名」。「常道」非但是不可言說的，同時也是不得聞其聲，不可見其形，《道德經》四十一章中言「大音希聲，大象無形，道隱無名」，林兆恩解之曰：

> 林子曰：「建言以下，言下士之所以大笑也。蓋真常之道，不可得而道，不可得而名，況明道若昧十數語，亦皆無為而為，正言而若反也……何以謂之大音希聲？何以謂之大象無形？余於是而知恍恍惚惚，杳杳冥冥，而道也者，其可得而聲乎？其可得而形乎？戒慎不睹，恐懼不聞，而為道者，其可索之聲乎？其可索之形乎？」〔註19〕

此章林兆恩除強調了「真常之道」的不可言性，也特別指出了「常道」同樣不可聞其聲，亦不可見其形，如此「常道」似乎就成了一種恍恍惚惚而不可知之實體，惟一確定的是這一實體是必然存在的。從概念上來說，「常道」這一概念強調了「道」的永恆存在性，但如果說「常道」本身是既不可言又不可聞見，那麼《道德經》文本本身就出現了一個十分詭異的現象，即以名言來說言說不可知之物。趙汀陽曾指出：「道作為普遍方法論是可說的，而且必須是可說的……《道德經》通篇都在解說道……假定關於道的核心問題真的是一個知識論問題，而且假定道是不可說的，那麼，道的問題從一開始追問就終結了，根本不應該也不值得說下去了」〔註20〕。對於這一問題的看法，林兆恩本人認為：「然道在天地，天地不知也，道不知也；道在聖人，聖人不知也，道不知也。其曰無所得於知，亦且無所得於得……故道大者，以其無所於知，無所於

〔註17〕 林兆恩撰：《道德經釋略》第一章，《林子三教正宗統論》，北京：宗教文化出版社，2016 年，第 563 頁。

〔註18〕 林兆恩撰：《道德經釋略》第十四章，《林子三教正宗統論》，北京：宗教文化出版社，2016 年，第 579 頁。

〔註19〕 林兆恩撰：《道德經釋略》第四十一章，《林子三教正宗統論》，北京：宗教文化出版社，2016 年，第 605 頁。

〔註20〕 趙汀陽：《道的可能解法與合理解法》，《江海學刊》，2011 年第 1 期。

得也。」〔註21〕「道」本身無法從知識論的角度來把握，知識本身是落於名言的，故而以名言來認識「道」是不可取的。老子自身也認為「不知其名，字之曰道，強名之曰大」、「道之為物，惟恍惟惚」，也就是說「道」這個概念只能指向某種實體，但對於這一實體的認識本身是模糊不清的，從知識論來看，這樣的追問方式當然是具有不確定性的。林兆恩認為對於不可言說的對象，「讀者悟意而忘言，斯為得之。」〔註22〕只能通過悟的方式來體會「道」，達到與「道」的相融。那麼應該通過什麼來悟呢？

> 宋程俱《老子論》曰：「可道之道，以之制行；可名之名，以之立言。至於不可道之常道，不可名之常名，則聖人未之敢以示人。非不示人也，不可得而示人也。故西方之聖人，其所示見，設為乘者三，演為分者十二命之曰教。若夫傳於教外者，則其不可道，與不可名者也。中國之聖人，祖唐虞，憲文武，以訂詩書禮樂之文，合之曰經。若夫其所以言，猶屨之非跡者，則其不可道，與不可名者也。」〔註23〕

林兆恩援引程俱之《老子論》，認為可以言說的「道」可以用來制行，而可以言說的「名」則可以用於立言。但對於不能用言語來闡述的「常道」、「常名」即便是聖人也不能將其直接示人，故而需要通過設教訂經的方式來啟示普通民眾。如佛教中的三乘十二分教，儒家的六經皆是對「道」之跡象的描述。按照林氏之看法，聖人本身是與「道」相合的，故而聖人能夠通過言語對「道」的特性作出一定的表述，這些語言的表述可以是教義也可以是經典。這些可以言說的教義或經典就是「道生一」的「德」，「有名者，道所生之一也，德也。」〔註24〕那麼「德」的意義就在於從理論上奠定認識「道」的可能性，即為名言的合法性作出辯護。所以他在解釋《道德經》第二十一章「孔德之容」的時候言：「信者，信也。信有此象，信有此物，信有此精，而不差爽也。然此皆德

〔註21〕 林兆恩撰：《道德經釋略自序》，《林子三教正宗統論》，北京：宗教文化出版社，2016 年，第 559 頁。
〔註22〕 林兆恩撰：《道德經釋略自序》，《林子三教正宗統論》，北京：宗教文化出版社，2016 年，第 559 頁。
〔註23〕 林兆恩撰：《道德經釋略》第一章，《林子三教正宗統論》，北京：宗教文化出版社，2016 年，第 563 頁。
〔註24〕 林兆恩撰：《道德經釋略》第一章，《林子三教正宗統論》，北京：宗教文化出版社，2016 年，第 563 頁。

之容也，惟其德可得而容，故其道可得而容也。」〔註25〕本章所謂「孔德」即是「上德」，「德之容」既是出自「道」，那麼「德」即為「道」實存之顯現。所以儘管「道」是「惟恍惟惚」而不可言說，但可以通過能夠言說之「德」來追溯「道」。而真正的「道」體則依舊是不可言說的，因為語言畢竟是形而下的東西，其難以規定屬於形上之本體。這種詮釋思路既保證了「常道」作為終極本體的超越性，也為我們認識這一超越之實體提供了方法論的基礎。

三、常道之道，自然而已

既然「常道」本身是不可知之物，那麼「常道」的運行規則又是什麼呢？一般來說，學界關於「道」的運行有兩種解釋：一，以「無為」作為「道」的根本特性，以「自然」作為「道之無為」的結果，如王博曾認為：「從二、十、三十七諸章可以清楚地看到，無為的主語是聖人、侯王或者道，而不是百姓；十七章則表明，自然的主語是百姓，六十四章也是如此……萬物的自然在此轉變為百姓的自然，與之相應的，道的無為就該轉變為君主的無為」〔註26〕。二，以「自然」為「道」的根本特性，以「無為」為人法「道」的基本原理，如夏紹熙認為：「『道』與『自然』不能分割，『自然』是『道』運行的規則，合於『自然』即是『有道』，合於『自然』的行動即是有道者的行動」〔註27〕。這兩者進路都有其合理之處，且都能在《道德經》文本中找到相關的依據。林兆恩在詮釋「道」之運行時，是以「自然」作為「道」的根本特性來加以闡釋，如他在解釋第二十三章中「希言自然」一句時言：「自然之道，豈可得而言哉？」〔註28〕此中既是強調了「道」之不可言性，亦是指明了「道」之運行以「自然」為宗。

那麼，所謂「自然」究竟是何意呢？林兆恩在解釋《道德經》第六十四章中「以輔萬物之自然而不敢為」一句時曾提出：

> 又何以謂之「輔萬物之自然」也？而聖人者，亦惟輔相天地之宜，

〔註25〕林兆恩撰：《道德經釋略》第二十一章，《林子三教正宗統論》，北京：宗教文化出版社，2016年，第586頁。

〔註26〕王博：《權力的自我節制：對老子哲學的一種解讀》，《哲學研究》，2010年第6期。

〔註27〕夏紹熙：《論老子的「道法自然」及其認知意義》，《東嶽論叢》，2020年第10期。

〔註28〕林兆恩撰：《道德經釋略》第二十三章，《林子三教正宗統論》，北京：宗教文化出版社，2016年，第588頁。

以順物理之自然已爾。抑豈敢有所於為，以咈自然之理也哉？〔註29〕

　　《道德經》中「自然」一詞雖少，但無疑是一個關涉理解老子核心思想的重要範疇，「自然」的使用有「百姓皆謂我自然」、「希言自然」、「萬物之自然」等。它的使用範圍似乎是包含一切之存在，這是因為「自然」本身是「道」的特性，「道」作為萬物本原本就已經涵攝一切存在物，故而老子對「自然」的使用也較為隨意。按林兆恩之解釋「輔萬物之自然」即是言「順物理之自然」，這個「自然」就是指「自然之理」。「理」是指此物之所以為此物的究竟根源，如謂蘋果之所以為蘋果的根本原理亦即「物理」。所以「自然」所關涉的乃是一種本然性的規則，顯然這種規則並不屬於物自身，而是由產生宇宙萬物的「道」所決定的。當然，《道德經》中涉及「道」與「自然」之關係的章節莫過於第二十五章中的「道法自然」了。林兆恩對於此章採唐代李約之觀點，以「法地地」、「法天天」、「法道道」、「法自然」為句，其原文與注解如下：

　　　　有物混成，先天地生。寂兮寥兮，獨立而不改，周行而不殆，
　　可以為天下母。吾不知其名字之曰道，強為之名曰大。大曰逝，逝
　　曰遠，遠曰反。故道大，天大，地大，王亦大。域中有四大，而王居
　　其一焉。人法地地，法天天，法道道，法自然。〔註30〕

　　　　林子曰：「世人每以法地法天法道為句，獨唐李約則以地地天天
　　道道為句，不以地，地也，而地地者，乃地之所以為地也；天，天
　　也，而天天者，乃天之所以為天也；然人安能法地法天？而仲尼之
　　所謂『無不持載，無不覆幬』者，是乃所以法地之地，法天之天，
　　而得其所謂寂兮廖兮，混成之本體也。」〔註31〕

　　一般而言，此章最常見的讀法為「人法地，地法天，天法道，道法自然」，「法」即是效法之意，如此整個句式即為主—謂—賓之結構，「人」、「地」、「天」、「道」作為「四大」是為主語，而後面的「地」、「天」、「道」、「自然」則為賓語。按此一解法，此章大意是指「人」效法「地」，「地」效法「天」，「天」效法「道」，而「道」則效法「自然」，在這一邏輯推進的過程中，「四

〔註29〕林兆恩撰：《道德經釋略》第六十四章，《林子三教正宗統論》，北京：宗教文
　　　　化出版社，2016年，第622頁。
〔註30〕林兆恩撰：《道德經釋略》第二十五章，《林子三教正宗統論》，北京：宗教文
　　　　化出版社，2016年，第589～590頁。
〔註31〕林兆恩撰：《道德經釋略》第二十五章，《林子三教正宗統論》，北京：宗教文
　　　　化出版社，2016年，第590頁。

大」並非是彼此獨立，它們的根源實則都在於「道」，那麼這一效法過程其實也講述了由「道」至「人」的產生過程。「道」既然是宇宙生成的本原，那麼「天」、「地」、「人」必然皆是由「道」而來，「法」的原則恰恰說明了「道」之生物過程是逐級演化的。那麼所謂「道法自然」的意義就是強調了「道」本身是最高的原則，它是自己效法自己，亦即自然而然，自成原因。林兆恩在解此章時，以「法地地」、「法天天」、「法道道」、「法自然」為句，按照他的解釋，「法」依舊是效法之意，只不過他將「地地」解釋為「地之所以為地」即「地」背後的根本規則或原理，如此「天天」則為「天」背後的根本規則或原理。按照這一推論，那麼「道道」就是言「道」背後的根本規則或原理，「而所謂道道者，乃常道之道。常道之道，自然而已。」〔註32〕「常道」的背後只能是「常道」自身，故而「法自然」就是強調了「常道」自然而然的特性。按照這一斷句，那麼主語就變成了「人」，而「法」為謂語動詞，但「地地」、「天天」、「道道」、「自然」就成了賓語。從此一結構來看，無疑是強調了「人」最後要傚仿「自然」的意思，也就是說人類社會應該要傚仿「道」之運行規則。林兆恩強調法的對象不是作為具體物的「地」與「天」，而是物背後的終極原理，效法這一原理才是對「常道」的追尋。當然，林兆恩對「人」作了一定的限定，他認為這個「人」即是指「王者」言，如此這個句式的宇宙論意味就減弱了，不再強調由「道」至「人」的演化過程，而是重點在於闡述統治者應該要效法「常道」的「自然」特性來管理人類社會。因此，這個話題的終端雖然在「道」，但其起點則從「四大」變成了「人」，這種斷句恰恰反映了老子哲學的高明之處，即以形上的「道」來映射形下的人類社會，這也意味著人類社會也同樣具有「自然」，這種「自然」就是劉笑敢先生所提出的「人文自然」。

從林兆恩對《道德經》中「道」的解讀來看，他的看法顯然是具備一定的新意。他對《道德經》首章的詮釋突出了以「常道」為核心的宇宙本原論，同時認為「常道」本身是不可道的終極實體，我們所能認知的僅僅是「常道」呈現的跡象，亦即「德」。如此一來，一方面他既解決了關於「道可道，非常道」的衝突，也闡述了不可知的實體如何被認識的可能。這一詮釋思路具有一定的解釋力，不應被忽視。

〔註32〕林兆恩撰：《道德經釋略》第二十五章，《林子三教正宗統論》，北京：宗教文化出版社，2016年，第590頁。

第二節　無為即未發之中——無為論

「無為」也是《老子》文本中極為重要的概念之一，也是理解老子哲學的一個關鍵，正如陳鼓應先生所指出的：「老子著書立說的最大目的和動機就在於發揮無為的思想」〔註33〕。老子之「無為」雖然以「道」為最高原則，但其出場的語境卻又往往與治國理政、教化百姓相聯繫，如「道常無為而無不為，侯王若能守之，萬物將自化」（三十七章）、「故聖人云我無為而民自化，我好靜而民自正」（五十七章）可以說老子之「無為」思想本身就存在著一種政治哲學的解讀。而林兆恩則同樣是從治國理政的角度來解讀「無為」，但林氏對「無為」的詮釋，一方面是堅持以老解老，著重從政治哲學的角度發揮老子原有的思想，另一方面則又以儒家修身治國平天下的入世精神來詮釋「無為」。正如其弟子盧文輝所指出的「解悟其立言之旨，融會其度世之心，雖謂與吾儒之六經，相為表裏可也。此孔子所以有『猶龍』之歎也……今觀斯經，辭古義深意玄理閟，含蓄不窮廣大悉備，即《大學》格致誠正修齊治平之略，亦多寓焉。」〔註34〕盧文輝作為其親傳弟子，他的言論應該真實反映了林兆恩本人的思想。所以在林兆恩看來老子的思想與儒家《大學》的思想乃是相契合的，同樣是一種積極的入世精神。因而他提出「無為者，真常也，未發之中也。」〔註35〕其以儒家之「未發之中」來解「無為」，顯然林兆恩對「無為」的詮釋還是在於達到其會通儒道的目的。

一、堯舜「無為而治」

那麼，在討論林兆恩對「無為」的詮釋之前，首先來考察林氏是如何定位老子「無為」的思想。《老子》文本中的「無為」往往從兩個層面反覆出現：第一，「道常無為而無不為」，可見「無為」概念是對「道」超越性的一種規定；第二，「無為」的使用也常常與治國相聯繫，如此「無為」往往也作為一種治國理政的手段來加以理解。因而老子的「無為」本身就存在形上與形下兩種規定性，而林兆恩則著重從形下的治國之道來發明老子的「無為」。

〔註33〕陳鼓應著：《老子注譯及評介》，北京：中華書局，1984 年，第 33 頁。
〔註34〕林兆恩撰：《道德經釋略跋》，《林子三教正宗統論》，北京：宗教文化出版社，2016 年，第 560 頁。
〔註35〕林兆恩撰：《道德經釋略》第四十八章，《林子三教正宗統論》，北京：宗教文化出版社，2016 年，第 608 頁。

　　林兆恩曾多次在《道德經釋略》中闡明「無為」作為治國之道的觀點，如他在解釋《道德經》第八十章「小國寡民」的時候，曾引用蘇轍之言，「老子生於衰周，文勝俗弊，將以無為救之。故於其書之終，言其所志，願得小國以試焉，而不可得爾」〔註36〕。顯然，林兆恩贊同蘇轍之觀點，認為老子第八十章表達了老子救世的志向，其「無為」思想的提出乃是為了拯救衰落的周朝，因而「無為」從根本上來說乃是以治世為目的。而在解釋《道德經》第三章的時候林氏又明確將「無為」與堯舜的治世之道相聯繫，如其言曰：

> 舜之禪堯也，而堯之制作備矣。舜惟因之，為之於無所為，以輔萬物之自然爾，故曰「恭己正南面而已」矣。若武王之伐商，而反商政也，列爵分土，建官位事，五教三事，亦惟因先王之舊政，故能垂衣拱手，而天下自治。《漢書》曰：「蕭何為法，較若畫一；曹參代之，守而勿失。」豈非因邪？是乃黃帝老子無為之遺意也，而漢亦稱治。〔註37〕

　　此外他在《論語正義》中詮釋「無為」之時同樣提到了堯舜「無為而治」的觀點，如其言曰：

> 孔子曰：「無為而治者其舜也與？」或曰：「舜無為與？」林子曰：「舜之無為，黃帝之無為也；黃帝之無為，大禹之無事也。易曰：『黃帝堯舜氏作，通其變使民不倦，神而化之，使民宜之。窮則變，變則通。』而謂黃帝堯舜無為也可乎哉？其曰『無為』者我知之矣，為其所當為而無所不為也。若大禹者，敷土刊木奠山濬川，而孟子則曰：『禹八年於外，三過其門而不入。』而謂大禹無事也可乎哉？其曰『無事』者我知之矣，事其所當事而無所事也。」〔註38〕

> 林子曰：「余屬觀帝王制作之盛，未有如黃帝者，見日月星辰之象，始有星官之書；制玄衣黃裳之服，以象天地之色；至於大撓甲子，榮成蓋天……而謂黃帝無為也可乎哉」又曰：「先黃帝而興者，如天皇氏地皇氏人皇氏尚集，伏羲氏神農氏，人文始開，或有制作

〔註36〕林兆恩撰：《道德經釋略》第八十章，《林子三教正宗統論》，北京：宗教文化出版社，2016 年，第 631 頁。

〔註37〕林兆恩撰：《道德經釋略》第三章，《林子三教正宗統論》，北京：宗教文化出版社，2016 年，第 565～566 頁。

〔註38〕林兆恩撰：《論語正義卷下》，《林子三教正宗統論》，北京：宗教文化出版社，2016 年，第 686 頁。

而不多見；後黃帝而興者，如唐之堯，虞之舜，夏之禹，商之湯，
周之文武，人文既備，而亦無事於制作矣。由是觀之，自生民以來，
制作之盛，真無有過於黃帝者矣。制作之盛真無有過於黃帝，而謂
黃帝無為者何也，有為而無為也。」〔註39〕

　　此中林兆恩舉漢代初年奉行的「無為」政策來與堯舜的治世之道相互發明，認為「無為之治」乃是聖人之道，但也說明林兆恩將黃老學派的「無為」與老子之「無為」視為一體。事實上，黃老學派以「無為而治」作為其學說的核心，從治國理政的角度發揮了老子之學，這種入世精神無疑與儒家相合。因而在林氏看來「無為」作為一種治國方式與儒家「恭己南面」之道是一致的。由此觀之，林兆恩還是將老子「無為」的思想定位為聖人的救世之方。這種思想路徑，無疑更加契合儒家的治世精神，也為他進一步詮釋老子「無為」的內涵奠定了內在的學理基礎。

二、無為之內涵——順應自然

　　在明確了林兆恩對「無為」的定位之後，再來看林氏對「無為」內涵的詮釋。林兆恩在《道德經釋略》的第二章、第十章、第四十八章和第六十三章重點對「無為」的內涵進行了一定的詮釋。一方面，林兆恩以「道」來規定「無為」，突出了「無為」順應萬物發展的基本內涵；另一方面他又發揮了老子「無為而無不為」的思想，從「道」的運行來反觀人類文明的發展，強調「無為而治」作為治國的根本依據。

　　「無為」在老子哲學體系中的有著極為重要的地位，因而歷來就有不少學者對老子之「無為」思想進行解釋。首先，《老子》文本中的「無為」並非單純的指什麼事情都不做，換而言之「無為」本身是一種特殊意義上的「為」。雖然老子並沒有在《道德經》文本中明確解釋「無為」的內涵，但其後學文子則對老子所言的「無為」作了具體的闡釋。如《文子》中曾引用老子原文並對「無為」進行了具體的解釋：「所謂無為者，非謂其引之不來，推之不去，迫而不應，感而不動，堅滯不流，卷握不散。謂其私志不入於公道，嗜欲不枉正術，循理而舉事，因資而立功，推自然之勢。」〔註40〕由此觀之，老子「無為」

〔註39〕林兆恩撰：《論語正義卷下》，《林子三教正宗統論》，北京：宗教文化出版社，
　　　　2016 年，第 686 頁。
〔註40〕王利器著：《自然》，《文子疏義》，北京：中華書局，2000 年，第 368 頁。

之內涵乃是指順應萬物的發展，不強加干涉的意思。而林兆恩對「無為」的詮釋同樣吸收了歷代學者對「無為」的理解，他同樣認為老子所言之「無為」並非是什麼事情也不做，正如其對《道德經》第六十三章「為無為，事無事，味無味」的注解：

> 夫道本無為也，而曰「為無為」者，非無為也，而無為以為之爾；道本無事也，而曰「事無事」者，非無事也，而無事以事之爾。何以謂之「味無味」也？道之出口，淡乎其無味。而曰「味無味」者，蓋以道之無味為味也。惟其能味之於無味，故能為之而無為，事之而無事也。〔註41〕

《道德經》中「無為」使用的語境往往與「道」相聯繫，因而「無為」內涵的闡發與「道」是不可分離的。老子以「道法自然」來突出「道」自本自根、自然而然的特性，因而作為宇宙本原的「道」是「無為」的，當然「無為」本身應該視為「道」之「自然」的結果。老子將「道」的這種特性拓展至人類社會的發展與治理，因而他強調治理國家同樣要傚仿「道」之「自然」的特性，這就是「無為」之治。林兆恩繼承了老子的這一思想脈絡，他認為「道本無為」、「道本無事」，「道」的這種「無為」與「無事」並非是什麼事也不做，而是「無為以為之」、「無事以事之」，也就是說「道」的運行所呈現的是以「無為」作為一種特殊的「為」。這種「無為」的本性是自然而然的，正如其弟子盧文輝所指出的「《道德經》五千言，大要以虛無自然為體，以隨機順應為用。」〔註42〕因而「無為」的基本內涵就是順應萬物之自然發展。

「無為」作為「道」之運行規律同樣應該是人類社會所要傚仿的對象，那麼如何理解「無為」作為一種治國之道呢？林兆恩進一步發揮了「無為而無不為」的思想，他認為「無為」作為聖人治國之道的根本原因在於順應了萬物發展的規律。正如其所言曰：

> 而聖人者，處無為之事，行不言之教，亦惟順其物理之自然爾。故萬物之作也，謂之自作固不可，謂之非自作亦不可；萬物之生也，謂之自生固不可，謂之非自生亦不可；萬物之為也，謂之自為

〔註41〕 林兆恩撰：《道德經釋略》第六十三章，《林子三教正宗統論》，北京：宗教文化出版社，2016 年，第 621 頁。
〔註42〕 林兆恩撰：《道德經釋略跋》，《林子三教正宗統論》，北京：宗教文化出版社，2016 年，第 560 頁。

固不可，謂之非自為亦不可；萬物之成也，謂之自成固不可，謂之
非自成亦不可。此擊壤之民，而曰「帝力何有於我」者，其是之謂
與。〔註43〕

　　以有為治生，生愈傷；以有為治人，人愈擾。故治身者之養形
生，必剗心去智，外其身而不自生。治國者之養民物，必在宥天下，
委萬物而無所與。夫無以生為者，形將自正，無以天下為者，萬物
將自化，是謂黃老之玄德。〔註44〕

　　在林兆恩看來，聖人的治世之道是「處無為之事，行不言之教」，如前所述這種「無為」與「不言」顯然並非是真的不做不說，而是以一種順應萬物發展的方式來「為」。林兆恩認為通過「有為」來治理百姓，只會造成民生困擾，所以高明的治國者要通過「無為」的施政來教化百姓，治理天下。統治者只有順應自然，如此萬物才能自化，國家才能治理。以「無為」之教而取得「無不為」的效果，也就是老子所謂的「玄德」。值得注意的是，林氏除了基本繼承了老子原有的思想外，還以儒家的學說來貫通「無為而無不為」的闡釋。他在第四十八章中援引周敦頤之觀點，其言曰：「周濂溪曰：『誠無為』，又曰：『寂然不動者，誠也……故曰『無為而無不為』。」〔註45〕林兆恩認為周敦頤所言之「誠」本於天道之自然所以神妙莫測，這也就是老子「無為而無不為」的境界。由此也可以看出林兆恩對「無為」內涵的詮釋，不僅僅局限在以老解老，更在於會通儒道。

三、「無為」之工夫──「虛心實腹」

　　那麼，如何才能做到「無為」呢？是否意味著聖人先天便能「與道德相為渾融」，而不需要任何後天的工夫修養呢？老子在《道德經》文本中並沒有闡明這一問題。而林兆恩則從儒家修身的維度來詮釋「無為」，賦予了老子之「無為」具體的工夫路徑，林氏提出：「虛心實腹，是乃聖人之所以為無為也」〔註46〕。

〔註43〕林兆恩撰：《道德經釋略》第二章，《林子三教正宗統論》，北京：宗教文化出版社，2016年，第565頁。

〔註44〕林兆恩撰：《道德經釋略》第十章，《林子三教正宗統論》，北京：宗教文化出版社，2016年，第576頁。

〔註45〕林兆恩撰：《道德經釋略》第四十八章，《林子三教正宗統論》，北京：宗教文化出版社，2016年，第608～609頁。

〔註46〕林兆恩撰：《道德經釋略》第三章，《林子三教正宗統論》，北京：宗教文化出版社，2016年，第566頁。

他在解釋《道德經》第三章的時候認為聖人之所謂能「無為」乃是通過其具體的工夫修養而達到的，因而他特別強調了「虛心實腹」作為聖人的修身工夫。

關於《道德經》第三章的看法，歷來就有「愚民之說」，應該說這種觀點以朱熹最具代表性，其在注解的時候認為：

> 老子之意，是要得使人不見……「聖人之治，虛其心」，是要得人無思無欲；「實其腹」是要得人充飽，「弱其志」是要得人不爭，「強其骨」是要得人作勞……老氏之說，非為自家不見可欲，看他上文，皆是使民人如此。如「虛其心」，亦是使他無思無欲；「實其腹」，亦是使他飽滿。〔註47〕

朱熹認為此章中四個「其」字乃是指向民眾之意，因而他認為老子的意思是聖人治世的目的在於使民眾虛心、實腹、弱志、強骨，最後達到無知無欲的愚民狀態。如此，完全將老子之「虛心實腹」與「弱志強骨」理解為消極的內涵，因而在他看來老子的治國之道更像是帝王的一種陰謀論。而林兆恩則認為《道德經》第三章乃是針對聖人修身而言，指明了「虛心實腹」作為聖人行「無為」的根本工夫。在林氏看來老子的「無為」作為治國之道內含著一種從修身到治國的工夫轉向，這種思想無疑與儒家的修身治國之道是相通的。他在解釋《道德經》第十章「抱一」的時候提出：「抱一而為天下式，無為而無不治也。故抱一以理身，而身修；抱一以式天下，而天下治。」〔註48〕可見，「抱一」內含著修身與治天下的雙重內涵，而林氏將「抱一」理解為「無為而無不治」。因而在林氏看來聖人作為行「無為」的主體，必然也需要通過修身而實現治天下的目標。且看《道德經釋略》第三章原文及注釋：

> 不尚賢，使民不爭；不貴難得之貨，使民不為盜；不見可欲，使心不亂。是以聖人之治，虛其心，實其腹，弱其志，強其骨，常使民無知無欲，使夫知者不敢為也。為無為，則無不治。〔註49〕
>
> 或問何以虛其心？林子曰：「實其腹而已矣。」又問何以實其腹？林子曰：「虛其心而已矣。」

〔註47〕 朱熹著：《朱子語類》卷七十三，北京：中華書局，1986年，第1855～1856頁。
〔註48〕 林兆恩撰：《道德經釋略》第十章，《林子三教正宗統論》，北京：宗教文化出版社，2016年，第574頁。
〔註49〕 林兆恩撰：《道德經釋略》第三章，《林子三教正宗統論》，北京：宗教文化出版社，2016年，第565頁。

　　　　林子曰：「虛其心矣，而其志有不弱乎？實其腹矣，而其骨有不
　　強。」

　　　　林子曰：「虛心弱志，聖人之所以能無知也；實腹強骨，聖人之
　　所以能無欲也。而聖人之所以使民無知無欲者，亦惟在我而已矣。」

　　　　林子曰：「夫為之而有以為，且不能治矣；而曰為無為，則無不
　　治者，何也？豈其順事無為，以輔萬物之自然邪？」……

　　　　或問聖人之所以無為。林子曰：「夫聖人之無為者，非徒曰順事
　　無為焉已也。而虛心實腹，是乃聖人之所以為無為也。」〔註50〕

　　從林兆恩對此章的注解可以發現他將此章的詮釋重點放在「虛心實腹」
上。林氏認為聖人秉承「無為」的原則來治世，但他認為聖人之所以能行「無
為」之道是以「虛心實腹」作為其工夫修養的。因而林兆恩將此章中的四個「其」
的主體理解為聖人而非民眾，從而消解了其中的愚民之說而向工夫論轉變。首
先，關於「虛心」與「實腹」的理解，薛蕙在其《老子集解》中認為：「使民
消其貪鄙之心，守其素樸之行，恬淡而無所思，心之虛也，故神氣內守而腹實
矣。」〔註51〕按照薛蕙的理解則「虛心」與「實腹」之間乃是有因果關係存在。
而王弼則解之為「心懷智而腹懷食，虛有智而實無知也。」〔註52〕在王弼看來
「虛其心」也就是使心「虛有智」，「實其腹」也就是使「腹懷食」，「虛心」與
「實腹」似乎是並列的關係。而林兆恩的理解卻完全不同於他們，林氏認為「虛
心」即是「實腹」而「實腹」即是「虛心」，兩者乃是同一的。其次，關於「虛
心實腹」與「弱志強骨」的關係，林兆恩認為「虛心」是「弱志」的必要條件，
「實腹」是「強骨」的必要條件，它們之間存在著因果關係。最後，關於「虛
心弱志」、「實腹強骨」與「無知無欲」的關係，從林兆恩的論述來看，「虛心
弱志」與「實腹強骨」乃是達到「無知無欲」的必要工夫。在這裡「無知無欲」
的主體首先是聖人，而非是民眾，因而「無知無欲」在林兆恩的詮釋語境中並
非是一種貶義的愚民論，而是一種高層次的修養境界。因而，儘管「無知無欲」
乃是作為「無為」的治世目標，但其內涵則完全發生了根本的改變。

　　但在此章中林兆恩沒有闡明「虛心實腹」作為「無為」之道的工夫內涵。

〔註50〕林兆恩撰：《道德經釋略》第三章，《林子三教正宗統論》，北京：宗教文化出
　　　　版社，2016年，第565～566頁。
〔註51〕薛蕙著：《老子集解》，北京：中華書局，1985年，第3頁。
〔註52〕樓宇烈校釋：《老子道德經注校釋》，北京：中華書局，2008年，第8頁。

筆者認為其具體內涵的闡發可與《道德經釋略》第十二章相聯繫，此章中林氏對「實腹」之意進行了具體的闡發：

> 五色令人目盲，五音令人耳聾，五味令人口爽，馳騁田獵，令人心發狂，難得之貨，令人行妨。是以聖人為腹不為目，故去彼取此。〔註53〕

> 林子曰：「何以謂之聖人為腹不為目？蓋腹惟知有飽與饑已爾。若五色之足以悅目也，而腹不知也；五聲之足以悅耳也，而腹不知也。五味之足以悅口也，而腹不知也。至於所謂驅騁田獵，難得之貨，而腹亦不知也。今先以為腹不為口者言之，可以例觀其餘矣。百穀並陳，五味相濟，而易牙之所調，無不饜足於人之口者，以其先得眾口之所嗜者然也。設或以百穀之所併陳者，無論山物海錯，蔬食菜羹，蔥薤油醬之屬，雜而揉之，口得而食之乎？故曰口之於味者，性也，氣質之性也。若腹則惟知有饑飽已爾，而其味之美惡也，惡得而知之？」〔註54〕

此中，林氏對「實腹」之內涵進行詳細的闡釋，他認為聖人「為腹」之目的在於要復歸人之自然本性而與道德相融。林兆恩將五色、五音、五味與「腹」做了具體的區分，相比於五色使人悅目、五音使人悅耳、五味使人悅口而言，「腹」只知道饑飽因而能不受外部物慾的干擾。在他看來，五色、五音、五味都會誘使人產生欲望，因而他稱之為「氣質之性」，而「腹」則是人之正常生理，因而是「天地之根」。顯然林氏對「腹」的理解受到了宋儒雙重人性論的影響，所以在他看來「為腹」的目的就在於使人復歸「天地之性」。他進一步引用宋代呂吉甫之言指出：「腹無知者也，目有見者也，而聖人去彼取此者，以取此無知無欲而虛靜也。」〔註55〕因而在林氏看來「實腹」就是「虛心」。其根本意義就在於「虛靜」，使人擺脫世俗物慾的干擾而能達到「無知無欲」的境界即「與道德相為渾融」。

鄧聯合提出：「從思想史的角度看，批評老子主愚民之說，實質上是儒

〔註53〕林兆恩撰：《道德經釋略》第十二章，《林子三教正宗統論》，北京：宗教文化出版社，2016 年，第 577 頁。

〔註54〕林兆恩撰：《道德經釋略》第十二章，《林子三教正宗統論》，北京：宗教文化出版社，2016 年，第 577 頁。

〔註55〕林兆恩撰：《道德經釋略》第十二章，《林子三教正宗統論》，北京：宗教文化出版社，2016 年，第 577 頁。

家貶拒異端的話語。」〔註56〕而從林兆恩對「無為」的詮釋路徑來看，他無疑摒棄了以儒拒道的思想觀念。林兆恩將儒家的修身之道融入老子的「無為之治」，闡發了「虛心實腹」作為聖人修身工夫的意義，從而會通儒道兩家的義理。

四、無為之發用——君無為而臣有為

在老子學說中，行「無為」之主體絕非是普通老百姓而是特定之人，老子在《道德經》文本中曾多次提及「聖人處無為之事」、「聖人無為，故無敗」、「聖人云：我無為，而民自化」，換句話說老子理想中的君主應該是聖人，因而「聖人之治」應該秉承「無為」的原則。那麼，在具體的治國過程中應該如何貫徹「無為」的原則呢？張松輝先生認為：「《老子》書中沒有明確提出過『君無為而臣有為』這樣的思想，但從他對具體問題的闡述中，可以清楚的看到這一主張」〔註57〕，張先生認為「君無為而臣有為」乃是《道德經》中蘊含的重要治國原則。無獨有偶，林兆恩在詮釋「無為」的時候，也在老子思想的基礎上明確提出了「君無為而臣有為」的發用原則。

林兆恩在詮釋《道德經》第二十八章的時候，基於《道德經》文本中「樸」與「器」的關係提出了「君無為而臣有為」的思想。應該說這一思想是對老子「無為而治」理念的補充，以下為《道德經釋略》第二十八章原文及注解：

> 知其雄，守其雌，為天下溪。為天下溪，常德不離，復歸於嬰兒。知其白，守其黑，為天下式。為天下式，常德不忒，復歸於無極。知其榮，守其辱，為天下谷。為天下谷，常德乃足，復歸於樸。樸散而為器，聖人用之則為官長。故大制不割。〔註58〕

> 《淮南子》曰：「狂者無憂，聖人亦無憂。故通而無為也，與塞而無為也，其無為則同，其所以無為則異也。」樸散而為器，聖人用之則為官長。故大制不割。

> 林子曰：「赤子之心，不謂之樸乎？而大人者不失其赤子之心，以全樸也。樸散而器，殆失其天命之初矣。」

〔註56〕鄧聯合：《〈老子〉第三章愚民說駁議》，《中國哲學史》，2020 年第 5 期。

〔註57〕張松輝著：《老子研究》，北京：人民出版社，2009 年，第 240 頁。

〔註58〕林兆恩撰：《道德經釋略》第二十八章，《林子三教正宗統論》，北京：宗教文化出版社，2016 年，第 592 頁。

　　林子曰：「君無為也，故樸；而臣有為也，故散之而為器矣。」

　　林子曰：「有所制則有不樸，無所制則無不樸。制之於無所制者，大制也。故大制不割。夫既不割矣，則又安所損其樸乎？故聖人直用此樸以為官長已爾。官長者，天子乃百官之長也。而其所以長百官者，夫何為哉？亦惟抱樸而已矣。故曰我無為而民自化。」〔註59〕

　　林兆恩援引《淮南子》之言，認為聖人乃是百官之長，他進而以「樸」與「器」的關係來比附聖人與臣子的關係。林兆恩提出在施行「無為而治」的時候應當秉承「君無為而臣有為」的原則。在林氏看來所謂「樸散而為器」的意思就是聖人統領百官，君主即是「樸」而百官則是「器」，「器」是由「樸」所統攝的。君主秉承「樸」的原則施行「無為」，而百官秉承「器」的原則施行「有為」，故而能達到「我無為而民自化」的治理效果。

　　那麼為何君主一定要秉承「無為」的原則呢？首先，從治理國家的角度來看，林氏認為：「上有為，則國事多，則姦邪生。此其所以難治也。」〔註60〕君主如果過度的施行「有為」，干預百姓的自然發展，那麼國事就是會繁多，容易產生姦邪小人，所以國家就不好治理。因而高明的君主應該「任其自生，遂而勿傷」〔註61〕、「任物以能，不勞而成」〔註62〕，以「無為」來施教於百姓和天下，則百姓自生，萬物自成。其次，從「無為」與「有為」的關係來看，林氏認為聖人以「無為」為本，他提出：「聖人守中，乃所以執橐籥之機也。此其所以而虛而動，而不屈而愈出者乎？」〔註63〕這裡所謂的「守中」也就是「無為」，聖人秉承「無為」的原則就是掌握了治國之關鍵，故而能以不變應萬變。最後，從人與自然的關係來看，老子強調「人法地，地法天，天法道，道法自然」（《道德經》第二十五章），因而「人」是需要效法「地」的。林兆恩援引王道之《老子億》進一步闡釋了「王者法地」的理論依據，

〔註59〕林兆恩撰：《道德經釋略》第二十八章，《林子三教正宗統論》，北京：宗教文化出版社，2016年，第592頁。

〔註60〕林兆恩撰：《道德經釋略》第七十五章，《林子三教正宗統論》，北京：宗教文化出版社，2016年，第628頁。

〔註61〕林兆恩撰：《道德經釋略》第十章，《林子三教正宗統論》，北京：宗教文化出版社，2016年，第575頁。

〔註62〕林兆恩撰：《道德經釋略》第十章，《林子三教正宗統論》，北京：宗教文化出版社，2016年，第575頁。

〔註63〕林兆恩撰：《道德經釋略》第五章，《林子三教正宗統論》，北京：宗教文化出版社，2016年，第569頁。

「天之之至重者，莫如地，而萬物皆出於地，是重為輕根。」〔註64〕在他看來「地」是天下至重至靜之物，萬物亦都是從「地」中產生。所以聖人之治也需要效法「地」，所謂「王者法地」的根本旨意即在於效法「道」之「無為」，從而達到「居重以馭輕，主靜以勝躁，則自然之道得」〔註65〕。因而林兆恩特別強調「君無為」的思想，至於臣則是在「無為」的原則之下進行「有為」的教化，此所謂「無為而無不為」之真意，以此原則治國方能達到「無不治」的效果。

綜上所述，林兆恩從「無為」之內涵、「無為」之工夫、「無為」之發用三個維度對老子之「無為」進行了詮釋。林兆恩摒棄了以儒拒道的觀念，而以堯舜之治來發明老子之「無為」，從而將「無為」定位為一種聖人的治世之道。同時，又以工夫論的維度來理解《道德經》第三章，將儒家修身治國的理念融入「無為」的詮釋，從而消解傳統的「愚民說」。最後，林氏進一步提出「君無為而臣有為」的觀念，從而在一定程度上補充了老子「無為」的思想。不難看出林兆恩對老子之「無為」的詮釋一方面是繼承了老子原有的思想，另一方面又將儒家的治國理想融入其中，從而在一定程度上發展了「無為而治」的思想。

第三節　不仁為至仁——仁論

老子是否反對「仁義」，目前學界對此尚有較大的爭議。傳統的看法認為，「仁」是儒家的核心要義，而老子是反對「仁義」的。而近年來隨著郭店楚竹簡本《老子》研究的展開，問題更是顯得錯綜複雜。有學者堅持傳統的看法，如孫以楷先生就認為：「老子畢竟是老子，他的倫理觀如果不與儒家對立，他就不成其為道家」〔註66〕，王博先生也認為：「老子和道家都沒有完全肯定過仁義的價值。」〔註67〕孫、王兩位先生的論斷似過於絕對，存在不合理之處。此外錢穆先生、呂紹綱先生也持類似觀點。但同時，也有部分學者開始對傳統

〔註64〕林兆恩撰：《道德經釋略》第二十六章，《林子三教正宗統論》，北京：宗教文化出版社，2016 年，第 590 頁。

〔註65〕林兆恩撰：《道德經釋略》第二十六章，《林子三教正宗統論》，北京：宗教文化出版社，2016 年，第 590 頁。

〔註66〕孫以楷：《也談郭店竹簡〈老子〉與老子公案》，《學術界》，2004 年第 2 期。

〔註67〕王博著：《簡帛思想文獻論集》，臺北：臺灣古籍出版有限公司，2001 年，第 192 頁。

的看法提出了質疑，比如張松輝先生在《老子研究》一書中認為：「老莊的一些言論看似在反對仁義，而實際上，老莊不僅不反對仁義，而且還提高了行仁行義的標準。」〔註68〕張先生將老莊的仁義觀看成是對儒家仁義觀的一種「同方向的超越」。還有陳鼓應先生以竹簡本《老子》為依據，認為儒道學派對立的觀點應是戰國中後期才出現，老子與孔子一樣都注重基本的道德行為，故而老子並不反仁義。〔註69〕

通行本《道德經》原文中確實存在一些看似老子反「仁」的語境，如常為後人所引證的「絕仁棄義」、「天地不仁」等。那麼在進行具體的討論之前，首先必須明確《道德經》文本中「仁」的內涵是否是單一的？在《道德經》一書中，老子談「仁」的地方共有五處，分別是文本的第五章、第八章、第十八章、第十九章和第三十八章，雖然不多但卻足以明確老子對「仁」的基本態度。問題是老子在這五處所提到的「不仁」、「絕仁」、「仁義」、「上仁」、「善仁」是否都是屬於同一維度的內容？問題顯然沒有那麼簡單，在《論語》中孔子往往將「仁」與「恭」、「信」、「寬」、「敏」、「惠」、「恕」、「孝悌」等人倫範疇相聯繫，而其基本內涵則是「仁者愛人」，可見儒家之「仁」的內涵始終在人倫道德範圍內。而老子之學說是以「道」為核心，而「道」顯然是超道德，超倫理的存在，因而兩者並不在一個層面上。一味以《道德經》中看似反「仁」的語句來理解老子的「仁」只能得出儒道之間的拒斥。而林兆恩始終以「三教合一」作為其思想核心，因而他從「三教合一」的角度來理解老子的學說，因而《道德經釋略》中表現出以一種同向超越的學理路徑來理解「道」與「仁」之關係。同時，林兆恩以「不仁為至仁」為據，從而得出了老子之學不異於儒家之學的結論。

一、道大而仁小

在《道德經釋略》中「仁」內涵的闡發是基於「仁」與「道」的內在關係。林兆恩是以「道」觀「仁」，由此提出了「道大而仁小」的觀點。他認為「道」的體系是包含「仁」的，兩者之間並非相互拒斥，而「仁」正是由「道」所出。《道德經釋略》中直接涉及「仁」與「道」關係章節主要是第十八章與第三十八章，其原文內容如下：

〔註68〕張松輝著：《老子研究》，北京：人民出版社，2009 年，第 198 頁。
〔註69〕陳鼓應：《從郭店簡本看〈老子〉尚仁及守中思想》，《老莊新論》（修訂版），北京：商務印書館，2008 年，第 84 頁。

　　大道廢，有仁義。智慧出，有大偽。六親不和，有孝慈。國家
昏亂，有忠臣。〔註70〕

　　故失道而后德，失德面後仁，失仁而後義，失義而後禮。夫禮
者，忠信之薄，而亂之首。前識者，道之華，而愚之始。是以大丈
夫處其厚，不處其薄；居其實，不居其華。故去彼取此。〔註71〕

　　這兩章都是直接涉及「仁」與「道」關係之章節，而且這兩處「仁」的內涵都是在人倫道德範圍內來談的。通過仔細分析可以發現，這兩個章節所提到的「仁義」和「上仁」的語境往往與「孝慈」、「禮」、「忠信」等道德範疇一起使用，可見此中語境所討論的「仁」的內涵應該也是屬於同一層次，亦即一般人倫意義上的「仁」。通過對這兩章內容的注解，林氏提出了「道大而仁小」之觀點，這一命題實則包含「仁」與「道」的雙重關係：第一，「道」高於「仁」、第二，「仁」由「道」而出。林兆恩通過此雙重關係之詮釋，為化解老子反「仁」的學理路向提供了理論基礎。

　　首先，回歸到第十八章中「仁」與「道」關係的語境。林兆恩提出：「儒者言仁義即道，以道不越於仁義也；老子別仁義與道者，以道大於仁義也」〔註72〕，在他看來儒道兩家對「仁」與「道」關係的不同理解造成了兩家學說的差異。在儒家的體系中「道」是依附於「仁義」的，因而「道不越仁義」，而在老子的系統中「道」的層次顯然是高於「仁」的，故「道大而仁小」。那麼「道」何以大於「仁」呢？且看他的注解，正如其曰：

　　《集解》：「昔老子之言，以道為至；儒學之言，以仁義為至。儒學之紕老子者，此其最先者也。竊嘗論之：道者無為而自然，天之道也；仁義者，有為而後然，人之道。道者太極，仁義陰陽乎？陰陽雖大，必有始也；仁義雖美，必有所宗。道者，無方無體，無為無名，而無所不為者也。仁義者，有名有跡，各有所宜，而不能相為者也。」〔註73〕

〔註70〕林兆恩撰：《道德經釋略》第十八章，《林子三教正宗統論》，北京：宗教文化出版社，2016年，第582頁。

〔註71〕林兆恩撰：《道德經釋略》第三十八章，《林子三教正宗統論》，北京：宗教文化出版社，2016年，第599～600頁。

〔註72〕林兆恩撰：《道德經釋略》第十八章，《林子三教正宗統論》，北京：宗教文化出版社，2016年，第583頁。

〔註73〕林兆恩撰：《道德經釋略》第十八章，《林子三教正宗統論》，北京：宗教文化出版社，2016年，第582頁。

　　要理解「道」與「仁」的關係，首先必須釐清林兆恩對「道」的理解。大體而言林氏繼承了老子「道」的體系，他認為：「常者，不變不滅之謂。真常之道，體本虛無，不受變滅，故不可以言語形容，不可以名狀指擬」〔註74〕、「自本自根，生天生地，固曰『天地之始』」〔註75〕，因而「常道」是作為萬物本原的最高存在，它是無名無形、自本自根的，此論上文已詳言之。所以林兆恩認為作為最高本體的「道」是不可名狀的，而「仁義」則落於名言，因而「道」的層次顯然是高於「仁義」的。而就存在的方式而言，「道」是自然無為的，而「仁義」則是後然人為的，所以「道」無所不為，而「仁義」則是有限的。因而他將「道」比喻成「太極」而將「仁義」比喻成「陰陽」，故而「仁義」以「道」為宗。

　　其次，再來看第三十八章中「仁」與「道」的關係，在此章中林兆恩就老子文本中「道」、「德」、「仁」、「義」、「禮」五者的關係提出了新的見解。對於《道德經》原文中的反「仁」語境，林氏首先提出了一連串的反問，其言曰：

　　　林子曰：「何以謂之失道而后德？豈非行道有得之謂德與？何以謂之失德而後仁？豈非其無所得於德，而仁則著乎其外與？至於仁不足焉，則託義之名以宜之；義不足焉，則借禮之文以飾之。豈非其內無實德，而仁則為非仁之仁，義則為非義之義，禮則為非禮之禮與？」〔註76〕

　　林兆恩認為「德」之內涵為「行道有得」，即得到「道」的某種東西，是「道」在具體的物上的展現和表達，所以「德」不離「道」。他又進一步指出若是將「仁」排除在「德」之外，那麼「仁」就「無所得於德」。其內無「德」則「仁」也就無法稱之為「仁」了，因而「仁」不能脫離「德」而存在。同理，按林氏的解釋「義」也離不開「仁」，而「禮」則離不開「義」。所以「道」、「德」、「仁」「義」、「禮」這五者並非是完全割裂的關係。基於這五者的關聯性，林兆恩進一步提出了「五者為一」的理解模式，正如他所言：

　　　《集解》：「程子曰『失道而後德，失德面後仁，失仁而後義，

〔註74〕　林兆恩撰：《道德經釋略》第一章，《林子三教正宗統論》，北京：宗教文化出版社，2016年，第563頁。

〔註75〕　林兆恩撰：《道德經釋略》第一章，《林子三教正宗統論》，北京：宗教文化出版社，2016年，第563頁。

〔註76〕　林兆恩撰：《道德經釋略》第三十八章，《林子三教正宗統論》，北京：宗教文化出版社，2016年，第600頁。

失義而後禮。則道德仁義禮，分而為五也。』竊謂老子此言，所以
究道德之終始，而著其厚薄之漸也。語其始，則一本而以；及其終
也，去本寖遠，而為德寖異矣。」〔註77〕

　　林兆恩認為老子此言之意乃是為了追溯「道德」之始終，從根本上來說
「道」、「德」、「仁」、「義」、「禮」五者實為「一」，所謂的「一」即是「道」，
而「道」在具體的顯現中又呈現為不同的形態，因而產生了「德」、「仁」、「義」、
「禮」四者。這五者雖然同出一源，但顯然「道」是屬於最高層次，最根本的，
其餘四者都是由「道」而出。林兆恩此說實則是將「仁」納入了「道」之體系，
這就為他詮釋老子「仁」的內涵提供了理論基礎。

二、先道德後仁義

　　在明確了「仁」與「道」的關係後，而就《道德經》原文中「絕仁」的
語境，林兆恩提出老子並不是要反對儒家的「仁義」之學，老子之學是本著
「先道德而後仁義」的宗旨展開的，故而老子真正所反對的乃是「以非仁之
仁以為仁」〔註78〕，即假借「仁」之名而行「非仁」之實。回到《道德經》
中關於「仁」的討論，可以發現作為道德意義上的「仁」往往以正反兩種形
態出現，正面的語境有：「上仁」、「善仁」，而反面的語境則有：「大道廢，
有仁義」、「絕仁棄義」。以下將由正反兩種語境來闡述林兆恩對老子之「仁」
的理解。

　　首先，《道德經》中關於「仁」的正面的語境，主要涉及第八章與三十八
章的內容，其原文如下：

上善若水，水善利萬物而不爭。處眾人所惡，故幾於道矣。居
善地，心善淵，與善仁，言善信，政善治，事善能，動善時。夫唯不
爭，故無尤。〔註79〕

上德不德，是以有德。下德不失德，是以無德。上德無為，而
無以為；下德為之，而有以為。上仁為之，而無以為；上義為之，

〔註77〕林兆恩撰：《道德經釋略》第三十八章，《林子三教正宗統論》，北京：宗教文
　　　　化出版社，2016年，第601頁。
〔註78〕林兆恩撰：《道德經釋略》第十八章，《林子三教正宗統論》，北京：宗教文化
　　　　出版社，2016年，第582頁。
〔註79〕林兆恩撰：《道德經釋略》第三十八章，《林子三教正宗統論》，北京：宗教文
　　　　化出版社，2016年，第572～573頁。

而有以為。上禮為之而莫之應，則攘臂而仍之。〔註80〕

　　這兩個章節中提出了「善仁」與「上仁」的概念。而關於第八章的內容，林兆恩主要引《淮南子》《集解》和《老子億》中的注解來闡釋，其本人並沒有太多的論述。但從他所引用的內容來看，應該也真實反映了林兆恩本人的思想。以下為其注解的內容：

　　　　《集解》：「不爭處下，厚之至也。生而不有，為而不恃，功成而不居者，道也。如水者，可謂庶幾於道矣。」〔註81〕

　　　　《淮南子》曰：「天下之物，莫柔弱於水。然而大而不可極⋯⋯富贍天下而不既，德施百姓而不費。按淮南之說，實推廣善利萬物之義也。」〔註82〕

　　　　《老子億》：「此詳言若水之事，隨寓而安，不分夷險，居善地也⋯⋯平等行慈，無所簡擇，與善仁也⋯⋯進退存亡，不失其正也。」
〔註83〕

　　《道德經》第八章主要講述「上善若水」，老子以「水」之品質來象徵理想的德性。林兆恩認為此章所要發明之義乃是要推廣像水一樣善利萬物的美德。此中所提到的「善仁」，林氏以《老子億》中的「平等行慈，無所簡擇」來解釋，所以「善仁」顯然是說在與人交往的時候要有「仁愛」之心，故而這是老子對「仁」的肯定。而在第三十八章中老子提出「上仁為之，而無以為」，林兆恩同樣引用《集解》的內容對其進行注釋：

　　　　《集解》：「上仁，薰然慈仁，泛愛兼利。然至誠惻怛，猶無所為而為之也。故曰上仁為之，而無以為。」〔註84〕

　　林兆恩認為老子所說的「上仁」乃是指「慈仁」、「泛愛」，這顯然也是對「仁」的正面肯定。但在老子的體系中「道」才是最高的存在，「無為」

〔註80〕林兆恩撰：《道德經釋略》第三十八章，《林子三教正宗統論》，北京：宗教文化出版社，2016年，第599頁。

〔註81〕林兆恩撰：《道德經釋略》第八章，《林子三教正宗統論》，北京：宗教文化出版社，2016年，第572頁。

〔註82〕林兆恩撰：《道德經釋略》第八章，《林子三教正宗統論》，北京：宗教文化出版社，2016年，第572頁。

〔註83〕林兆恩撰：《道德經釋略》第八章，《林子三教正宗統論》，北京：宗教文化出版社，2016年，第573頁。

〔註84〕林兆恩撰：《道德經釋略》第三十八章，《林子三教正宗統論》，北京：宗教文化出版社，2016年，第599頁。

是「道」之自然運行的結果，所以這裡所說的「上仁無以為」，顯然是指「上仁」是模仿「道」之運行的結果。因而，「上仁」是一種出於自然而然的大仁愛，這恰恰也符合老子「宗道德」的學說主旨。總之，從正面的語境出發，林兆恩大體發揮了老子對「仁」的肯定，認為老子同樣是贊同「仁義」的。

其次，再來看「仁」的反面語境，一般學者認為老子反「仁」的觀點往往都是從這些反面的語境出發。這種觀點自古以來就一直存在，正如林兆恩所指出的，「又議者咸曰：『仁義禮法，聖人治天下之具也。老子之學，乃欲棄仁義，絕禮法，使其說行，天下惡得不亂乎……其禍出於祖述老子之道故也。』」〔註85〕此種觀點乃是出於儒家立場對老子之學的反駁，認為老子「棄仁義」、「絕禮法」的學說造成了天下的混亂。林兆恩本人雖也是出身儒門，在其三十歲之前一直以科舉為其志向，可以說他本身也保留了極重的儒生氣，但他卻認為這種看法是對老子學說的一種誤解。他提出：「夫老子之學，所以棄仁義，絕禮法者，而豈徒哉？其棄仁義，將以宗道德也；其絕禮法，將以反忠信也。」〔註86〕老子「棄仁義」的根本目的還是在於「宗道德」，而世人只見其「棄仁義」卻不見老子以「道德」為宗的追求，由此造成了對老子學說的誤解。

既然老子以「道德」為宗，那麼為什麼要通過「棄仁義」的方式來實現呢？基於「仁」與「道」的內在聯繫，林兆恩對《道德經》原文中第十八章和第十九章中反「仁義」的語境進行了具體的闡釋，他認為老子「棄仁義」的原因有二。

第一，林氏認為《道德經》所批判的「仁義」乃是假借「仁義」之名的「非仁」、「非義」，並非是儒家所倡導的「仁義」。正如林兆恩所注解的：

> 林子曰：「何以曰大道？何以曰仁義？何以曰大道廢而有仁義乎？蓋聖人之教，本大道而行仁義；而後世之學，為仁義而廢大道。孟子曰：『由仁義行，非行仁義也。』《集解》有之：仁義已根於心，而所行皆從此出，非以仁義為美，而後勉強行之。其曰根心而出者，豈非其不安排擬議出乎性而以利為本與？而曰勉強以行之者，又豈

〔註85〕林兆恩撰：《道德經釋略》第三十八章，《林子三教正宗統論》，北京：宗教文化出版社，2016年，第602頁。

〔註86〕林兆恩撰：《道德經釋略》第三十八章，《林子三教正宗統論》，北京：宗教文化出版社，2016年，第602頁。

非楊子為我以為義，墨子兼愛以為仁，告子戕賊人以為仁義，有以
為之而失之鑿與？《中庸》曰：『天命之謂性，率性之謂道。』由是
觀之，道原於性矣，性原於命矣；原性原命，謂之非大道而何？若
也不知性命之微旨，不知道德之要妙，而以非仁之仁以為仁，非義
之義以為義，則亦不免失之鑿，而落於意見之偏，其不為楊墨告子
之仁義者幾希，而大道從此廢矣！」〔註87〕

林子曰：「老子之所以絕仁棄義者，豈非以其非仁之仁，非義之
義與？」或者疑之。林子曰：「老子之意，以為我而道德矣，則當仁
而自仁，當義而自義，何以棄絕仁義為哉？然則非仁之仁，非義之
義，而孔孟則固與之邪？必不然矣。」〔註88〕

在此，林兆恩引用儒家經典《中庸》並提出「原性原命」即是「大道」。
他認為真正的聖人之學是「本大道而行仁義」，大道根植於心中，因而「仁義」
的發用乃是順乎自然的結果，而非是出於功利之心，這正是孟子所說的「由
仁義行」，而後世學者則是「為仁義而廢大道」，因而林兆恩認為老子所批判
的對象並非是儒家的「仁義」，而是那些「行仁義」之人。他將「大道廢」的
原因歸結為楊墨告子等人，認為楊朱的「為我以為義」，墨子的「兼愛以為仁」
以及告子的「戕賊人以為仁義」的學說導致了「非仁之仁」、「非義之義」，而
這正是儒道兩家所厭棄的。事實上，在禮崩樂壞的春秋戰國，「假仁假義」幾
乎成了統治者謀取利益的必備手段，正如張松輝先生所指出的，「正因為推行
仁義有諸多好處，所以一些聰明的統治者就假仁假義，行自私之實，於是，
仁義就成了玩弄陰謀的工具」〔註89〕。莊子也曾在《胠篋》篇大呼「諸侯之
門，仁義存焉」〔註90〕，莊子的意思顯然是指「仁義」成了掌握權力的諸侯
的玩物，這也說明了那個時代「仁義」的淪喪。因而老子對「仁義」的反對
實則象徵著對人類道德陷落的批判。所以林兆恩將老子反對的「仁義」歸結
為「非仁之仁」、「非義之義」是有一定的道理的。老子是「當仁而自仁，當

〔註87〕林兆恩撰：《道德經釋略》第十八章，《林子三教正宗統論》，北京：宗教文化
　　　　出版社，2016年，第582頁。
〔註88〕林兆恩撰：《道德經釋略》第十九章，《林子三教正宗統論》，北京：宗教文化
　　　　出版社，2016年，第584頁。
〔註89〕張松輝著：《老子研究》，北京：人民出版社，2009年，第196頁。
〔註90〕郭慶藩著：《莊子集釋》，北京：中華書局，1961年，343頁。

義而自義」，因而老子和孔孟一樣「不棄仁義」。

　　第二，林氏認為：「夫老子之書，未嘗不以仁義為美，特以為非美之至耳。」〔註91〕老子雖然以「仁義」為美，但「仁義」之上尚有「道德」，因而為了復歸更高層次的「道德」所以要「棄仁義」。且看他對《道德經》第十九章中「絕仁棄義」語境的闡釋：

> 　　或問「絕仁棄義，民復孝慈」何謂也？林子曰：「獨不觀之《論語》乎？孝悌也者，其為仁之本與？又不觀之孟子乎？仁之實，事親是也；義之實，從兄是也。夫老子曰『先道德而後仁義』，非以仁義而不為美，而固後之也。蓋仁義乃道德之所從出也，不謂之所性，仁義之根與心邪？余亦曰先道德而後孝慈，非以孝慈不為美而固後之也。蓋孝慈乃道德之所從出也，不謂之所性，孝慈之根於心邪？夫孝慈仁義，雖皆本於道德之所從出者，然孝慈本也，實也。而曰民復孝慈，以惇本也，以貴實也……由是觀之，老子之學，何嘗與孔孟異邪。」〔註92〕

　　林兆恩從儒家的「仁義」觀出發，認為「仁」的實際內涵強調的是事親，而「義」的實際內涵強調的是「從兄」，所以「事親」與「從兄」的行為才是「仁義」之根本。因而他認為老子強調「先道德而後仁義」，並非是認為「仁義」不美，相反老子強調的是「仁義」的根本。老子要求「仁義」出於「道德」，實際是強調對「仁義」的踐行，這也就是《道德經》中所謂的「是以大丈夫處其厚而不處其薄，居其實而不居其華。故去彼取此。」〔註93〕「道德」是不落名言的，是「厚」，是「實」；而「仁義」則是可名可言的，是「薄」，是「華」。所以林兆恩認為相比於「仁義」的名號，老子更加注重「仁義」的實際踐履，「先道德而後仁義」乃是為了復歸更高層次的「仁義」，這種「仁義」才是儒道兩家所共同追求的。由此觀之，林氏認為老子之學與孔孟一樣都強調「由仁義行」。

〔註91〕林兆恩撰：《道德經釋略》第十八章，《林子三教正宗統論》，北京：宗教文化出版社，2016年，第583頁。

〔註92〕林兆恩撰：《道德經釋略》第十九章，《林子三教正宗統論》，北京：宗教文化出版社，2016年，第584頁。

〔註93〕林兆恩撰：《道德經釋略》第三十八章，《林子三教正宗統論》，北京：宗教文化出版社，2016年，第600頁。

三、孔子不仁而至仁

　　《道德經》文本中除了以上所提到的「絕仁」、「仁義」、「上仁」、「善仁」還有一種特殊的「仁」即「不仁」。「不仁」出現在《道德經》第五章中，不同於以上所提到的「仁」，「不仁」出現的語境是與「天地」和「聖人」相聯繫的。因而「不仁」的內涵不同於道德範疇的「仁義」，它是超道德的，正如學者黃梓根所指出的：「老子『仁』基於『法自然』的哲學邏輯，是一種理性、自然的『大仁』，可以描述為『仁而不以為仁』」〔註94〕。林兆恩在《道德經釋略》中同樣認為「不仁」乃是一種「大仁」，他提出老子所說的「不仁」是指「不自以為仁」，因而「不仁」是與「道」相合的。由此林氏進一步提出「不仁為至仁」的觀點，並將「不仁」的內涵賦予到儒家的「仁義」中。以下為《道德經》第五章原文的內容：

> 　　　　天地不仁，以萬物為芻狗；聖人不仁，以百姓為芻狗。天地之間，
> 　其猶橐籥乎？虛而不屈，動而愈出。多言數窮，不如守中。〔註95〕

　　首先來看「不仁」概念的語境，「不仁」的提出是與「天地」與「聖人」相聯繫的。林兆恩認為：「大抵老子五千言，蓋以言道德之無所於為。而天地聖人，原與道德相為渾融焉者也，則亦何美何惡，何善何不善之有哉？」〔註96〕在他看來整部《道德經》是圍繞著闡發「道德」無為的主旨，而「天地」與「聖人」是與「道」相合的。「道德」本身具有超越性，不是可名可言之物，因而與「道德」渾融的「天地」和「聖人」亦具有超越性，正如林氏所謂無所謂美與惡，亦無所謂善與不善，這就意味著「不仁」概念的使用本身具有超道德的意味。如此，回到林兆恩對「不仁」語境的詮釋，林氏對此章進行了大篇幅的注釋，正如他所言：

> 　　　　林子曰：「天地曰：我何以能生萬物哉？而其所以生之者，非我
> 　也，道也；我何以能畜萬物哉？而其所以畜之者，非我也，德也。
> 　則是天地且不自以為道，自以為德矣，而況煦煦焉以仁之邪？聖人
> 　曰：我何以能生百姓哉？而其所以生之者，非我也，道也；我何以

〔註94〕黃梓根：《老子自然之「仁」的理論邏輯及其現實意義》，《湖南大學學報》（社會科學版），2020 年第 6 期。

〔註95〕林兆恩撰：《道德經釋略》第五章，《林子三教正宗統論》，北京：宗教文化出版社，2016 年，第 567～569 頁。

〔註96〕林兆恩撰：《道德經釋略》第二章，《林子三教正宗統論》，北京：宗教文化出版社，2016 年，第 565 頁。

能畜百姓哉？而其所以畜之者，非我也，德也。則是聖人且不自以為道，自以為德矣，而況煦煦焉以仁之邪？」〔註97〕

　　林子曰：「不曰天地不自以為仁也，而萬物亦且以天地為不仁矣。道生之，德畜之，萬物得而知之乎？惟其不得而知之，故其不得而仁之。此天地之所以不仁，而天地之所以為大也。不曰聖人不自以為仁也，而百姓亦且以聖人為不仁矣。道生之，德畜之，百姓得而知之乎？惟其不得而知之，故其不得而仁之。此聖人之所以不仁，而聖人之所以為大也。」〔註98〕

　　林兆恩首先模仿天地的語氣作了這樣一段自問自答，「天地」認為生成和畜養萬物的並不是自己而是「道生之，德畜之」。「道生之」乃是從萬物的生成本原意義上來說的，而「德畜之」有畜養、孕育的意思，是從萬物具體的形成過程來說的。所以說「天地」只是順應了「道」與「德」的規律，而「聖人」同樣只是順應了「道生之，德畜之」的原則。因而「天地」和「聖人」都不認為自己有「仁」於萬物和百姓。接著林氏進一步提出不僅僅是「天地」和「聖人」不認為自己有「仁」於萬物和百姓，而且萬物和百姓同樣意識不到「天地」和「聖人」有「仁」。在林氏看來這種「不得而仁之」的「不仁」乃是一種「無為」的境界，所以「天地」和「聖人」才為「大」。在《道德經》中「大」是老子用於形容「道」的用語，老子認為「道」是不可名的，但若是一定要描述它則勉強稱其為「大」。所以「不仁為大」指的就是「天地」、「聖人」與「道」冥合。

　　由此，林兆恩進一步提出「不仁為至仁」的思想，正如他所言：「余於是而知天地之不仁，天地之至仁也」〔註99〕，然何以謂「不仁為至仁」呢？如前所述「不仁」指的是順乎「道」之自然，與「道」冥合。在林氏看來所謂「天地不仁，以萬物為芻狗。」的意思是指「故物之生也，天地不知也；至於死也，天地不知也。」〔註100〕看似是「天地」生萬物，但實則「天地」

〔註97〕林兆恩撰：《道德經釋略》第五章，《林子三教正宗統論》，北京：宗教文化出版社，2016年，第567頁。
〔註98〕林兆恩撰：《道德經釋略》第五章，《林子三教正宗統論》，北京：宗教文化出版社，2016年，第567頁。
〔註99〕林兆恩撰：《道德經釋略》第五章，《林子三教正宗統論》，北京：宗教文化出版社，2016年，第569頁。
〔註100〕林兆恩撰：《道德經釋略》第五章，《林子三教正宗統論》，北京：宗教文化出版社，2016年，第569頁。

只是遵從「道」的運行準則，所以「天地」是無心亦無知的，這就是程子所謂的「天地無心而成化」〔註101〕。「道在天地，天地不知也，道不知也；道在聖人，聖人不知也，道不知也。」〔註102〕所以「道」是一種自然而然且不可得而知的存在。因而「道」在「天地」而生化萬物，「天地」不知，「道」亦不知，這幾乎是一種順應本能的自然行為。林氏認為這種順應自然的過程本身乃是一種「至仁」，它超越了一般意義的道德範疇，而呈現出一種無功利的自然狀態。

如此來看「不仁為至仁」的思想中包含著對一般「仁義道德」的超越，似乎是老子的「仁」比儒家的「仁」境界更高，但林兆恩指出「不仁為至仁」的思想不僅僅是老子所獨有的，他認為孔子也有此種觀點。正如其所言：

> 林子曰：「老子之教，何嘗與孔子異邪？孔子曰：『四時行焉，百物生焉。』至於隕霜不殺，《春秋》書之，豈不以四時自行，百物春生，天地無心也；又豈不以隕霜應殺，草木秋凋，天地無心也。夫孔子一天地也，天地之間，人民何其眾也。孔子亦惟高明以覆之，博厚以載之而已。故能盡天下之老者而安之，而老者亦不知其所以安也；盡天下之少者而懷之，而少者亦不知其所以懷也。程子所謂天地化工，付與萬物，而己不勞焉，聖人之所為也。《中庸》曰：『舟車所至，人力所通。天之所覆，地之所載，日月所照，霜露所隊。凡有血氣，莫不尊親。』則孔子何嘗身履其地，而照照以必仁之也？此孔子之不仁而至仁，以與老子不異也。」〔註103〕

林兆恩認為以孔子為代表的儒家也強調順應自然，所以《春秋》中「四時自行，百物春生」的意思就是強調「天地」的自然化生。林氏又引用程子的言論，認為孔子乃是「一天地」，孔子的氣象乃是與天地氣象所同，因而其所作所為完全是如天地的自然變化，任由萬物自己化生，而他則處於無為的狀態之中，所以其自身是渾然自適的。正因為孔子是順應自然之理，所以他才能「盡天下之老者而安之」，「盡天下之少者而懷之」。林兆恩認為孔子的此

〔註101〕 林兆恩撰：《道德經釋略》第五章，《林子三教正宗統論》，北京：宗教文化出版社，2016 年，第 569 頁。

〔註102〕 林兆恩撰：《道德經釋略自序》，《林子三教正宗統論》，北京：宗教文化出版社，2016 年，第 559 頁。

〔註103〕 林兆恩撰：《道德經釋略》第五章，《林子三教正宗統論》，北京：宗教文化出版社，2016 年，第 568 頁。

種境界正是「不仁」，這種「不仁」是對天地萬物的「至仁」，所以說「孔子之不仁而至仁」。林兆恩看到了儒道兩家都不僅僅局限於一般的仁義道德，而是從更廣闊的天地萬物的視角來理解「仁」的內涵，因而他認為老子之教與孔子無異。

綜上而言，林兆恩認為老子的「仁」學觀乃是根植於其「道」的體系，因而他從「道」的高度出發來理解「仁」的內涵，以「道」觀之，「仁」是包含在「道」之內的。他指出老子之學乃是「先道德而後仁義」，因而其學「不棄仁義」。而《道德經》中老子所批判的「仁」並不是儒家之「仁義」，而是如楊墨告子之類的「非仁」。同時林兆恩又提出「不仁為至仁」的觀點，他認為《道德經》中所言的「不仁」乃是順應「道」之自然。它是對一般道德意義「仁」的超越，是一種出乎自然的「至仁」。通過對「仁」內涵的詮釋，林兆恩在學理層面將儒道兩家的義理進行融匯，最終得出了「老子之學，何嘗與孔孟異邪？」〔註104〕的結論，由此會通儒道之學。

第四節　大身與肉身——身論

老子哲學的內涵極其豐富，在關於老子哲學諸多範疇的討論中，「身」的範疇無疑同樣具有極其重要的意義。而林兆恩在其所著的《道德經釋略》中除了對「道」、「無為」、「仁義」等諸範疇進行了細緻的詮釋以外，他特別對老子哲學中「身」的範疇進行了闡發。不同於歷史上的「貴身」說與「無身」說，林兆恩明確地對老子語境中的「身」進行了一定的釐清。林氏區別了兩種意義上的「身」，他認為《道德經》中「身」的範疇具有雙重內涵，對應著兩種不同的價值主體，即「世人之身」與「聖人之身」。「世人之身」對應著所謂的「形骸之身」亦即肉身，而「聖人之身」乃是「非身大身」也可以稱之為道身。因而「身」範疇的雙重性不僅意味著「身」範疇本身內涵的差異，也意味著「身」所代表的主體的差異。通過這一思想脈絡再回到林氏對《道德經》第十三章的詮釋，可以發現林氏對《道德經》第十三章的詮釋實際上既非「無身」說亦非「貴身」說，其中貫穿了修身以治天下的主張，因而更加趨向於「無身」以「貴身」說。

〔註104〕林兆恩撰：《道德經釋略》第十九章，《林子三教正宗統論》，北京：宗教文化出版社，2016年，第584頁。

一、學界對老子之「身」的理解

目前學界對《道德經》主要概念的研究集中在「道」、「無為」、「自然」等，這些概念無疑是關涉老子哲學的重要範疇。但老子哲學所關涉的智慧之思並不僅僅局限於「道」，更在於「以道觀人」。在《老子》文本所涉及的諸多範疇中，「身」無疑是理解老子關於「人」思想的重要範疇。按照陳鼓應先生《老子今注今譯》本為據，《道德經》文本中「身」總共出現了 23 次，分布於第七章、第九章、第十三章、第十六章、第二十六章、第四十四章、第五十二章、第五十四章和第六十六章。歷來就有不少學者對「身」範疇進行釋義，但由於《道德經》文本中「身」內涵的豐富性與含混性，學者們形成了諸多不同的見解。尤其以第十三章的釋義最為顯著，學界形成了「貴身」說、「無身」說、「無身」以「貴身」說乃至於「貴身」以「無身」說等多種觀點。但無論是何種觀點，都足以說明老子對「身」範疇的重視。現將學界關於老子「身」的研究概述如下：

第一，強調「無身」說。此一說法，古已有之，以漢代河上公、唐代成玄英、北宋王雱等為代表。河上公本釋義中就認為：「吾所以有大患者，為吾有身。有身則憂其勤勞，念其飢寒，觸情縱慾，則遇禍患也。使吾無有身體，得道自然，輕舉升雲，出入無間，與道通神，當有何患。」〔註105〕河上公的說法，顯然是按照兩漢道教修仙之說對老子之學的演繹，其中所強調的「無身」指的是人的軀幹即肉身。而近人持此說者亦不在少數，以高亨、鄧聯合、張松如、詹劍峰等為代表。其中高亨先生認為《道德經》第十三章「主要論點是教人不要只顧個人利益……只有大公無私，用盡自己的力量以為天下人，才可以做天下的君長。」〔註106〕按照高先生的理解，所謂「無身」指的是無我，無私之義，也就是說治理天下要秉承「利他主義原則」。而鄧聯合則指出：「質言之，此『身』即處於統治地位的君王難以消除的自是自大、自貴自高的自我意識，或自我中心主義的偏私之我。」〔註107〕按照鄧先生的理解，《道德經》文本中「身」的內涵具有統一性，且並非指形體意義上的肉身，而是一種「自我意識」。由此他認為《老子》第十三章絲毫沒有「貴身」的意思，其中提到的「貴身」說不僅有

〔註105〕 王卡點校：《老子道德經河上公章句》，北京：中華書局，1993 年，第 48～49 頁。

〔註106〕 高亨著：《老子注譯》，北京：清華大學出版社，2010 年，第 31 頁。

〔註107〕 鄧聯合：《〈老子〉第三章愚民說駁議》，《中國哲學史》，2020 年第 5 期。

悖於《老子》全書的思想大旨，更與本章末段的句法文理不合，有「斷句取義」之失。鄧先生主張「無身」說，且將文本中「貴身」與「無身」的矛盾歸結於「斷句取義」之失。其餘類似觀點概不多述，且以上述諸家為代表。

第二，強調「貴身」說。應該說這一論斷也並非新論，王弼、司馬光等人就持此觀點。司馬光就曾提出：「有身斯有患也，然則，既有此身，則當貴之，愛之，循自然之理，以應事物，不縱情慾，俾之無患可也。」〔註108〕從司馬光的理解來看，無疑是偏向「貴身」說。這一說法也得到了不少現代學者的支持，如馮友蘭、任繼愈、楊增新、彭裕商、李零等人。任繼愈先生在解釋老子所謂「貴以身為天下」和「愛以身為天下」時將其理解為把天下看輕而把自己看重和愛自己勝過愛天下〔註109〕。可見，任先生是將老子之「貴身」理解成「輕物重生」主義思想。而彭裕商先生則從訓詁的角度來理解「貴身」，他提出「貴，重也，動詞，此指看重。身，身體。身體乃人之所至重者，今看重大患至於與身體等同，即所謂『貴大患若身』。」〔註110〕他也將「貴身」理解為看重身體。大部分持「貴身」說的學者，都將老子之「身」理解為身體之義。李零先生則更為激進，他提出：「此章，重點是講貴身……它貴身，不是貴修身，而是貴養生（或攝生、護生），認為治國不過是養生的延續，治天下是養生家玩剩下的垃圾。」〔註111〕按照李先生的理解道家的「貴身」不過是一種養生思想罷了。

第三，強調「無身」以「貴身」說。持這一說法的學者認為「無身」表手段義，而「貴身」則表目的義，如劉坤生、劉笑敢等人。劉坤生先生認為，《道德經》本文內所謂的「無身」是指不執著己身，因而老子以「無身」釋「貴身」是一種修身養生的價值追求。因而他提出：「老子『貴身』修身的主張，是通過『無身』，即因任自然，寡欲清淨來實現的」〔註112〕此外劉笑敢認為此章「無身」所指之「身」是世俗利益之身，而「貴身」之「身」是生命真身。由此劉先生提出「以『無身』、『忘身』而『貴身』、『愛身』，以放棄利益糾纏之身而成全生命

〔註108〕轉引自高明撰：《帛書老子校注》，北京：中華書局，1996年，第279頁。

〔註109〕任繼愈著：《老子新譯》，上海：上海古籍出版社，1985年，第87～88頁。

〔註110〕彭裕商，吳毅強著：《郭店楚簡老子集釋》，成都：巴蜀書社，2011年，第419頁。

〔註111〕李零著：《人往低處走——〈老子〉天下第一》，北京：生活·讀書·新知三聯書店，2008年，第61頁。

〔註112〕劉坤生著：《老子解讀》，上海：上海古籍出版社，2004年，第63～65頁。

之真身，這一解釋符合文章本意」〔註113〕。由此觀之，持此說的學者認為《道德經》文本中的「貴身」與「無身」並非矛盾，而一種目的與方法的統一。

第四，強調「貴身」以「無身」說。這一說法乃屬少數學者之論，但畢竟也是一種學術觀點，茲簡單介紹。「貴身」以「無身」說同樣強調目的與手段的統一，但認為「貴身」屬於手段而「無身」屬於目的，正好與上述「無身」以「貴身」說相反。學者羅杏芬指出，第十三張中所謂的「貴身」、「愛身」實際等同於第七章中所謂「後其身」、「外其身」，其意無疑是表手段之義。而「無身」即是復歸於自然，其義合於老子以「道」為根本的原則，所以「貴身」與「無身」乃是手段與目的的統一〔註114〕。

以上幾種觀點基本代表了往近學者對老子「身」內涵的理解，通過對這些觀點的梳理能更好的幫助我們審視林兆恩對老子之「身」的詮釋。對老子「身」範疇的理解之所以存在諸多觀點其根本原因還是在於《道德經》中「身」內涵的模糊性。《道德經》文本中「身」內涵是多重的還是單一的？對「身」的強調究竟是關注養生之道還是強調政治問題？「無身」與「貴身」是矛盾的還是統一的？這些問題正是理解「身」範疇的關鍵，圍繞著以上諸多問題林兆恩在《道德經釋略》中提出了自己的看法。

二、「大身」與「肉身」之辯

首先，關於《道德經》文本中「身」內涵的模糊性問題。老子所謂的「身」，其內涵究竟是單一的還是多元的？這一問題的澄清有助於理解《道德經》第十三章中的「貴身」與「無身」之辯。《道德經》中「身」概念的第一次出現當屬第七章中的「後其身」與「外其身」的語境。而此章中「身」範疇的使用是與聖人相聯繫的，那麼這裡的「身」是否意味著「肉身」之意呢？林兆恩在此章中明確地對老子所謂的「身」進行了一定的判別。林氏區別了兩種意義上的「身」，他提出：「若世之所謂身者，身也。聖人不以其身為身，而聖人之所以身者，大身非身，虛空之本體也。」〔註115〕他認為《道德經》中「身」的範

〔註113〕劉笑敢著：《老子古今——五種對勘與析評引論》上卷，中國社會科學出版社，2006 年，第 180 頁。
〔註114〕羅杏芬：《「貴身」還是「無身」？——老子「貴身」與「無身」的辯證關係探論》，《周口師範學院學報》，2016 年第 3 期。
〔註115〕林兆恩撰：《道德經釋略》第七章，《林子三教正宗統論》，北京：宗教文化出版社，2016 年，第 572 頁。

疇具有雙重內涵，對應著兩種不同的價值主體，即「世人之身」與「聖人之身」。「世人之身」代表著一般人所看重的「身」，它是肉體意義上的身軀；而「聖人之身」則代表聖人所看重的「身」，它是一種「大身」。「大身」的概念是與「虛空本體」相聯繫的，而《道德經》所謂的「本體」概念顯然就是老子的「道」，所以「大身」實際上可以理解為「道身」。

（一）形骸之身——肉身

　　既然林兆恩明確區分了兩種意義的「身」，那麼他所謂的「世人之身」究竟是何含義呢？林氏雖然在《道德經釋略》第七章中提出所謂「世人之身」，但他只是簡單的以「身也」來解釋，其內涵似乎依舊不夠明確。關於「世人之身」的具體內涵可與《道德經釋略》第五十二章相聯繫，林氏在此中對「世人之身」的內涵進行了闡明。正如他所言：「大抵老氏言身，蓋不以形骸之身以為身也。老子又曰：『外其身而身存。』夫曰『外其身』者，是固形骸之身矣。」〔註116〕依照此中解釋，林氏認為「外其身」所指的「身」即是「形骸之身」也就是「肉身」。所以世人所看重的是「肉身」，而老子所看重的則並非是「形骸之身」。林氏認為：「若或以形骸之身為身也，則便落於養生之家矣。」〔註117〕如果將老子「身」的內涵僅僅理解為肉體，那麼老子之學顯然就淪落為一種低下的養生家思想了，而在《道德經》中老子是明確反對肉體對物慾之追求的。

　　那麼為何要反對保養「肉體」呢？老子在《道德經》第十二章與第四十四章中給出了解答。儘管第十二章中沒有明確的出現「身」的字眼，但其中所提到的「五色」、「五音」與「五味」無不是與「身」緊密相關的範疇，以下為第十二章的原文以及林兆恩的注解：

　　　　五色令人目盲，五音令人耳聾，五味令人口爽，馳騁畋獵，令

　　　人心發狂，難得之貨，令人行妨。是以聖人為腹不為目，故去彼取

　　　此。〔註118〕

〔註116〕　林兆恩撰：《道德經釋略》第五十二章，《林子三教正宗統論》，北京：宗教文化出版社，2016年，第611頁。

〔註117〕　林兆恩撰：《道德經釋略》第五十二章，《林子三教正宗統論》，北京：宗教文化出版社，2016年，第611頁。

〔註118〕　林兆恩撰：《道德經釋略》第十二章，《林子三教正宗統論》，北京：宗教文化出版社，2016年，第577頁。

鳩摩羅什曰：「不知即色之空，與聲相空，與盲聾何異？故目不
視惡色，明也；目視惡色而目固在也，不謂之盲於心乎？心盲則目
盲，以其無所見於道也。耳不聽惡聲，聰也；耳聽惡聲而耳固在也，
不謂之聾於乎？心聾則耳聾，以其無所聞於道也。」〔註119〕

在本章中老子明確地反對追求「五色」、「五音」與「五味」等肉體意義上
的享受，認為追求這些物慾的享受只會令人心發狂而妨礙人的行動。而林兆恩
則引用鳩摩羅什的話進一步解釋，他認為過分的追求聲色等外在的享受會造
成「心盲」、「心聾」，由此造成耳目等器官的損失。而一旦耳目等器官受損就
會妨礙「心」對「道」的關照，此說應該也比較符合老子之原意，從這個意義
上來說要反對與肉身相關的物質享受。

那麼反對肉體對物慾的追求是否就意味著老子持「輕身」的觀念呢？《道
德經》第四十四章中提出了「身」與「名」，「身」與「貨」的關係，並且得出
了「知足不辱，知止不殆，可以長久。」（《道德經》四十四章）的觀點，老子
似乎在強調一種養生的觀念。林兆恩在釋此章時援引呂吉甫與薛惠之言對此
作出了解釋：

呂吉甫曰：「烈士之所殉者名也，而至於殘生傷性，則不知身之
親於名也；貪夫之所殉者貨也，而至於殘生傷性，則不知身之多於
貨也。」〔註120〕

《集解》：「名之與身，何者其親乎？何為外身而內名也？身之
與貨，何者其重乎？何為賤身而貴貨也？或得名貨而亡身，或得身
而亡名貨，何者其病乎？何為得名貨而亡其身也？」〔註121〕

首先，林氏引用呂吉甫之言認為之所以有「烈士」與「貪夫」乃是因為他
們一者沉溺於名聲，一者沉迷於財貨。沉溺於名聲的「烈士」為了「名」而傷
害自己的身體，而沉迷於財貨的「貪夫」則為了「貨」而傷害自己的身體。他
們的做法都是不可取的，因而在林氏看來「身」是高於「名」與「貨」的。其
次，他又引薛惠的《老子集解》提出了一系列的反問。「名」與「身」何者親？

〔註119〕 林兆恩撰：《道德經釋略》第十二章，《林子三教正宗統論》，北京：宗教文化
出版社，2016 年，第 577 頁。

〔註120〕 林兆恩撰：《道德經釋略》第四十四章，《林子三教正宗統論》，北京：宗教文
化出版社，2016 年，第 606 頁。

〔註121〕 林兆恩撰：《道德經釋略》第四十四章，《林子三教正宗統論》，北京：宗教文
化出版社，2016 年，第 606 頁。

「身」與「貨」何者重？這些問題的提出在於反對「外身而內名」與「賤身而貴貨」的價值取向，其本質是反對追求這些身外之物。對名利的追求只會造成身體的損傷，因而這裡所表現出來的養生思想，乃是指反對過分的追求名利。由此觀之，「肉身」的特性便是天然的嚮往和追求物慾上的享受，這也是一般世人的價值追求。

（二）超越之身——大身

　　然而《道德經》文本中「身」的理解還有另一種向度，今人學者陸建華認為：「既然人由道生，是道的產物，人之身體就天然地擁有道，在此意義上，人之『身』可以被稱作『道身』，本來就是『道身』」〔註122〕。林兆恩則同樣持此種理解，他認為老子所重視的「身」乃是指「大身」，那麼何謂「大身」之義呢？《道德經》文本中有一個很重要的觀念就是「沒身不殆」，而林兆恩將「大身」之義與之相聯繫，用「大身」來詮釋「沒身不殆」的觀念。「大身」概念的使用首先是區別於世人所追求的「肉身」，而往往與聖人相聯繫。然而「肉身」的概念十分容易理解，這是每個人天生擁有的，那麼「大身」是如何產生的呢？

　　從源頭來考察所謂的「大身」，林兆恩認為：「大身非身，虛空之本體也」〔註123〕，儘管此說似乎過於玄虛，但可以明確的是「大身」一定不是肉體意義的身軀。但「身」的範疇怎麼又會是「本體」呢？事實上，林氏之真意這並不是說「大身」就是「虛空本體」而應該理解為「大身」具有「虛空本體」的特性，所以它能「沒身不殆」。從《道德經》文本內在的邏輯來看，老子之學的形上論依託於「道」論，在老子看來「道」是宇宙萬物的終極本體，也是人類社會的本體，它構成一切價值與意義的根源。從本體論的角度來看，萬物的產生無疑與「道」有著不可分割的關係，從這一點上來說人之「身」也是由「道」而生。那麼林氏所謂的「虛空本體之身」是否是指由「道」而生之「身」呢？且看林氏對此的解釋：

　　　　林子曰：「虛空本體之身，乃釋氏之所謂非身大身者，天且不足以擬其大矣，地且不足以擬其廣矣，故曰非身大身。」屢問。而林

〔註122〕陸建華：《道身與肉身：論老子的身體哲學》，《武漢科技大學學報》（社會科學版），2020 年第 3 期。

〔註123〕林兆恩撰：《道德經釋略》第五十二章，《林子三教正宗統論》，北京：宗教文化出版社，2016 年，第 572 頁。

　　子屢與之言，且至淡旬，尚不能明其義。林子於是不得已，乃以堯
　　舜仲尼養成之氣言之：『堯舜太和元氣，流行宇宙，豈非堯舜有此非
　　身大身，而其氣故能流行於宇宙而無間邪？仲尼浩然之氣，充塞天
　　地，豈非仲尼有此非身大身，而其氣故能充塞於天地而無外邪？莊
　　子曰：『真人之息以踵。』不曰聖人養成之氣，充滿於一身者然乎？
　　邵子曰：『聖人通古今為一息。』不曰聖人養成之氣，充滿於天地古
　　今者然乎？而所謂非身大身者，可概見於此矣。」〔註124〕

　　在此林兆恩援引儒釋道三教之論對秉承「虛空本體」所生之「大身」進行
了具體的闡釋，因而「大身」概念的詮釋也深受其「三教合一」思想的影響。
首先，「大身」的概念本來源自佛教，乃是指滿虛空之大化身。因而林氏從佛
學的角度認為「大身」從空間上來說具有至大的特性，所以天地也不足以比擬
其廣大。再次，他又從儒家「氣本論」的角度來詮釋「大身」，他認為「大身」
如同「太和元氣」亦或是「浩然之氣」充塞於身體、天地乃至宇宙之間，「大
身」又具備「通古今為一息」的特性，所以其在時間維度上亦具有永恆性。如
此看來，林兆恩所謂的「虛空本體」與老子所謂「道」應該是同一概念。因而
所謂的「大身」應該是指秉承「道」而生的「道身」。因其秉「道」而生，所
以無生無滅，故曰「沒身不殆」。

　　如上所述「大身」亦或是「道身」既然不屬於形而下的「肉體」，那麼「大
身」應該理解為某種精神性的存在。臺灣學者陳佩君認為老子所謂的「身」並
非指身體，「而是主體的身份與地位，是一種基於政治社會相對價值標準的主
意識」或「主體自我」〔註125〕。而林氏所言「非身大身，無我真我」〔註126〕，
顯然也是持此種理解路徑，「大身」乃是「真我」之義，而「真我」必然是人
之真性和意識的表現，這種真性本得源於「道」，所以林氏乃曰：

　　此虛靜真常之性，所以歷萬劫而不壞也，故曰久。我既得虛靜
　　真常之性矣，身雖沒焉，而虛靜真常之性，其可得而壞乎？故曰不
　　殆。夫曰久曰不殆者，是乃老子所謂深根固蒂，長生久視之道也。

〔註124〕林兆恩撰：《道德經釋略》第七章，《林子三教正宗統論》，北京：宗教文化出
　　　　版社，2016年，第612頁。
〔註125〕陳佩君：《先秦道家的心術與主術——以〈老子〉、〈莊子〉、〈管子〉四篇為核
　　　　心》，臺灣大學文學院哲學研究所博士學位論文，2008年。
〔註126〕林兆恩撰：《道德經釋略》第五十二章，《林子三教正宗統論》，北京：宗教文
　　　　化出版社，2016年，第611頁。

豈非虛空中，一點性靈，炯炯長存，而與道相悠久而不殆邪？〔註127〕

　　顯然，此中所言之「虛靜真常之性」便是「大身」的核心要義，這種「真常之性」源於「道」所以不可得而壞。「肉身」乃是由具體的「形氣」而產生，故有生有壞，而「大身」則是「一點性靈，炯炯長存」，這種精神性的「大身」是與「道」相冥合的。

　　由此觀之，林兆恩認為老子非但不「輕身」反而是持「重身」的觀念，但老子所重之「身」絕非「肉身」之意。林兆恩區分了兩種意義的「身」，並認為「肉身」天然的追求物慾上的享受，因而過分重視「肉身」的養護只會落於養生之道，老子所重視的乃是「大身」。「大身」概念的展現無疑強調了通過修身來實現對「道」的關照與追求，這一思想立場也符合林兆恩會通三教的根本旨趣。

三、「虛心」與「實腹」之辯

　　林兆恩對「肉身」與「大身」的區別在一定意義上闡明了「身」範疇的豐富意義，那麼如何理解「肉身」與「大身」的對立呢？這無疑牽涉到關於「身」的第二個重要問題，即對「身」的強調究竟是關注養生之道還是強調政治問題？恰如上文所指出的，從根本上來說林兆恩是從儒家的修身治國之道來解悟老子之學的，其本人曾在《大學正義》中說：「《大學》之所謂格致者，格此聲色嗅味而知自致矣；老子之所謂虛無者，無此聲色嗅味而知自虛矣……道之虛無，儒之格物，其旨一也」〔註128〕，所以在林兆恩看來老子的思想與儒家《大學》的思想乃是相契合的，同樣是一種積極的修身治國之道。結合上述林氏對「肉身」的詮釋，顯然他否了作為養生意義的「肉身」，他更加強調通過修身的方法成就「大身」。這一理解無疑是將修身與治國理政相聯繫，所以林氏對「身」範疇的理解顯然還是在政治意義上的。既然是修身那就必然牽涉到工夫涵養，《道德經》中另一對與「身」相聯繫的範疇即是「虛心」與「實腹」之辯，「虛心」與「實腹」關涉「身心」問題，更與修身問題密切相關。

　　既然林兆恩將「身」作為一個政治意義的範疇加以詮釋，那麼不難理解其區分「肉身」與「大身」的根本原因無非在於強調修身的理念。既然是談修身，

〔註127〕林兆恩撰：《道德經釋略》第十六章，《林子三教正宗統論》，北京：宗教文化出版社，2016年，第581頁。

〔註128〕林兆恩撰：《大學正義》，《林子三教正宗統論》，北京：宗教文化出版社，2016年，第710頁。

那麼首先就必須清楚「肉身」與「大身」之根本區別。「肉身」與「大身」都是存在於人身上的,「肉身」是實體而「大身」則屬於精神,但其二者的根本區別還是在於「私欲」。林兆恩在解釋《道德經》第七章的時候認為:

> 老子此章口氣,乃為我相而有私心者道也。其意以為孰無私心,而欲以成其私者眾也,而卒未有能成其私者。故天地不自生,非天地之無私乎?而卒能長且久者,非天地之成其私乎?而後其身而身先,外其身而身存,是聖人之德與天同也。太寧薛氏《集解》,程子有言曰:「老子之言,竊弄闔闢者也。」予嘗以其言為然,乃今觀之,殆不然矣。如此章者,苟不深原其意,亦正如程子之所訶矣。然要其歸,乃在於無私,夫無私者,豈竊弄闔闢之謂哉?〔註129〕

林氏在《道德經》第七章中區分了兩種意義的「身」,並且認為第七章的核心要義在於談無私。也就是說所謂的「外其身而身存」,是由於聖人之德與天同而達到的,而聖人之所以能與天同就在於聖人無私。「聖人之身」所區別於「世人之身」的根本原因在於聖人無「私欲」。身懷「私欲」則是「世人之身」,導致身體對各自物慾的追求;身無「私欲」則是聖人之「大身」,「大身」則「與道冥一」。所以區分「肉身」與「大身」的關鍵在於有無「私欲」。

既然無私是成就「大身」之關鍵,那麼修身的根本工夫就在於如何去除人身之「私欲」,林兆恩特別強調了「虛心實腹」作為聖人的修身工夫。上文已經指出林兆恩對老子之「無為」的詮釋實際是與聖人之修身密切聯繫的,同時林氏指明了「虛心實腹」作為聖人行「無為」的根本工夫。林兆恩認為聖人作為行「無為」的主體,必然也需要通過修身而實現治天下的目標。關於「虛心實腹」作為修身之工夫上文已經詳述,此中不在贅述。

四、「貴身」與「無身」之辯

通過上述的考察明確了林兆恩對老子之「身」的理解與定位,如此再回到《道德經》第十三章中的「貴身」與「無身」之辯。《道德經》第十三章中「貴身」與「無身」的矛盾也是歷來學者所關注的重點,亦是造成「身」範疇內涵模糊的直接原因。稍加留意便可以發現,「身」概念乃是貫穿本章的核心範疇,這也是《道德經》文本中關於「身」範疇的最為重要的章節。而林兆恩通過對

〔註129〕林兆恩撰:《道德經釋略》第七章,《林子三教正宗統論》,北京:宗教文化出版社,2016年,第572頁。

「身」內涵的雙重詮釋，消解了「貴身」與「無身」的矛盾，從而強調了「無身」與「貴身」的統一，這無疑是對老子學說的合理發揮與詮釋。

此章先言「無身」後又言「貴身」必然是有其思想的延續性。首先來看關於「無身」的理解，此章老子以「寵辱若驚」為開章明義，所以對「寵辱」關係的理解必然與後文中「貴大患若身」有貫通性的聯繫。林兆恩首先考察了「寵辱」之辯，他認為：「有寵則必有辱，豈不以辱由寵而生邪？故君子不以寵為寵而以寵為辱者，非所謂寵辱若驚乎？」〔註130〕「寵辱」之間存在著一種因果關係，「有寵則必有辱」，因此「辱」的產生乃是因為有「寵」，此意之理解也符合老子的樸素辯證法。按照這個邏輯，他進一步認為：「有貴則必有大患，豈不以大患由貴而生邪？」〔註131〕也就是說「大患」與「貴」之間同樣存在因果關係，「貴」則會導致「大患」的產生。所以林兆恩認為「貴大患若身」的意思是過分看重「身」則會導致「大患」，那麼這裡所提到的「身」究竟是何意呢？這關係到下文對「無身」的理解，以下為第十三章的前半部分原文與林兆恩對「無身」的注解：

> 寵辱若驚，貴大患若身。何謂寵辱若驚？寵為下，得之若驚，失之若驚，是謂寵辱若驚。何謂貴大患若身？吾所以有大患者，為吾有身，及吾無身，吾有何患？〔註132〕

> 林子曰：「何者謂之身？身也者，身之也。而曰大患若身者，似若以其身，而身此大患也；其曰寵辱若驚者，似若以其寵而取辱也，能無驚乎？」〔註133〕

> 林子曰：「何以謂之為吾有身？有也者，有之也。謂吾之心，而自有其身也。何以謂之及吾無身？無也者，無之也。謂吾之心，而不自有其身也。故自有其身者，不能忘身也。不能忘身，則凡所以貴我以大患我者，而有所不恤矣。不自有其身者，能忘其身也。能

〔註130〕林兆恩撰：《道德經釋略》第七章，《林子三教正宗統論》，北京：宗教文化出版社，2016年，第578頁。

〔註131〕林兆恩撰：《道德經釋略》第七章，《林子三教正宗統論》，北京：宗教文化出版社，2016年，第578頁。

〔註132〕林兆恩撰：《道德經釋略》第十三章，《林子三教正宗統論》，北京：宗教文化出版社，2016年，第578頁。

〔註133〕林兆恩撰：《道德經釋略》第十三章，《林子三教正宗統論》，北京：宗教文化出版社，2016年，第578頁。

忘其身，則凡所以貴我以大患我者，而有所不為矣。」〔註134〕

林兆恩將此中之「身」解釋為「身也者，身之也」，這裡的「身」與下文的「心」相對應，所以應當理解為「肉身」之意。根據「肉身」的意義，再來看林氏引申出的「有身」與「無身」之辯。從這裡所提到「身心」關係來看，林氏無疑是更加重視「心」。所以他認為「有身」指的是養生意義的珍視「肉身」，所以按照林氏的邏輯，必然會推導出如下的關係：「有身」→「不能忘身」→「不恤」→「大患」。如若過分珍視身體則會導致對物質享受的追求，為了滿足自己的物慾那麼人勢必會「不恤」（指沒有顧慮，也就是為達目的不擇手段），如此則一定會招致「大患」。再來看「無身」這個概念，以之前同樣的推導方式來看，必然導出如下的關係：「無身」→「忘身」→「不為」→「無患」。所謂「無身」並非是消除自己的「肉身」或者沒有身體的意思，而是「吾之心，而不自有其身」即「心」不過分看重「肉身」，如此方能「忘身」。「忘」的概念在老子哲學中是有其特殊含義的，莊子曾提出「坐忘」之說，「忘」的意義往往是與「體道」相聯繫的。也就是說所謂的「忘身」是指「內不覺乎一身，外不知乎宇宙，與道冥一，萬慮皆遺。」〔註135〕通過「忘身」而能與「道」合一。「忘身」則能「無知無欲」，所以人心不為「私欲」所遮蔽，如此則「有所不為」。「有所不為」則自然能隨遇而安，所以不會招致「大患」。

通過以上之分析明確了「無身」的意義後，再來看第十三章後半部分所出現的「貴身」思想。以下為第十三章的後半部分原文與林兆恩對「貴身」的注解：

> 故貴以身為天下者，可以寄天下；愛以身為天下者，可以託天下。〔註136〕

> 林子曰：「何以謂之貴以身為天下也，而日可以寄天下？何以謂之愛以身為天下也，而日可以託天下？故我既已貴矣，而能以其身為天下矣，是蓋知有天下而不知有身也。然而斯人也，其不可以寄天下乎？寄也者，寄之也，寄百里之命之寄也。我既為人所愛矣，

〔註134〕 林兆恩撰：《道德經釋略》第十三章，《林子三教正宗統論》，北京：宗教文化出版社，2016年，第578頁。

〔註135〕 林兆恩撰：《道德經釋略》第十六章，《林子三教正宗統論》，北京：宗教文化出版社，2016年，第581頁。

〔註136〕 林兆恩撰：《道德經釋略》第十三章，《林子三教正宗統論》，北京：宗教文化出版社，2016年，第578頁。

　　而能以其身為天下矣，是蓋知有天下而不知有身也。然而斯人也，

　　其不可以託天下乎？託也者，託之也，託六尺之孤之託也。」〔註137〕

　　《道德經》原文中第十三章的後半部分依舊是以「身」作為核心範疇展開，前半部分主要涉及「身」與「大患」的關係而後半部分則涉及「身」與「天下」的關係。思想雖然有一定的連貫性，但其側重點顯然並不一樣。按照林兆恩以儒家修身治國之道來理解老子之學的思路，他所側重的也是發明「身」與「天下」的關係。林氏認為所謂的「貴以身為天下」和「愛以身為天下」乃是指「知有天下而不知有身」。這裡所提到的「身」既然是「已貴」的狀態，那麼必然不是指「肉身」之意而是指「大身」。所以擁有「大身」的聖人治理天下的時候是「不知有身」即無「私欲」，此中所言之意還是在發明第七章所說的「無私」。所以林兆恩認為老子之意是強調將天下託付給沒有私心的聖人去治理。如此，按照林兆恩的理解，「無身」所要否定的「身」乃是「肉身」，而「貴身」所強調的「身」乃是「大身」，因而「無身」與「貴身」之間並不存在明顯的矛盾。可以說「無身」是去除「大患」的手段，而「貴身」則是「無身」的目的，兩者分別是圍繞修身與治理天下展開的，最終又落實到治天下的目的中。

　　通過以上的分析不難發現，林兆恩對「身」範疇的定位始終建立在政治意義上。具體來看，林氏對「身」範疇的詮釋貫穿於三個維度，即「大身」與「肉身」之辯、「虛心」與「實腹」之辯和「貴身」與「無身」之辯。林兆恩將老子之「身」區分為「世人之身」與「聖人之身」，由此形成了形而上的「大身」與形而下的「肉身」的對立。從對「肉身」的貶斥與對「大身」的追求，林氏又以「虛心實腹」作為工夫論貫穿於「肉身」與「大身」，從而強調了修身的必要性。基於對「身」內涵的雙重區分，林氏認為《道德經》第十三章中「無身」所要否定的「身」乃是「肉身」，而「貴身」所強調的「身」乃是「大身」。「無身」是去除「大患」的手段，而「貴身」則是「無身」的目的，兩者分別是圍繞修身與治理天下展開的。可見，林兆恩對老子之「身」的詮釋貫徹了儒家修身治國平天下的理想。

〔註137〕林兆恩撰：《道德經釋略》第十三章，《林子三教正宗統論》，北京：宗教文化出版社，2016 年，第 578 頁。

第四章 《道德經釋略》的詮釋特色與意義

　　如前也曾指出《道德經釋略》一書的詮釋理念乃是基於林兆恩本人的「三教合一」思想，因此其對《道德經》的詮釋並非是為了單純注解老子之思想，而是為了更好地展現其「三教合一」論。在具體的詮釋過程中林氏又援引儒釋道三教經典以及學者之論說，因而其在詮釋過程中特別注重對三教義理的會通。如此在《道德經釋略》中儒釋道三教思想往往被林氏打成一片，相互闡發以證明三教不異之特點。當然從其所引用的具體情況來看，林兆恩在此作中引用範圍最廣的當屬儒家，他尤其注重以儒家思想來會通老子之學，由此也可以看出其「歸儒宗孔」的思想實質〔註1〕。除了以「三教合一」思想來詮釋《道德經》，林兆恩也表現出以道解老的詮釋傾向，即以道教內丹學之理論來注解老子思想，這一致思路徑也反映出其思想中濃厚的道教色彩。《道德經釋略》作為一部注老之作，除了反映出林兆恩本人「三教合一」之思想特色，同時也具有不可忽視的學術史意義。從林兆恩對歷代注老之作的援引來看，特別是薛蕙的《老子集解》與王道的《老子億》二書，其中貫穿著一個重要的時代特色，即對老子學說的正名。宋代儒者，特別是以程朱為代表的理學家，往往以愚民論、權詐說、虛無論等觀點批判老子思想，可以說老子學說並未被儒者所廣泛接受。相比於宋代的老學觀，明代的注老學者，特別是儒家學者則表現出主動

〔註1〕關於林兆恩思想的歸旨，林兆恩明確在《倡大道旨》一文中多次提及「歸儒宗孔」的論述，參見《林子三教正宗統論》第23～28頁。目前學界對林氏的思想定位也基本是將其作為儒家來看。

為老子思想正名的特點，這一詮釋取向也為林兆恩所接受。同時，林兆恩作為陽明後學（廣義而言），其在注老過程中也表現出濃厚的心學色彩，反映出陽明學在道家思想中的展開。這一線索也揭示出明代心學與老學的交涉、融合與會通。

第一節　《道德經釋略》的詮釋特色

總體而言，「三教合一」之立場是《道德經釋略》的整體特徵，一方面林兆恩在詮釋老子思想的過程中大量援引儒家與佛教之思想理論（主要是儒家），由此來會通三教之義理，闡發三教間的一致性。其對三教義理的會通主要涉及以下幾個方面：一，三教不仁、二，三教不爭、三，三教無知、四，對三教生死觀的會通。但另一方面，林兆恩畢竟曾受到道教內丹學的巨大影響，故而他亦常常從道教的角度來闡發老子思想，彰顯出其混合道家、道教的為學特色。

一、三教一致——會通三教義理

林兆恩之「三教合一」思想一方面力證三教同源之論即「道一教三」說，正如他所謂：「夫道一而已，而教則有三」〔註2〕。此說強調三教未分時存在混一之「道」，而這混一之「道」就是儒釋道三教的本體，而「教」則是「道」的不同體現與作用。另一方面，儒釋道三教畢竟代表了三種不同的教化方式，特別是佛教是由印度傳入的異域文明，三教之間的差異是不可否認的。因而，林兆恩試圖在思想理論上調和三教之間的差異，特別是在義理方面的衝突，林氏認為：

> 或問三教之道同歟？林子曰：「其道同，其教異也。故孔子者，以世間法，以語世間人，而儒之教，盡於此矣。若所謂使人綱常以正，倫理以明，禮樂刑政，四達而不悖者，乃其略也；老子者，以出世間法，以語出世間人，而道之教，盡於此矣。若所謂使人清虛以自守，卑弱以自持，一洗紛紜膠轕之習，而歸於靜默無為之境者，乃其略也；釋迦者，亦以出世間法，以語出世間人，而釋氏之

〔註2〕林兆恩撰：《道一教三》，《林子三教正宗統論》，北京：宗教文化出版社，2016年，第11頁。

教，盡於此矣。」〔註3〕

　　林兆恩強調三教是「道」同而「教」異，這個「教」是指教化的方式而言，所以有出世間法與世間法之分。那麼，作為三教之同的「道」是就「心性」之學而言，正如他言：「然教本於道，道本於性，余於是而知能性吾之性以為性，則孔老釋迦之道可得而道。」〔註4〕三教皆屬於「心性」之學，因而三教本身是具有相通之處的。為了凸顯三教之間的一致性，林兆恩特別借助經典詮釋的方法來會通三教義理，這就是其「三教合一」思想中的「三教一致」論。這一立場自然也在《道德經釋略》中有所顯現。他在《道德經釋略》中主要是從以下四個方面來展現「三教一致」的觀點。

（一）三教不仁

　　《道德經》第五章言「天地不仁」，林兆恩提出「不仁為至仁」之致思路徑，立足於「至仁」概念來融匯儒釋道三教關於「仁」的理解。一方面他認為：「夫孔子一天地也，天地之間，人民何其眾也。孔子亦惟高明以覆之，博厚以載之而已……則孔子何嘗身履其地，而煦煦以必仁之也？此孔子之不仁而至仁，以與老子不異也。」〔註5〕認為孔子之「不仁」即是老子所謂「天地不仁」。關於這一解釋，上文已經有較多論述，此中且不再贅言。另一方面他亦曾引用《金剛經》中的思想來解釋「天地不仁」，「《金剛經》曰：『若卵生，胎生，濕生，化生，我皆令入無餘涅槃而滅度之。』則釋迦何嘗遍叩其物，而煦煦以必仁之也？此釋迦之不仁而至仁，以與老子不異也。」〔註6〕他引用《金剛經》中的內容來說明佛教中這種平等滅度萬物的思想即是「天地不仁」。故而，佛教中亦有「不仁而至仁」的思想，此一思想與老子不異。基於對「天地不仁」的詮釋，林兆恩認為儒釋道三教皆是以「不仁」為「至仁」。

（二）三教不爭

　　《道德經》中「不爭」一詞共出現了 8 次之多，分別為：「不尚賢，使民

〔註3〕 林兆恩撰：《立教之異》，《林子三教正宗統論》，北京：宗教文化出版社，2016年，第91～92頁。

〔註4〕 林兆恩撰：《三教合一大旨》，《林子三教正宗統論》，北京：宗教文化出版社，2016年，第3頁。

〔註5〕 林兆恩撰：《道德經釋略》第五章，《林子三教止宗統論》，北京：宗教文化出版社，2016年，第568頁。

〔註6〕 林兆恩撰：《道德經釋略》第五章，《林子二教正宗統論》，北京：宗教文化出版社，2016年，第568頁。

不爭」（第三章）、「水善利萬物而不爭」（第八章）、「夫惟不爭，故無尤」（第八章）、「夫惟不爭，故天下莫能與之爭」（第二十二章）、「以其不爭，故天下莫能與之爭」（第六十六章）、「是謂不爭之德」（第六十八章）、「天之道，不爭而善勝」（第七十三章）、「聖人之道、為而不爭」（第八十一章）。可見，「不爭」在老子哲學中具有廣泛的使用與獨特的意義。老子的「不爭」可以視為一種特殊的「德」，此德的價值取向與老子哲學尚柔的特點具有一慣性。既然老子崇尚「不爭」，那麼「爭」自然是其所反對的，「『爭』的發生以差異和分別的存在為其根源，可以說，差異和分別構成了『爭』的本體論前提」〔註7〕。「爭」的存在是以差異為前提，而林兆恩則提出三教皆是「不爭之教」，他在詮釋第二十二章中「夫惟不爭，故天下莫能與之爭。」時言曰：

> 林子曰：「學以不爭為大。人而自見自是自伐自矜，則亦不免於爭。惟其不自見不自是不自伐不自矜也，則亦何爭之有？釋氏無諍三昧，而孔子曰：『君子無所爭。』由是觀之，不爭之教，三氏之所同也。故《道德》屢言之。」〔註8〕

林兆恩將「不爭」之意釋為「不自見」、「不自是」、「不自法」、「不自矜」，並認為老子所言「不爭」即是釋迦之「無諍三昧」，孔子所謂「君子無所爭」，故而他認為儒釋道三教皆是「不爭之教」。林兆恩以「不爭」來取消三教之間的差異，儘管從教化的側重面來看三教依舊存在世間法與出世間法的分別，但三教在教法層面皆強調「不爭」，此為三教之間的相通之處。

（三）三教無知

《道德經》第七十章中言「夫惟無知，是以不我知」，其弟子問「夫惟無知」之意，林兆恩在解釋此章時則提出三教皆以「無知」為知。他認為：

> 言則有宗也，我其能知我之言之宗乎？我其能知我之言，從我之宗而出乎？事則有君也，我其能知我之事之君乎？我其能知我之事，從我之君而出乎？獨不聞釋氏之所謂「如來」乎？如如不動之中，蓋真有不知其來也，從何而來也。窈窈冥冥，昏昏默默。余於是而知所謂行不言之教者，言矣，而不知其所以言，雖謂之不言可

〔註7〕楊國榮：《「不爭」及其價值內涵——老子思想的一個維度》，《杭州師範大學學報》（社會科學版），2021 年第 1 期。

〔註8〕林兆恩撰：《道德經釋略》第二十二章，《林子三教正宗統論》，北京：宗教文化出版社，2016 年，第 587～588 頁。

也；又所謂處無為之事者，為矣，而不知其所以為，雖謂之無為可

也。由是觀之，我且不能知我矣，況於人乎而能我知也？孔子曰：

「吾有知乎哉？無知也。」又曰：「莫我知也夫！」惟其能無知也，

故其人之莫我知，此老子被褐懷玉之本旨也。〔註9〕

　　林兆恩在解釋「無知」時引入佛教中的「如來」，他認為「無知」即是「如

如不動之中，蓋真有不知其來也」，所謂的「如來」即是真如佛性，是成佛之

根本要義。如此，「無知」這個概念顯然並非是一般意義上的認識論之「知」，

「我叩其兩端而竭焉，無知而無所不知也。夫至於無所不知而能守其無知之本

體焉，是乃聖人之知之大也與」〔註10〕，「無知之本體」只能是「道」，如此「無

知」實際上是一種關於真理的「知」，或可稱之為「真知」。朱曉鵬認為，老子

否定的「知」，只是一般經驗性的「有知」，但老子並沒有否定有真正的「知」

即對道的體認……「真知」只是一種「無知」或說是「無知之知」〔註11〕。所

以「無知」作為一種真理性的「知」也是儒釋道三教所共有的，因而他又引孔

子之言謂「吾有知乎哉，無知也」。因此，從對「無知」概念的詮釋來看，林

兆恩顯然是認為三教皆是以「無知」為知。

（四）對三教生死觀的會通

　　《道德經》第三十三章中言「死而不亡者壽」，老子所言「死而不亡者壽」

究竟是指何意，是否真的是在煉養層面來探討生死之問題呢？道教將「死而不

亡者壽」視為長生之術而加以崇拜，如《老子想爾注》中釋此句為：「道人行

備，道神歸之，避世託死過太陰中，復生去為不亡，故壽也。俗人無善功，死

者屬地官，便為亡矣。」〔註12〕修道之人可以依託於太陰而復生，故稱「死而

不亡者壽」。而林兆恩在詮釋此章大意時援引謝逸之《壽亭記》，其言曰：

　　　　《溪堂謝逸壽亭記》曰：「孔子所謂『仁者壽』，老子所謂『死

　　　　而不亡者壽』，釋氏所謂『無量壽』三聖人者，其言雖異，其意則同。

　　　　蓋仁者盡性，盡性則死而不亡；死而不亡，則其壽豈有量哉？彼徒

〔註9〕 林兆恩撰：《道德經釋略》第七十章，《林子三教正宗統論》，北京：宗教文化
　　　　出版社，2016年，第626頁。

〔註10〕 林兆恩撰：《道德經釋略》第十章，《林子三教正宗統論》，北京：宗教文化出
　　　　版社，2016年，第576頁。

〔註11〕 朱曉鵬：《論「無知之知」——老子認識論思想新探》，《河北師範大學學報》
　　　　（哲學社會科學版），2001年第1期。

〔註12〕 饒宗頤著：《老子想爾注校證》，上海：上海古籍出版社，1991年，第21頁。

見髮毛爪齒歸於地，涕唾津液歸於水，暖氣歸火，動轉歸風，而以為其人真死矣；然不知湛然常存者，未嘗死也。」龜山楊氏有言：「顏跖之夭壽不齊，何也？老子曰：『死而不亡者壽。』顏雖夭矣，而所謂不亡者，則固在也。」非夫知性知天者，其孰能識之？〔註13〕

謝逸在《壽亭記》中認為，老子所言「死而不亡者壽」即是孔子所謂「仁者壽」，釋迦所謂「無量壽」，三教聖人之言雖異，但其旨歸卻是相同的。所謂的「死而不亡者壽」並非是言養生之術，肉身軀體的死亡並非是真正的死亡，謝逸提出「蓋仁者盡性，盡性則死而不亡」，此中所謂的「盡性」顯然是指儒家的「性與天道」，這個「性」是本體意義上的「天命之性」。如顏淵之肉身雖已消亡，但其「性」則不死，故而是謂「不亡」。林兆恩之弟子林瑞新曾問「不死之道」於林氏，以下為二者之間的對話：

林瑞新曰：「聖人有不死之道乎？」林子曰：「有之。」「敢問。」林子曰：「聖人以死為歸，不以死為念。故其死者身，而所以未嘗死者心也。孟子曰：『夭壽不貳』，聖人不死之道也。若夫萬物皆敝，而聖人不過同得是氣以成形爾，安能獨存與天地之間邪？」〔註14〕

此中林兆恩肯定了聖人有「不死之道」。當然，他所謂的「不死」是就「心」而言而非是「身」，林氏認為聖人的身軀與萬物一樣皆是由形氣而組成，故而注定是會消亡的，但聖人能盡心知性知天，這才是聖人「不死之道」的真諦。林兆恩進一步提出：「『沒身不殆』，老子之常道，老子之長生也；『夕死可矣』，孔子之常道，孔子之長生也；『心不生滅』，釋氏之常道，釋氏之長生也」〔註15〕，「沒身不殆」、「夕死可矣」、「心不生滅」皆屬於「長生」之道，如此三教聖人皆有長生之術。當然這個「長生」並非是就道教之煉養而言，而是更加偏向儒家所強調的心性修養，即通過立德、立功、立言之方式，達到三不朽的境界。因而，林兆恩對三教生死觀的會通是以儒家為主導。

誠然，《道德經釋略》中林兆恩更加側重儒道之間的會通，對於佛教思想

〔註13〕林兆恩撰：《道德經釋略》第三十三章，《林子三教正宗統論》，北京：宗教文化出版社，2016年，第596頁。

〔註14〕林兆恩撰：《林子》，《林子三教正宗統論》，北京：宗教文化出版社，2016年，第48頁。

〔註15〕林兆恩撰：《道德經釋略》第五十九章，《林子三教正宗統論》，北京：宗教文化出版社，2016年，第619頁。

與理論的援引相對較少，解釋也較為淺顯，但從以上之論說也足以反映其「三教一致」的詮釋特色。

二、以道解老──兼論道教之說

一般來說明代的解老著作有一種明顯的傾向，就是在注解的過程中單論老莊之學而不涉及道教的思想理論。但在《道德經釋略》中林兆恩曾大量引用道家、道教學者的論說和著作來注解《道德經》，林氏所引用的不僅僅有注解老子的常規著作，如《老子集解》《老子億》《易老通言》《老子論》等，此外還有《道德經講義》《常清靜經》等道教著作，特別是呂知常的《道德經講義》本身就是從道教內丹之角度來闡發老子思想。因而在《道德經釋略》中也呈現出以道解老，兼論道教養氣、養神之說的詮釋取向。之所以會出現這種情況就在於林兆恩所理解的道家往往與道教相互摻雜，但林兆恩對道教學說也並非全盤接受，從《道德經釋略》中的引述來，林兆恩主要接受了道教養氣、養神的工夫修養論，但對於過分荒謬的宗教迷信則有所批判。

（一）對道教養神、養氣論的接受

林兆恩對道教學說的接受也是有選擇的，其主要接受的還是道教內丹學中的養神、養氣之說。具體來看，如第一章中林氏就曾引用呂虛白的《道德經講義》來詮釋「玄之又玄，眾妙之門」。

> 宋呂虛白《講義》曰：「玄之又玄，天中之天，鬱羅蕭臺玉山上京，在人乃天谷神宮也。為腦血之瓊房，魂精之玉室，百靈之命宅，津液之山源。自己性真長生大君居之，故曰上游上清，出入華房，下鎮人身，泥丸絳宮。人能以神光內觀於天中之天，則胎仙自成，天門自開，萬神從茲而出入，故曰眾妙之門。」〔註16〕

此處，林兆恩引用宋人呂虛白之論說，實際上是從道教修煉的角度來解釋老子之學。此處所言之「玄之又玄，天中之天」即為道教內丹學修煉中的「泥丸宮」。此中所言之意表明了內丹術中的內視上丹田，然後逐漸轉化「煉精化氣，煉氣化神」，從而達到「天門自開，萬神茲出」的狀態，在這一系列的修煉過程中，人會逐漸產生飄飄欲仙的妙不可言的境況，實際上是以道教神秘的修煉之術來解釋老子所謂之「玄」與「妙」。此外，林兆恩在解釋《道

〔註16〕 林兆恩撰：《道德經釋略》第一章，《林子三教正宗統論》，北京：宗教文化出版社，2016年，第564頁。

德經》第六章中「玄牝之門」的時候也完全是依據道教體系中的修煉之法，其言曰：

> 按道書泥丸宮之前有明堂，明堂下通於鼻，鼻通於六腑，出入輕清之氣，以接乎天；牝元宮之上有黃庭，上通重樓，而至於口，口通五臟，出入重濁之氣，以接乎地。若也不知其門，不識其根，而以鼻為玄，口為牝者，非也。故曰玄牝之門未易窺。或問玄牝有定在乎否？林子曰：「玄之又玄，眾妙之門，玄牝之門也。故以玄牝為有定在也不可，以玄牝為無定在也亦不可。」〔註17〕

林兆恩以天地比附人身，認為：「吾身之天地，吾身之玄牝也。吾身天地之根，吾身玄牝之根也。吾身玄牝之門，吾身天地之門也。」〔註18〕所以「玄牝之門」具有通乎天地的作用，這種以天地比附人身的思想無疑是來自道教內丹學。按照道教之看法，「玄牝之門」對應人身上的黃庭泥丸宮，《講義》中言：「是以人之頭有九宮，上應九天。中間一宮，謂之泥丸，又名紫府。九宮之外有一宮，亦有數名……又名天關，又名黃庭……乃元神所住之宮。」〔註19〕因而上黃庭泥丸宮處於人腦之中心地帶，是人之元神所居住的地方。林兆恩言既不可「以玄牝為有定在」，亦不可「以玄牝為無定在」，正是強調了道教內修養神工夫的中空現象。

事實上，《道德經釋略》中對《講義》的援引高達 7 次，僅次於《老子集解》與《老子億》，故而此類解說亦不在少數。又如《道德經釋略》第五章，林兆恩同樣引用呂虛白的《道德經講義》來解釋老子的「橐籥」說。其言曰：

> 天以陽為用，故冬至後，一陽之炁，自地而升，積一百八十日而至天，陽極而陰生；地以陰為用，故夏至後，一陰之炁，自天而降，積一百八十日而至地，陰極而陽生。一升一降，往來無窮。譬猶橐籥，鼓風以吹火，一開則炁出，一闔則炁入。炁出則如地炁之上升，炁入則如天炁之下降。蓋天地之中虛也，元炁得以升降；橐籥亦中虛也，

〔註17〕林兆恩撰：《道德經釋略》第六章，《林子三教正宗統論》，北京：宗教文化出版社，2016 年，第 571 頁。

〔註18〕林兆恩撰：《道德經釋略》第六章，《林子三教正宗統論》，北京：宗教文化出版社，2016 年，第 570 頁。

〔註19〕林兆恩撰：《道德經釋略》第六章，《林子三教正宗統論》，北京：宗教文化出版社，2016 年，第 571 頁。

風炁得以出入。人之一身，鼻為天門，口為地戶。天地之間，人中是也。西升經曰：「鼻口通風炁，喘息人命門。」〔註20〕

此中又以「陰陽」之變化來闡明「元炁」之升降與轉化，然後又以「元炁」的變化規律來說明人身乃是「一天地」的思想。同時林氏在解釋老子「抱一守中」工夫的時候又引用呂虛白之言大談「養氣」之論。認為「臍間三寸為黃庭」（中宮黃庭），並指出老子「守中」的工夫即為道教所謂「守炁海」的呼吸法。再如，《道德經釋略》第四章引用金華仙人之言來解釋老子的「道沖」之意，「地戶天門，出入氤氳。綿綿升降，臻襲飛根。透關過節，充塞乾坤。採集靈景，去其故氛。沖和入體，以活谷神。其有深旨，非仙不聞。能知沖用，飛昇崑崙。」〔註21〕顯然金華仙人之論述描述的也是道教中的養神之法。

除了有多次援引《道德經講義》之外，《常清靜經》也是林兆恩在《道德經釋略》中所援引的為數不多的道教著作，其本人亦曾作《常清靜經釋略》。《常清靜經》全稱《太上老君說常清靜妙經》，這部著作篇幅十分短小，僅三百餘字，但蘊含玄理，《道藏提到》中稱：「是書以『清靜』為宗，以『澄心遣娛』為本」〔註22〕。故而《常清靜經》是一部闡發道教心性修養的論著，它主要是發揮了老子哲學中的清靜思想，從而將其轉化為一種悟道養神的心性修養理論。林兆恩曾在《常清靜經釋略》中言：「余讀《常清靜經》，而知老氏之清靜，皆出於真常之性矣……《道德經》曰：『道可道，非常道。』此所謂常，是亦真常之常也。」〔註23〕可見林兆恩對《道德經》的理解極大程度是受到了這部《常清靜經》的影響。儘管在《道德經釋略》中林兆恩僅在第一章、第四十五章、第五十二章和第六十三章中有直接援引此作，但也有許多章節是完全借用了《常清靜經》中的表述。如《道德經》第二十三章中言：「故從事於道者，同於道；德者，同於德；失者，同於失」，林兆恩解釋曰：

夫道者，有清有濁，有動有靜。清者同於清，濁者同於濁動者同於動，靜者同於靜。夫既無清無濁，無動無靜矣，則亦何有於有

〔註20〕林兆恩撰：《道德經釋略》第五章，《林子三教正宗統論》，北京：宗教文化出版社，2016年，第569頁。
〔註21〕林兆恩撰：《道德經釋略》第四章，《林子三教正宗統論》，北京：宗教文化出版社，2016年，第第566頁。
〔註22〕任繼愈，鍾肇鵬主編：《道藏提要》，北京：中國社會科學出版社，1995年，第447頁。
〔註23〕林兆恩撰：《常清靜經釋略自序》，《林子三教正宗統論》，北京：宗教文化出版社，2016年，第549～550頁。

> 道有德，而亦何有於失道失德也哉？若為道者，而有所別於清於濁，
> 於動於靜，於道於德，於失道失德則亦不可謂之道。惟其無所別於
> 清於濁於動於靜，於道於德於失道失德，則是人與道而為一，方可
> 謂之盡道之極，而為有道之士也。〔註24〕

　　林兆恩將「道」分為有清有濁，有動有靜，並從清濁和動靜兩個角度來詮
釋此句，認為惟有消弭清濁與動靜之分，人才能達到與「道」合一之境界。老
子從未直言「道」有動靜或清濁之分，儘管「道」之運行或許可以用動靜來界
定，但有清濁之分則完全沒有提到。林兆恩的這一思想則來源於《常清靜經》，
其中有載：「夫道者，有清有濁，有動有靜。天清地濁，天動地靜；男清女濁，
男動女靜。降本流末，而生萬物。清者濁之源，動者靜之基。」〔註25〕由此可
見，林氏雖未直接援引，但從思想實質來看則主要還是受到《常清靜經》影響。
當然，《常清靜經》對林兆恩最大的影響則在於關於「道」的理解，林兆恩認
為老子所言「常道」即是源自《常清靜經》中的「真常」觀念。此外其在第四
十五章中引用《常清靜經》中的「真常之性」來解釋老子的「清淨」，《道德經》
中言：「靜勝熱，清靜為天下正」，而林兆恩則解之曰：

> 　　老子之所謂清靜者，乃本之常道之自然。故名其經不曰《清靜
> 經》，而曰《常清靜經》者，何也？蓋此清靜，乃從真常之性，而清
> 而靜爾。故曰常應常靜，常清常靜矣。夫苟能知此真常之性矣，則
> 自有不清而清，不靜而靜。而非有待於清，而後能清；非有待於靜，
> 而後能靜也。〔註26〕

　　可見，林兆恩認為「清靜」是源於「常道」自然的結果，他將《道德經》
中的「常道」與《常清靜經》中的「常」混做一體，認為老子之「清靜」是出
於「真常之性」。《常清靜經》其中言：「真常應物，真常得性，常應常靜，常
清靜矣。」〔註27〕所以，這個「真常之性」實際上是源自《常清靜經》中「真
常得性」的說法。由此可見，林兆恩解《道德經》很大程度上是借助了《常清

〔註24〕林兆恩撰：《道德經釋略》第二十三章，《林子三教正宗統論》，北京：宗教文
　　　　化出版社，2016 年，第第 588 頁。
〔註25〕林兆恩撰：《常清靜經釋略》，《林子三教正宗統論》，北京：宗教文化出版社，
　　　　2016 年，第 551 頁。
〔註26〕林兆恩撰：《道德經釋略》第四十五章，《林子三教正宗統論》，北京：宗教文
　　　　化出版社，2016 年，第第 607 頁。
〔註27〕林兆恩撰：《常清靜經釋略》，《林子三教正宗統論》，北京：宗教文化出版社，
　　　　2016 年，第 553 頁。

靜經》中的思想，將二經的體系混做一體，相互發明。諸如此說，文中亦不在少數，故而林兆恩對道教養神、養氣論還是比較接受的。

（二）對道教長生不死思想的批判

但在接受道教養神、養氣論的同時，林氏也對道教飛昇成仙、肉身長生不死的思想給予批判，前文亦曾探討林兆恩對道教弊端之批判。林兆恩認為養神、養氣的方法固然能達到養生的目的，但肉體長生不死則屬無稽之談，因而在《道德經釋略》中林氏對此類思想是有所批判的。《道德經》第五十九章中「長生久視之道」的思想歷來被道教視為修煉的根本目的，林氏對此種思想是有所批判的，如其言曰：

> 或問老子之學，果在於長生與？林子曰：「老子之學，非以學長生也。若老子以長生為學，乃今老子果何在邪？」又問『老子之學不長生矣，而天下萬世之所以學老子者，何學也？』林子曰：「乃以學老子之長生也。」「夫既曰不長生，而又曰老子之長生者，則弟子之惑滋甚！」林子曰：「汝其反觀，何者是汝之所以不壞，不與汝形而共斃也。故長生不長生，不長生而長生者，豈非所謂先天地生，而為天地之始者，不可得道，不可得名，而死而不亡者，長生乎？」〔註28〕

由此觀之，林氏對後世道教主張長生不死的思想是有所批判的。林兆恩認為老子之學並非是後世道教所主張的學長生，而是將其歸結為「心性」之學，他曾明確的說：「黃帝、老子之學，心性也。」〔註29〕因而後世的道士執著於追求長生不死之術是違背老子本意的。林氏認為老子這裡所謂的「長生久視」指的乃是作為萬物本原的「常道」，「余不知有長生，而余之所謂長生者，以無生為生也。故常道也者，無生也」〔註30〕，作為萬物本原之「常道」既不可得亦不可名，沒有生滅因而是長生的。林兆恩雖然將道教中的部分養生思想予以了保留和合理的解釋，但他畢竟否定了形體不死的宗教迷信。可見林兆恩在混合道家、道教的治學中，一方面是保留了道教中部分合理的思想，另一方面同樣對道教中過於荒誕的迷信給予批判。

〔註28〕 林兆恩撰：《道德經釋略》第五十九章，《林子三教正宗統論》，北京：宗教文化出版社，2016 年，第 618 頁。

〔註29〕 林兆恩撰：《信難篇》，《林子三教正宗統論》，北京：宗教文化出版社，2016 年，第 1032 頁。

〔註30〕 林兆恩撰：《道德經釋略》第五十九章，《林子三教正宗統論》，北京：宗教文化出版社，2016 年，第 618 頁。

第二節　《道德經釋略》的意義

作為一部明代的注老之作，《道德經釋略》的學術史意義一方面反映出明代「三教合一」思潮下，三教學者對老子學說詮釋的新動向——為老子學說的正名。相比於宋代的老學觀，明代學者對老子學說的接納顯然要更加寬鬆，大量的注老學者都反對宋儒對老子學說的攻訐與批判。這其中就以薛蕙的《老子集解》影響最大，薛蕙在《老子集解序》中提出：「今夫《老子》之書，蓋盡皆性命之說」〔註31〕，他將老子思想作為性命之學來看待，同時在書中駁斥了宋儒對老子的批判。林兆恩的這部《道德經釋略》同樣有大量的注解是在反思宋儒對老學的攻訐，希望疏解世人對老子思想的誤解與批評。另一方面，明代儒學的轉變主要呈現為陽明心學對程朱理學的取代，而王學的一大特徵即是「三教合一」，正如《四庫全書總目提要》稱：「蓋心學盛行之時，無不講三教歸一者也。」〔註32〕可見心學中本身就吸收了大量的道家思想。以往學界對心學與道家思想之關係探究較少，如熊鐵基在評述明清時期老學的時候認為：「明代是陽明心學大行之世而清代則是考據學盛行之期。這兩者思想或學術風氣，對於老子思想都不太重視……老子思想總是處於異端的尷尬地位，它起的作用不過是儒家思想的補充而已」〔註33〕。老子思想在明代雖處於邊緣之地位，但並不是說其影響力就可以忽略不計，相反老學通過與儒學合流的方式而為儒家學者所大量借鑒與吸收，成為新的學術思潮孕育的思想搖籃。林兆恩作為陽明後學，其在注解老子的過程中亦帶有濃厚的心學色彩，這一詮釋取向對我們探究陽明學在老學中的展開具有一定的借鑒意義，同時為探究心學與老學的互相影響提供依據。

一、對老子學說的正名

事實上，對老子思想的正名這一注老取向，在明代老子學中是較為普遍的，如薛蕙的《老子集解》、王道的《老子億》、田藝蘅的《老子指玄》、釋印澄的《道德經集解》等注老之作中大體都有對宋儒視老子思想為異端的反思。

〔註31〕 薛蕙著，《老子集解》，熊鐵基、陳紅星主編：《老子集成》第六卷，北京：宗教文化出版化，2009 年，第 279 頁。

〔註32〕 紀昀等編纂：《欽定四庫全書總目提要》(《景印文淵閣四庫全書》第 1～5 冊)，第一百三十二卷，第 12 頁。

〔註33〕 熊鐵基、馬良懷、劉韶軍著：《中國老學史》，三明：福建人民出版社，1995 年，第 437 頁。

這種詮釋取向，反映出「三教合一」思潮開始真正深入人心，儘管在明代以前，理學傳統的學者同樣出入佛老，談論三教，但他們的立場一般都是將佛老視為異端而採取批判、排斥的態度。可以說在明代以前「三教合一」並沒有成為主流意識，甚至於「幾乎所有朱子學或傾向於朱子學的學者都反對三教融合思想」〔註34〕。林兆恩在《道德經釋略》中幾乎對歷代以來對老子學說的攻訐都作了一定的回應與反思，這些內容包括：一，申韓原於老莊、二，老學虛無論、三，老子拒斥仁義、四，老學愚民說、五，老學權詐論。其中關於老子拒斥仁義與老學愚民說的回應，在上文第三章的「無為」論與「仁」論中已經有相關的論述，故而此中不復贅言。

（一）申韓原於老莊

關於申韓原於老莊之說，實際上代表了法家思想與道家思想關係之辯析。法家可分為兩派：一派以法為主，以商鞅為代表；另一派則以術為主，以申不害、慎到為代表。而韓非則兼擅兩者，但總體亦偏重於術。秦孝公時期任用商鞅進行變法，因而秦國走向了強盛的道路，而秦王嬴政更是以韓非、李斯之策，完成了大一統的偉業。秦朝以法家思想治國，以威勢強力為本，認為統治者只有依靠強力才能使百姓服從。因而法家的「刑名」之學是秦代暴政的直接理論來源，而這種以暴馭民的策略與秦王朝的迅速滅亡有著直接的關係。故而後世認為法家是霸道的政治手段，與儒家所強調的「仁政」是相違背的。司馬遷在其所著的《史記》中將老莊與申韓同置而成《老莊申韓列傳》，其言曰：「老子所貴道，虛無，因應變化於無為，故著書辭稱微妙難識。莊子散道德，放論，要亦歸之自然。申子卑卑，施之於名實。韓子引繩墨，切事情，明是非，其極慘礉少恩。皆原於道德之意，而老子深遠矣。」〔註35〕司馬遷判申韓「皆原於道德」，由此造成了後世學者以為申韓「刑名」之學亦是道家之學，這也無怪乎後世儒者對老子思想的聲討。

林兆恩在《道德經釋略》第五十八章中援引薛蕙之《老子集解》對申韓原於道德之說進行了細緻的辯析。對於這一問題，《集解》中記述曰：

> 至宋蘇子瞻又傅會而為之說曰：「老聃莊周，論君臣父子之間，
> 泛泛乎若萍遊於江湖，而適相值也；商鞅韓非，求為其說而不得，

〔註34〕彭國祥著：《良知學的展開——王龍溪與中晚明的陽明學》，臺北：臺灣學生書局，2003 年，第 439 頁。

〔註35〕司馬遷著：《史記》，北京：商務印書館，2019 年，第 98 頁。

得其所以輕天下齊萬物之術，是以敢為殘忍而無疑。」張文潛亦曰：
「無情之至，至於無親。此刑名之所以用也。」考亭朱子，頗以二
子之言為然，且曰：「太史公將老子與申韓同傳，不是強安排，源流
實是如此。」〔註36〕

　　宋代文豪蘇軾和張耒在看待這一問題上，大體亦是認為申韓「刑名」之術
是源於老子之學的，而朱熹又贊同二子之言，認為司馬遷將老子與申韓同傳並
非是強行安排，而是依據其學說的實質來劃分的。薛蕙認為蘇軾與張耒都是文
學家，他們的論說儘管與事實不符合，但也算是言之有理，故而亦是無可厚非。
唯獨對朱熹之言，他認為：「獨朱子此言，苟非一時未定之論，殆亦考之不審
矣。」〔註37〕朱熹作為宋代大儒，其論說缺乏詳細的學理依據，由此可以看出
薛蕙反對宋儒對老子與申韓關係的定論。薛蕙提出三大理由，認為申韓「刑名」
之術非源於老子之學：第一，他提出司馬遷之本意並非是認為韓非本於老子。
薛氏提出：「夫遷所謂『皆原於道德之意』者，此統論三子而云爾；其曰慘礉
少恩，則專言韓非之弊，非謂亦原於道德之意也。」〔註38〕按照薛氏對《老莊
申韓列傳》的解讀，他認為司馬遷所謂的「原於道德」的說法只是統論老子、
莊子和申子，而「慘礉少恩」之言則是專言韓非「刑名」之弊，故而韓非之
學並非源於老子。第二，後世學者對老子的誤解皆源於司馬遷，而司馬遷將
申韓老莊同傳實則是一大失誤。薛蕙認為司馬遷「皆原於道德」的說法亦是
對老子之學的誤解，「予嘗謂後世知尊老子者，如遷蓋寡，要亦知老子之淺者
耳。如曰皆原於道德之意，斯言亦不能無失。若夫以申韓同傳，則又失之大
者。」〔註39〕薛蕙認為申韓之學貴名實，循勢理，看上去是本於道家因應之
說，實際上正是老子所反對的「察察之政」。因此，司馬遷對老子之學體認不
夠深入，其將老子與申韓同傳實則是一種失誤。第三，就學理而言，「刑名」
之術雖曰宗黃老之意，實則卻是假借一二近似之言而已。「古者刑名之學，雖
有宗於黃老者，然不過假其一二言之近似，若其大體之駁，豈真出於黃老

〔註36〕林兆恩撰：《道德經釋略》第五十八章，《林子三教正宗統論》，北京：宗教文
　　　　化出版社，2016年，第616頁。
〔註37〕林兆恩撰：《道德經釋略》第五十八章，《林子三教正宗統論》，北京：宗教文
　　　　化出版社，2016年，第616頁。
〔註38〕林兆恩撰：《道德經釋略》第五十八章，《林子三教正宗統論》，北京：宗教文
　　　　化出版社，2016年，第616頁。
〔註39〕林兆恩撰：《道德經釋略》第五十八章，《林子三教正宗統論》，北京：宗教文
　　　　化出版社，2016年，第616頁。

哉？」〔註40〕在薛蕙看來，申韓殺人以行法，老子則有「代大匠斵」的比喻（主張自然而然），申韓以權詐之術御天下，而老子則主張棄智慧，因此就學理而言他們的源流並不相同。如此，薛蕙摒棄了傳統的以儒拒道立場，通過反駁以程朱為代表的宋儒，認為申韓非老子之學，從而糾正了法家原於道家的誤解。此外，林兆恩本人也在詮釋《道德經》第六十七章中「我有三寶」一句時，從「三寶」的角度對申韓與老子進行了細緻的對比，其言曰：

> 林子曰：「何以謂之三寶？夫孰能持而寶之？太史公曰：『申韓原道德之意。夫道德慈矣，而申韓之徒，其能慈乎？道德儉矣，而申韓之徒，其能儉乎？道德後矣，而申韓之徒，其能後乎？』眉山唐庚子西曰：『世疑老子西遊，以謂有慈有儉，有不為天下先。持是道以遊於世，何所不容，而猶有所去就邪？』是大不然。惟其無往而不容，則雖蠻貊之邦行矣。此所以為老氏。」〔註41〕

此章提出了一個理解老子思想重要的論點，即「三寶」之說，「三寶」中的前兩寶「慈」與「儉」都是一種道德準則，而「不敢為天下先」則是一種處世態度或行為模式。從老子「三寶」出發來辯析道家與法家之區別在立論上具有一定的可行性。「慈」即「愛也」，「慈」是一種長輩對晚輩的愛，從《道德經》文本而言，「慈」的觀念與老子所崇尚的「輔萬物之自然」是相匹配的。若是從戰爭的角度來看，「至於不得已，而抗兵相加焉，則以悲哀泣之……故曰夫慈以戰則勝……非謂天將救之，而以慈衛之與？」〔註42〕林兆恩認為老子用兵依舊尚「慈」，「慈」是其對天地萬物的總體態度。蔣錫昌認為：「老子談戰、談用兵，其目的與方法不外『慈』之一字。人君用兵之目的，在於愛民，在於維護和平，在於防禦他國之侵略；其方法在以此愛民之心感化士兵，務使人人互有慈愛之心，人則守望相助，出則疾病相扶，戰則危難相惜」〔註43〕。而法家思想顯然是不重「慈」的，相反法家提倡「任法治」，《韓非子·心度》中就有「故法者，王之本也，刑者，愛之自也。」〔註44〕的看法，顯然「愛」

〔註40〕林兆恩撰：《道德經釋略》第五十八章，《林子三教正宗統論》，北京：宗教文化出版社，2016年，第616頁。

〔註41〕林兆恩撰：《道德經釋略》第六十七章，《林子三教正宗統論》，北京：宗教文化出版社，2016年，第624頁。

〔註42〕林兆恩撰：《道德經釋略》第六十九章，《林子三教正宗統論》，北京：宗教文化出版社，2016年，第625頁。

〔註43〕蔣錫昌著：《老子校詁》，上海：商務印書館，1937年，第409頁。

〔註44〕韓非著：《韓非子》，北京：民主與建設出版社，2017年，第405頁。

是與「刑」相聯繫的，與「慈」是根本沾不上邊。而「儉」就更不用說了，「儉」是個體行為的一種美德，《論語》中就有「夫子溫、良、恭、儉、讓以得之。」（《論語‧學而》）的記載。老子倡導「儉」，故而他主張以「清靜無為」來治國，而法家思想是以「刑名」之學為治國的指導理論，對於「儉」是不贊成的。《韓非子‧外儲說左下》中有一則針對楚相孫叔敖的評價，孫叔敖任楚相，但他出行坐的是母馬拉的運輸車，吃的是粗糧菜羹，穿的也極為樸素，因此韓非子評價曰：「面有饑色，則良大夫也。其儉逼下」〔註45〕。韓非子雖以「良大夫」稱之，但「其儉逼下」一句則是對他的譴責，這是說他的儉約逼迫了下位者。按照法家的立場，如果上位者都以「儉」作則，那麼勢必會影響下屬的官員，這種「儉」的風氣不利於帶動國家發展。至於「不敢為天下先」則更不用說了，儘管關於這一點似乎也可以作用兵之法與謀略的解釋，但總體而言「不敢為天下先」還是比較符合老子思想以反言正的思路。但法家思想完全是一種銳意進取的開拓精神，商鞅變法即是為天下先的重要舉措。所以，從「三寶」來看，老子思想與申韓之學完全是兩種不同的學說，更不用說以「申韓原道德之意」了。

（二）老學虛無說

宋儒在批判老子之學流於空無之弊的時候，往往以魏晉玄學為發難之機，認為魏晉亡於施行老子「無為」的治國理論。明人王道在《老子億》中記述曰：

> 晉人借無為之言，以文其放誕之弊。而世儒不究其端，不訊其未竟，歸其咎於老子，既已誣矣。王荊公乃又為之說曰：無者萬物之所以生也，有者萬物之所以成也。聖人惟務其成物者，不言其生物者。而老子反之，是不察於理而務高之過也。又曰：治車者知治其轂輻，而未嘗及於無者，以無出於自然，可以無與也。轂輻具，則無必為用矣。〔註46〕

關於闢晉亡於老子之學的觀點，薛蕙亦曾在《老子集解》中提出，王道則主要是針對王安石批評《道德經》第十一章中本「無」之論。王安石在注解此章的時候認為老子以「無」為萬物之生，以「有」為萬物之成，對於「無」之重視容易導致對「有」的輕視，故而他認為「聖人惟務其成物者，不言其生物

〔註45〕韓非著：《韓非子》，北京：民主與建設出版社，2017年，第271頁。
〔註46〕王道著，《老子億》，熊鐵基、陳紅星主編：《老子集成》第六卷，北京：宗教文化出版化，2009年，第233頁。

者」。王安石的這一立場是典型的儒家本位立場，其論萬物之成主於「四術」
〔註47〕，實際上依舊是在強調儒家的禮、樂、刑、政，故而他批評老子重「無」
是不察於理。王道在釋此章的時候特別針對王安石的這一觀點，認為：「凡荊
公之論如此……不惟判為彼此二事，抑且斷為前後兩截，其於聖人體用一原有
無俱妙之道，既不同矣。」〔註48〕王道以儒家之體用一原來解《老子》第十一
章，認為「有」之用本於「無」，「有無」二者本不可分離，王安石之論是妄分
「有無」為二而不合於聖人體用一原之旨。而林兆恩在注此章時則以「無有」
為斷句，強調了「無有」作為一種特殊的用。其更是在《道德經釋略》第十四
章中援引程俱之《易老通言》與薛惠的《老子集解》對虛無論進行了反駁，以
下為第十四章原文：

> 視之不見名曰夷，聽之不聞名曰希，搏之不得名曰微。此三者，
> 不可致潔，故混而為一。其上不皦，其下不昧，繩繩不可名，復歸
> 於無物。是謂無狀之狀，無像之象，是謂惚恍。迎之不見其首，隨
> 之不見其後。執古之道，以御今之有，能知古始，是謂道紀。〔註49〕

程俱在《易老通言》中提出：「夫老子之可重者何也？秉執樞要，而能以
道御物，故師老子而得者為漢文帝。大抵清心寡欲，而淵默樸厚以涵養天下，
其非不事事之謂也。至於西晉，則聞其言，常以提出無為為治本，而不知無為
者，如何其無為也。意謂解縱法度拱手無營，可以坐治。無何紀綱大壞，而天
下因以大亂。故王通論之曰：『清虛長而晉室亂，非老子之罪也』」〔註50〕。程
俱認為漢初文帝施法黃老思想，以「清靜」之道來治理國家，為戰後的民生恢
復提供了穩定的內部環境，漢初遂大治。而西晉同樣以老學為貴，但晉人誤將
老子的「無為」之治理解為無所事事，故而他們縱情聲色而不重法度，遂造成
了綱紀大壞，天下大亂。因而，晉人雖學於老子思想，但卻不得其法，故而王

〔註47〕 王安石言：「故昔聖人之在上，而以萬物為己任者，必制四術焉。四術者，禮、
　　　　樂、刑、政是也，所以成萬物者也」（容肇祖輯：《王安石老子注輯本》，北京：
　　　　中華書局，1979 年，第 19 頁。）可見，王安石實際上是以有無之辯作為儒道
　　　　之異，並以儒家本位立場來批判老子之學。
〔註48〕 王道著，《老子億》，熊鐵基、陳紅星主編：《老子集成》第六卷，北京：宗教
　　　　文化出版化，2009 年，第 233 頁。
〔註49〕 林兆恩撰：《道德經釋略》第十四章，《林子三教正宗統論》，北京：宗教文化
　　　　出版社，2016 年，第 579 頁。
〔註50〕 林兆恩撰：《道德經釋略》第十四章，《林子三教正宗統論》，北京：宗教文化
　　　　出版社，2016 年，第 579 頁。

通言晉之亡非老子之過。此外，林兆恩也曾引薛惠之言，「世俗紬老子之學者，其說雖多，然大抵以謂棄人事之實，獨任虛無而已。斯言也，眾皆以為信然，而未知其大不然也。老子曰：執古之道，以御今之有。是皆任虛無以應事，嘗棄事而獨守其虛無哉？然則老子之學，非不應事也，第其所以御之者，在不其虛無之本爾。」〔註51〕薛惠認為老子所重虛無是「任虛無以應事」，而非是不事生產與管理，故而以虛無論批判老子者是對老學的誤解。除此之外，林兆恩之弟子黃大本亦曾與其探討關於老學虛無之論：

> 黃大本問曰：「世以老子為虛無，何謂也？」林子曰：「性本虛而無也。惟至虛，而天下之至實寓焉；惟至無，而天下之至有寓焉。此老子之所以能還天地之初，復淳樸之原也。故實其腹，則能得其一；得其一，則能虛而無。」大本又問曰：「虛無之說，世人以外言之，何也？」林子曰：「豈非以天下之事，而率歸之無有歟？然此非老子虛無之大義也。」大本又問曰：「天下之事，虛而無乎，實而有乎？」林子曰：「虛實之間，有無之際也。聖人者，以事處事，而不以事累其心，其老子之無為乎。」〔註52〕

林兆恩認為老子的「虛無」主要是就「性」而言，而「性」這一概念在中國哲學中蘊含本質之意，可以引申為本體（性體）〔註53〕，所以「虛無」之說是在本體—工夫之維度展開的。如前文也曾指出，林兆恩是將「虛心實腹」作為「無為」之工夫來解讀，所以「虛無」是說聖人行「無為」的過程中是以事處事而不以事累心。批判老學虛無論的學者（主要是理學家），所關注的是為了避免老學所帶來的本體虛無化傾向，這一傾向會造成工夫的消解，最為典型是即是朱熹批判陸九淵教人太過簡易。林兆恩在此以「虛無」論「性」，顯然也是反映出其思想中的心學影響。

（三）老學權詐論

關於斥老學為權詐之學的觀點主要是以程朱為代表的理學家，這一觀點涉及《道德經》第七章與第三十六章。《道德經》第七章言：

〔註51〕林兆恩撰：《道德經釋略》第十四章，《林子三教正宗統論》，北京：宗教文化出版社，2016年，第580頁。

〔註52〕林兆恩撰：《林子》，《林子三教正宗統論》，北京：宗教文化出版社，2016年，第45頁。

〔註53〕楊國榮著：《政治、倫理及其他》，北京：生活·讀書·新知三聯書店，2018年，第120頁。

> 天長地久，天地所以能長且久者，以其不自生，故能長生。是
> 以聖人後其身而身先，外其身而身存。非以其無私邪？故能成其
> 私。〔註54〕

程頤認為老子之論為「竊弄闔闢者也」，所謂「闔闢」其本意是指關閉與開啟，因而此中程頤斥責老子所言是縱橫捭闔的權詐之術。事實上這種批評主要是出於以儒拒道的誤解，正如孫以楷先生所指出的，「程頤以己之心推度老子，把『成其私』曲解成預先設定的自私的功利目標，又把『非以其無私』曲解作為達到「成就自己」而玩弄的手段」〔註55〕。而林兆恩在詮釋此章時以「無私」為旨歸，他認為：

> 林子曰：「老子此章口氣，乃為我相而有私心者道也。其意以
> 為孰無私心，而欲以成其私者眾也，而卒未有能成其私者。故天地
> 不自生，非天地之無私乎？而卒能長且久者，非天地之成其私乎？
> 而後其身而身先，外其身而身存，是聖人之德與天同也。太寧薛氏
> 《集解》，程子有言曰：『老子之言，竊弄闔闢者也。』予嘗以其言
> 為然，乃今觀之，殆不然矣。如此章者，苟不深原其意，亦正如程
> 子之所訶矣。然要其歸，乃在於無私，夫無私者，豈竊弄闔闢之謂
> 哉？」〔註56〕

林兆恩認為老子此言主要是為勸解有私心之人，故而其以天地之不自生而長久為例，不自生即是「無私」，因其「無私」故能長且久矣。又言聖人「後其身而身先，外其身而身存」，強調了聖人之「無私」是與天地一般自然而然，所以聖人之德才能與天同。他進一步援引薛蕙的《老子集解》，對程頤之論進行了有力地駁斥。此外，程朱認為《道德經》第三十六章所述是一種軍事陰謀論，如朱子曾言：「老氏之學最忍，它閒時似個虛無卑弱底人，莫教緊要處發出來，更教你枝梧不住」〔註57〕，其更是舉出歷史上的嶢關之戰與鴻門宴來說明此論。《道德經》第三十六章中言：

> 將欲歙之，必固張之；將欲弱之，必固強之；將欲廢之，必固

〔註54〕林兆恩撰：《道德經釋略》第七章，《林子三教正宗統論》，北京：宗教文化出版社，2016年，第571頁。

〔註55〕孫以楷著：《老子通論》，合肥：安徽大學出版社，2004年，第299頁。

〔註56〕林兆恩撰：《道德經釋略》第七章，《林子三教正宗統論》，北京：宗教文化出版社，2016年，第572頁。

〔註57〕朱熹著：《朱子語類》，北京：中華書局，1986年，第2986頁。

興之；將欲奪之，必固與之。是謂微明。柔勝剛，弱勝強，魚不可脫於淵，國之利器，不可以示人。〔註58〕

林兆恩在注解此章時援引薛蕙之《老子集解》對權詐說進行了反駁。《集解》中提到：「程子嘗曰：『老子書其言自不相人處如水炭，其初意欲談道之極玄妙處，後來卻人權詐上去，如將欲奪之，必固與之』之類。」〔註59〕程子在評價《道德經》第三十六章的時候認為書中所言「將欲奪之，必固與之」、「將欲強之，必固弱之」、「將欲廢之，必固興之」等言論充滿了陰謀詭計，因而他認為《老子》一書初看是言「道」之玄妙，實則是教人陰謀權詐之術。薛蕙對此批駁道：「竊謂此章，首明物盛則衰之理，次言剛強之不如柔弱，末則因戒人之不可用剛也，豈誠權詐之術，而與二篇之言相反哉？……由是言之，謂老子為權數之學，是親犯其所禁，而復為書以教人，必不然矣。」〔註60〕可見，薛蕙並不贊同程子之言，認為權詐之術正是老子所反對的。關於此章中「將欲歙之，必固張之」、「將欲奪之，必固與之」、「將欲強之，必固弱之」、「將欲廢之，必固興之」的解讀，林兆恩本人則認為：

林子曰：「世之詭譎者，即謂其得老子之術，非妄執『必固張之』之數言，而訛訾之邪？『固』字訓義，與『故』不同，若『固』作『故』，則老子不能無心於其間，謂之老子之術可也。且盈而必缺，中而必昃，寒往而暑，晝往而夜，天道之常也。吾嘗執天道而倣老子之詞曰：『將欲缺之，必固盈之；將欲昃之，必固中之；將欲暑之，必固寒之；將欲夜之，必固晝之。』謂天之有術可乎？萬物之生而死，榮而悴，成而毀，亦天道也，天何心哉？由是觀之，則世之非老子者，非惟心不達老子之意，亦且目不涉老子之文，以『固』作『故』，不亦重可笑乎？」〔註61〕

明代其他注老之作中對此章權詐論的消解，基本都是從自然之理入手，認為老子所言首先是自然界的規律。薛蕙也認為此章是「首明物盛則衰之理」，

〔註58〕林兆恩撰：《道德經釋略》第三十六章，《林子三教正宗統論》，北京：宗教文化出版社，2016年，第598頁。

〔註59〕林兆恩撰：《道德經釋略》第三十六章，《林子三教正宗統論》，北京：宗教文化出版社，2016年，第598頁。

〔註60〕林兆恩撰：《道德經釋略》第三十六章，《林子三教正宗統論》，北京：宗教文化出版社，2016年，第598頁。

〔註61〕林兆恩撰：《道德經釋略》第三十六章，《林子三教正宗統論》，北京：宗教文化出版社，2016年，第598頁。

而王道亦言：「按先儒因此章之言，遂以權詐陰謀議老子者甚多。蓋由於不究將欲必固之言為自然之理，而以為老子作於之術。」〔註62〕王道認為此章「將」、「欲」、「必」、「固」四句所闡明之理主要是針對天地自然之理。聖人藉此微明之理來喻示人事，其本意在於闡明「在聖人用之則為大道。而奸雄竊之則為縱橫捭闔之術，其有害甚於兵刃也。」〔註63〕所以，按王氏之看法第三十六章之意非但不是講陰謀權詐反而是表達了老子反對縱橫捭闔之術。林兆恩在釋此句時，大體也是以自然之理為據，但不同的是林兆恩對此章的闡發主要是以訓詁的方法為主。他提出此章中「固」字非「故」，若是「固」字作「故」，那麼言《道德經》此章為權術可也。事實上，現今能看到的河上公本、王弼本、傅奕本以及帛書本的《道德經》中皆是作「固」字，當然亦有學者提出「固」、「姑」、「故」互通，其意為「先」（黃劍）〔註64〕。按林氏之論，在傳統學者眼中恐也有將此章「固」字作「故」的用法。然而，《道德經》原文中是以「必固張之」、「必固與之」、「必固弱之」、「必固興之」為句，這個「固」訓為本來、原來的意思，是言天道之規律，故而他認為誤將老子思想解讀為權詐論的觀點是把「固」字當成了「故」。

二、陽明心學與老學的交涉

王學的創立具有明顯的援老入儒的特質，特別是其對老子哲學中「道」、「自然」、「有無」等思想的吸收與借鑒。正如歐陽禎人曾提出王陽明良知學的形成與發展受到道家思想影尤多，其良知學在理論形態上充分借鑒了《老子》文本中的本體、有無、動靜、體用等思想，同時其工夫論亦亦有對《老子》思想的融攝〔註65〕。因而陽明心學中隱含著濃厚的道家色彩，而心學此種鮮明的特徵也極大程度上影響了陽明後學。林兆恩之「三教合一」思想也是三教融合的產物，特別是儒學與道學的融合。林氏在《道德經釋略》中也常常以心學思想來詮釋老子思想，由此展現出心學與老學的交涉與互釋。

〔註62〕王道著，《老子億》，熊鐵基，陳紅星主編：《老子集成》第六卷，北京：宗教文化出版化，2009年，第250頁。

〔註63〕王道著，《老子億》，熊鐵基，陳紅星主編：《老子集成》第六卷，北京：宗教文化出版化，2009年，第250頁。

〔註64〕參見劉笑敢著：《老子古今——五種對勘與析評引論》上卷，中國社會科學出版社，2006年，第376頁。

〔註65〕歐陽禎人，張旭：《王陽明的良知之學對〈老子〉思想的繼承與發展》，《老子學刊》，2022年第19輯。

（一）陽明心學與道家思想

王陽明與陸九淵並稱為陸王心學，他的「心即理」說主要繼承了陸九淵的「人皆有是心，心皆有是理，心即理也。」（《象山全集》卷十一《與李宰書》）的思想，但陽明的學說在很多地方又遠遠超出了陸九淵的學說，並在此基礎上提出了「致良知」的學說。王陽明的許多學說乃是直接針對朱熹之學，因而顯與朱學相悖，他大力批判朱熹的「格物致知」之論，認為「從冊子上鑽研，名物上考索，形跡上比擬。知識愈廣，而人慾愈滋；人力愈多，而天理愈弊。」〔註66〕由此陽明所高揚的心學在極大程度上突破了理學一統天下的局面。此外，王陽明的學說強調主體的能動性和主體意識，因而對傳統的儒學權威產生了巨大的衝擊，在一定程度上起到了思想解放的作用。由王學引起的這種思想變革很快在明代中期掀起了一場哲學變革，在經過與理學的劇烈鬥爭後，最終陽明之心學流行天下並取代了以往理學的地位。

王陽明本人的思想歷程與林兆恩極為相似，其在「出入佛老」數十載後最終復歸儒學，某種程度上來說林兆恩的思想經歷大體亦是如此。而陽明在闡發其心學理論之時又往往假借禪宗思想，因而其哲學思想也深深烙上了禪宗的印記，乃至與被稱為「陽明禪」。以往學界對於王學與禪宗之關係的討論較多，但對其與道家思想的聯繫則有所忽視。事實上王學的創立除了大量吸收禪宗思想之外更是與道教內丹學密切相關，王陽明早年曾長期陷溺於道教的煉養之術，一再尋仙問道，自身也有修習方術的經歷，甚至還修成道教中「先知」〔註67〕工夫。此外，按照《年譜》所述：「合晉之日，偶閒行入鐵柱宮，遇道士趺坐一榻，即而叩之，因聞養生之說，遂相與對坐忘歸。諸公遣人追之，次早始還。」（《王陽明全集》卷三十三）王陽明本人在其洞房花燭之夜居然還在南昌鐵柱宮與道士談論養生之道。由於長期「出入佛老」，因而王陽明之心學的一大特徵即在於倡導「三教合一」。陽明認為釋道兩家的思想完全可以為儒學所容納，他用「三間屋舍」表達了他的三教觀：

〔註66〕王守仁著，吳光編校：《傳習錄》，《王陽明全集》（上），上海：上海古籍出版社，2015年，第28頁。

〔註67〕弘治十六年（1504），王陽明在陽明洞天築室的第二年，恰逢大旱，時任紹興太守大約是聽聞陽明修成「先知」的工夫，故多次派人來諮詢致雨之術。於時陽明曾作《答佟太守求雨》與《南鎮禱雨文》二文，並在南鎮進行禱雨。關於這一工夫的描述，耿定向曾記述曰：「究心二氏之學，築洞陽明麓，日夕勤修習，靜中內照，形軀如水晶宮，忘己忘物、忘天忘地，混與太虛同體。」（見耿定向：《王文成先生世家》，《耿天台先生文集》卷十三）。

> 譬之廳堂三間共為一廳，儒者不知皆吾所用，見佛氏，則割左
> 邊一間與之；見老氏，則割右邊一間與之；而己則自處中間，皆舉
> 一而廢百也。聖人與天地民物通體，儒、佛、老、莊皆吾之用，是
> 之謂大道。二氏自私其身，是之謂小道。〔註68〕

儒釋道三教只是在作用上迥異，從根本來說都是窺見道的門戶，可以視為
一種方法。自王陽明公開倡導三教融合之後，「三教合一」亦成為陽明心學的
重要特徵之一，正如卿希泰先生所指出的：「可見王陽明是公開而鮮明的『三
教合一』論者，此與宋代某些理學家那種表面上、口頭上反對佛道，而又暗中
偷偷援引佛道的做法是完全不同的」〔註69〕，儘管陽明在前期和後期對待佛老
之態度存在一定的變化，但其本人「三教合一」的立場還是十分鮮明的。王陽
明在其思想成熟的中後期漸悟「老、釋二氏之非」，由此開啟了對道家與道教
思想之反思，《年譜》中載：

> 夫楊、墨、老、釋，學仁義，求性命，不得其道而偏焉，固非若
> 今之學者以仁義為不可學，性命之為無益也。居今之時而有學仁義，
> 求性命，外記誦辭章而不為者，雖其陷於楊、墨、老、釋之偏，吾獨
> 且以為賢，彼其心猶求以自得也。夫求以自得，而後可與之言學聖人
> 之道。某幼不問學，陷溺於邪僻者二十年，而始究心於老、釋。賴天
> 之靈，因有所覺，始乃沿周、程之說求之，而若有得焉。〔註70〕

這是王陽明為送別湛若水所作之序，其中提到其早年「陷溺於邪僻」二十
年的經歷，這段經歷大致就對應其「出入佛老」的過程。儘管王陽明在此時開
始系統反思以往自己「出入佛老」之弊，甚至是「自歎悔錯用了三十年氣力」。
但這並不意味著王陽明三教融合的立場發生了根本性的改變，陽明在《別湛甘
泉序》中稱：「晚得友於甘泉湛子，而後吾之志益堅，毅然若不可遇，則予之
資於甘泉多矣。」〔註71〕可見他對於湛若水之學是相當敬佩的，直言遇到湛若
水後其志益堅。湛若水是明代心學的另一支脈，與王陽明之心學並稱為「王湛

〔註68〕 王守仁著，吳光編校：《王陽明年譜》，《王陽明全集》（下），上海：上海古籍
出版社，2015 年，第 1289 頁。

〔註69〕 卿希泰著：《續・中國道教思想史綱》，成都：四川人民出版社，1999 年，第
543 頁。

〔註70〕 王陽明著：《別湛甘泉序》，《王陽明全集》，北京：中國畫報出版社，2016 年，
第 263 頁。

〔註71〕 王陽明著：《別湛甘泉序》，《王陽明全集》，北京：中國畫報出版社，2016 年，
第 264 頁。

之學」，但甘泉為維護白沙心學的正統，故而視佛老為異端。儘管王陽明與湛若水都視對方為知己，但二人始終無法在佛老問題上達成一致：

> 聚首長安，辛壬之春，兄復吏曹，於吾卜鄰。自公退食，坐膳相以，存養心神，剖析疑義。我云聖學，體認天理。天理問何？曰廓然爾。兄時心領，不曰非是。言聖枝葉，老聃釋氏。予曰同枝，必一根柢，同根得枝，伊尹夷惠。佛於我孔，根株咸二。〔註72〕

湛若水在陽明逝後寫下《奠王陽明先生文》，其中就提到了二人對待佛老問題的差異。王陽明始終主張老聃釋氏與儒家為同一根柢，而湛若水則一貫堅持「孔孟正脈」，因而二人曾就此一問題有長期的辯論。所以，儘管陽明對於早年「出入佛老」的經歷有所反思，但他並沒有徹底捨棄道家思想，「中後期的王陽明已對道家道教樹立起了一種批判的審視態度，儘管這種批判的審視並沒有如陽明自述的從此就與道家道教思想真的一刀兩斷，而是仍有吸收和借鑒，以至於它無論是對王陽明中後期的思想、行為，還是對其心學理論體系的闡發構建，都還有著不可忽視的重要作用和影響」〔註73〕。「致良知」為王學三變中的最後一變，也是王陽明思想成熟期的代表理論，他在闡釋其「良知」學時亦著重借鑒了《老子》中「道法自然」的思想〔註74〕。一方面陽明從本體論上強調了「良知自然會知」：

> 知是心之本體，心自然會知。見父自然知孝，見兄自然知弟，見孺子入井，自然知惻隱。此便是良知，不假外求。若良知之發，更無私意障礙。即所謂「充其惻隱之心，而仁不可勝用矣。」然在常人不能無私意障礙，所以須用「致知」「格物」之功，勝私復理。即心之良知更無障礙，得以充塞流行，便是致其知，知致則意誠。」〔註75〕

〔註72〕 湛若水著，鍾彩鈞，游騰達點校：《奠陽明先生文》，《泉翁大全集》卷57，臺北：中央研究院中國文哲研究所，2017年，第526頁。

〔註73〕 朱曉鵬：《王陽明哲學與道家道教關係研究》，華東師範大學博士學位論文，2009年。

〔註74〕 《傳習錄》中記載了陽明在不同場合闡釋其「良知」學的論述，據不完全統計其以「自然」來論「良知」的次數不下數十次，如「在聖人分上便是自然的」、「則其良知之發用流行處，自然是多，自然違道不遠」、「則良知之體洞然明白，自然是是非非，纖毫莫遁」、「自然順而應之」。參見宿奕銘編著：《傳習錄》，《王陽明全集》，北京：中國華僑出版社，2014年，第317、322、354、427頁。

〔註75〕 宿奕銘編著：《傳習錄》，《王陽明全書》，北京：中國華僑出版社，2014年，第222頁。

「知」是「心之本體」此言「心體」的根本作用在於「知」，「知」是其自然而然的一種功能，而「心本之本體」即是「良知」。從「知」的內容來看，陽明強調「見父自然知孝，見兄自然知弟，見孺子入井，自然知惻隱」，「孝」、「弟」、「惻隱」三者皆是一種人倫法則，故而「知」的內容是道德法則，因此「良知」的根本功能在於道德自知。那麼「良知」的這種「自然之知」是如何實現的呢？其弟子羅洪先曾言：「世之言自然，而不容強者，類名之曰，天有所賦予」〔註76〕，可見「自然」是由天所賦予的不可強名之狀態，因而「良知自知」的原理實則是借鑒了老子哲學中「道法自然」的理論。另一方面，王陽明也將「自然」融入「致良知」的工夫中。《傳習錄》中載陸澄曾問陽明如何立志，陽明回曰：「只念念要存天理，即是立志。能不忘乎此，久則自然心中凝聚，猶道家所謂『結聖胎』也。此天理之念常存，馴至於美大聖神，亦只從此一念存養擴充去耳。」〔註77〕立志的過程即為「存天理」，而陽明對此一過程的描述卻是以道教中的「結聖胎」來作比，並強調了「自然心中凝聚」，可見陽明本人還是強調「致良知」工夫的「自然」性。由此可見，王陽明之心學中具有明顯的道家思想特徵。

而陽明本人之弟子眾多，故而在其後學中亦有不少學者如王龍溪、李贄、錢德洪、朱得之〔註78〕等人對道家思想均有大量的吸收。如錢德洪曾言：「道體自然，無容強索，今欲強持操執以求必得，則本體之上無容有加，加此一念，病於助矣。然欲全體放下，若見自然……此正天然自得之機也。蓋欲揭此體以示人，誠難著辭，故曰苦心。」〔註79〕錢德洪的「道體自然」論實際上就是吸收了《老子》哲學中的「自然」思想，其言「道體自然」即謂「良知自然」，故而他從本體之「自然」推導出工夫的「自然」。陽明後學中「自然」論的色

〔註76〕羅訓森主編，中華羅氏通譜編纂委員會編：《念庵文集選》，《中華羅氏通譜》第 3 冊，北京：中國文史出版社，2007 年，第 2087 頁。

〔註77〕宿奕銘編著：《傳習錄》，《王陽明全書》，北京：中國華僑出版社，2014 年，第 232 頁。

〔註78〕朱得之（1485～隆慶末年），字本思，號近齋，自號參元子、盧生子，其為王陽明晚年居紹興時的入室弟子，《明儒學案》中將其列入南中王門。朱得之受道家思想影響極深，著有《老子通義》、《莊子通義》與《列子通義》，其在《老子通義》中甚至直言「此信孔孟之學不外於自然也」。參見朱得之著，《老子通義》，熊鐵基，陳紅星主編：《老子集成》第六卷，北京：宗教文化出版化，2009 年，第 378 頁。

〔註79〕錢德洪著，朱炯點校整理：《錢德洪集》，寧波：寧波出版社，2019 年，第 8 頁。

彩可謂是十分濃厚，清初學者戴震就曾批評道：

> 老聃、莊周、告子及釋氏，皆不出乎以自然為宗，惑於其說者，以自然直與天地相似，更無容他求，遂謂為道之至高。宋之陸子靜、明之王文成及才質過人者，多蔽於此。孟子何嘗以自然者非性使之然哉？以義亦出於自然也，故曰：「惻隱之心，人皆有之；羞惡之心，人皆有之；恭敬之心，人皆有之；是非之心，人皆有之。」孟子之言乎自然，異於告子之言乎自然，蓋自然而歸於必然。必然者，不易之則也，非制其自然使之強而相從也。天下自然而無失者，其惟聖人乎！……彼任其自然而失者無論矣。貴其自然，靜以保之，而視問學為用心於外，及乎動應，如其材質所到，亦有自然不失之處，不過材質之美，偶中一二，若統計行事，差謬多矣。且一以自然為宗而廢問學，其心之知覺有所止，不復日益，差謬之多，不求不思，以此終其身而自尊大，是以君子惡其害道也。老聃、莊周、告子、釋氏之說，貴其自然，同人於禽獸者也。聖人之教，使人明於必然。〔註80〕

戴震之立場可謂是十分鮮明，即以儒家的「必然」來反對釋老的「自然」。戴震認為「自然」之學出自老聃、莊周、告子及釋氏，這種學說視問學工夫外在於人心，因此「以自然為宗而廢問學」必然導致諸多謬誤，乃至於「害道」甚多。他認為「宋之陸子靜、明之王文成及才質過人者，多蔽於此」，陸王一系的心學蔽於「自然」而不知「必然」，不符合孟子以來的儒學正統，甚至是大呼「貴其自然，同人於禽獸者也」。戴震之論雖有明顯的儒家本位立場以及對釋道二教的偏見，故而他對陽明心學的理解並不全面，但其論述也足以反映出王門後學中濃厚的老學影響。

（二）《道德經釋略》中的心學影響

王陽明曾提出「心外無物」之思想，而林兆恩也以「心」來構築三教本體，他說：「竊以人之一心，至理咸具，欲為儒則儒，欲為道則道，欲為釋則釋，在我而已，而非有外也。」〔註81〕他把「心」作為核心，認為任何事物都離不

〔註80〕李敖主編：《戴震集·雕菰集·嚴復集》，天津：天津古籍出版社，2016年，第328頁。

〔註81〕林兆恩撰：《答論三教》，《林子三教正宗統論》，北京：宗教文化出版社，2016年，第4頁。

開「心」，如此則三教實際也是此「心」之用。王陽明講心即是聖，滿大街都是聖人，林兆恩也說「途人之心皆孔子也」〔註82〕，因而可以說陽明心學乃是林兆恩「三教合一」思想的理論基礎。

上文曾指出林兆恩之「三教合一」思想以「道一教三」說力證三教同源。事實上，三教同源之說並非林氏之獨創，如張伯端曾在《悟真篇序》中提出：「教雖三分，道乃歸一」〔註83〕，邱處機也曾在《金關玉鎖訣》中說：「三教者不離其道也，喻曰：似一根樹生三枝也」〔註84〕。而林兆恩的「道一教三」說極有可能也是受到道教思想的影響，特別是張三豐思想的影響。之所以如此推測，如前文所述《林子本行實錄》中曾記載萬曆八年（1580）張三豐向林兆恩傳授火候微旨一事，儘管這一記載並不可靠，但前文已經論證林兆恩確實詳細閱讀過張三豐的作品並且兩人之間可能構成隔代的思想傳承。張三豐本人亦曾提出「道一教三」的思想，「夫道，中而已矣，故儒曰『執中』，道曰『守中』，釋曰『空中』。」〔註85〕在張三豐看來，儒、釋、道三教都是源於同一個「道」，因而「雖分三教，仍一邪也」〔註86〕。和張三豐一樣，林兆恩也認為三教本原乃是同一個「道」，林氏又將其稱為「常道」。而其門孫陳衷瑜則言：「（林夫子）透三氏之真原，悟一中之宗旨，由真性以為道，其道也，乃未有儒，未有道，未有釋之先道也。」〔註87〕這裡說的很直白，先三教而生的「道」就是「真性」。而林兆恩本人也曾明確的說：「然教本於道，道本於性，余於是而知能性吾之性以為性，則孔老釋迦之道可得而道。」〔註88〕又說：「心一道一，而教則有三」〔註89〕，一般而言「心」、「性」概念既相互聯繫又相互區分。

〔註82〕林兆恩撰：《續稿》，《林子三教正宗統論》，北京：宗教文化出版社，2016年，第886頁。

〔註83〕張伯端著：《悟真篇·自序》，《悟真篇淺解》（外三種），北京：中華書局，1990年，第2頁。

〔註84〕邱處機著：《金關玉鎖訣》，轉引自楊志明著：《中國哲學及其文化底蘊》，昆明：雲南大學出版社，2002年，第206頁。

〔註85〕林兆恩撰：《玄譚》，《林子三教正宗統論》，北京：宗教文化出版社，2016年，第1037頁。

〔註86〕李西月編：《張三豐全集》，北京：華夏出版社，2017年，270頁。

〔註87〕林兆恩撰：《本體》，《林子三教正宗統論》，北京：宗教文化出版社，2016年，第20頁。

〔註88〕林兆恩撰：《三教合一大旨》，《林子三教正宗統論》，北京：宗教文化出版社，2016年，第3頁。

〔註89〕林兆恩撰：《三教以心為宗》，《林子三教正宗統論》，北京：宗教文化出版社，2016年，第18頁。

特別是在宋明哲學中，「心」與「性」或「心體」與「性體」是極為重要的一對範疇。在朱子學中二者是明確分離的，而在心學視閾下，特別是王陽明哲學中，其「心即理」的命題與「心即性」的命題是相通的，二者具有同質性，正如吳震所指出的：「在陽明那裏，心理合一與心性合一具有同等的理論意義，心體與性體的同質性似乎是不言自明的前提預設，而不需要作出嚴格的分殊」〔註90〕。而林兆恩作為陽明後學，其思想中亦存在著這種混合「心」、「性」的問題，正如林氏所謂「真心是性，真性是心」〔註91〕，如此三教本原之「道」實際上就是「真心」。因此林兆恩的「三教合一」思想一方面是吸收和借鑒了道家哲學中的「道」論，另一方面又融合了儒家心學思想，如此「道一教三」在「心一道一」的轉化下就成為「三教本心」的建構模式，這一模式無疑也彰顯出老學與心學的融合特色。

　　心學對林兆恩思想的浸潤無疑極大程度上影響了林氏對三教經典的詮釋，如前文也曾指出《道德經釋略》的詮釋理念完全是一種「以心釋經」的心學解經模式，因而這部《道德經釋略》中也呈現出陽明心學在老學中的展開與融合。值得注意的是，林兆恩在《道德經釋略》中廣泛援引的王道在某種程度上也可以算是陽明後學。王道本人學貫各家，早年學於陽明門下，後不滿其師之說而又改從湛若水，但其學問始終保持了濃厚的個人特色，故而黃宗羲在《明儒學案》中評價曰：「先生又從學甘泉，其學亦非師門之旨，今姑附於甘泉之下」〔註92〕。儘管王道不滿於王學「專求之心」的為學工夫轉而轉入湛若水門下，然並不代表王學對其毫無影響，湛若水排佛老的態度是極為鮮明的〔註93〕，而王道卻依然主張「三教合一」，可見在三教關係方面他是贊同王學三教融合的立場。

　　林兆恩在《道德經釋略》中常常將「心」的概念融入老子思想，從而以心

〔註90〕 吳震著：《陽明後學研究》重修增訂本，上海：上海人民出版社，2023 年，第106 頁。

〔註91〕 林兆恩撰：《心教》，《林子三教正宗統論》，北京：宗教文化出版社，2016 年，第89 頁。

〔註92〕 黃宗羲著，沈芝盈點校：《明儒學案》，北京：中華書局，1985 年，第1039 頁。

〔註93〕 《甘泉文集》中《教肆》篇有記載：陳生問曰：「何為異端？」甘泉子曰：「異也者，二也。夫端，一而已，二之則異端矣。」曰：「異端固害道乎？」曰：「孟子之時，害道者有楊、墨矣。程子之時，害道者有佛、老矣。」可見，湛若水是認同程朱排佛老的立場，以儒家正統立場自居，認為佛老皆為異端之學。（參見湛若水著，鍾采鈞點校：《甘泉文集》，第 29 頁。）

學來詮釋老學。如他在解釋《道德經》第二十八章中「樸散而為器，聖人用之則為官長。故大制不割」時言：「赤子之心，不謂樸乎？而大人者不失其赤子之心，以全樸也。樸散而器，殆失其天命之初矣。」〔註94〕此中其以「赤子之心」來解釋「樸」之含義，將「樸」作了心性論的詮釋。在林兆恩看來，「赤子之心，純一無偽，以炯然者未雕爾，渾然者未散爾。及其長也，漸生智慮，日復一日，本來之心蕩然無餘矣。」〔註95〕這個「赤子之心」即是道德本心，也就是人生之初純真無偽的「天命之初」。

《道德經》第二十二章言：「是以聖人抱一為天下式」，林兆恩則解之曰：

> 堯曰欽，孔子曰敬，所謂心在腔子裏者是也。《尚書》曰：「以禮制心」，余於是而知禮也者，敬而已矣；敬也者，欽而已矣。其曰抱一者，則堯之欽，湯之禮，孔子之敬者在我矣。其曰為天下式者，則堯之所以雍黎民，湯之所以式九圍，孔子之所以安人安百姓者在我矣。〔註96〕

「聖人抱一為天下式」所言指出了聖人學道的根本工夫即「抱一」，如河上公言：「聖人守一，乃知萬事，故能為天下法式也」〔註97〕。而林兆恩在解「抱一」時引入「心在腔子裏」的說法，這是林兆恩所言「孔門心法」中的重要內涵，正如他所謂：「『孔子之儒之所以相與授受者，自有心法在焉。』『夫所謂心法者何也？』林子曰：『心在腔子裏者是也。』『夫心在腔子裏，豈非宋儒者始言之邪？』林子曰：『子不獨聞堯之欽，孔子之敬者乎？』欽也者，敬也。敬也者，心之主乎中也。」〔註98〕「心在腔子裏」其根本工夫乃是一種「事心」之法，《二程遺書》中也曾提到「心在腔子裏」（《二程遺書》卷七）的說法。顯然，此中林兆恩亦是以儒家心學之學理來解讀老子「抱一」的工夫。

再如《道德經》第四十一章中言：「夫惟道善貸且成」，《說文》中解「貸」為「施也」，這是說惟有「道」善於滋養萬物且成就萬物。林兆恩則解之曰：

〔註94〕林兆恩撰：《道德經釋略》第二十八章，《林子三教正宗統論》，北京：宗教文化出版社，2016 年，第 592 頁。

〔註95〕林兆恩撰：《心隱說》，《林子三教正宗統論》，北京：宗教文化出版社，2016 年，第 875 頁。

〔註96〕林兆恩撰：《道德經釋略》第二十二章，《林子三教正宗統論》，北京：宗教文化出版社，2016 年，第 587 頁。

〔註97〕王卡點校：《老子道德經河上公章句》，北京：中華書局，1993 年，第 90 頁。

〔註98〕林兆恩撰：《三教會編附錄》，《林子三教正宗統論》，北京：宗教文化出版社，2016 年，第 257 頁。

何以謂之貸？而曰善也。夫道乃天之所以與我者，我之故物也，何待於貸？故特患我無欲道之心爾。如使我有欲道之心焉，則其所以與我者，即此而在。倏無而倏有，似若有以貸之也，不謂之善貸而何？夫不曰還我故物，而必曰貸者，彼蓋不知我所自有之故物也。故老子乃以貸言之也。〔註99〕

林兆恩提出「道」是「天」所賦予人的固有之物，並非是任何外物所施與人的，那麼這裡的「道」已非是老子哲學中作為萬物本原的「常道」了，而是作為「天命之初」的「赤子之心」（亦即本心）。所以林兆恩言：「故特患我無欲道之心爾。如使我有欲道之心焉，則其所以與我者，即此而在。」〔註100〕此言「赤子之心」我故有之，人一旦察覺到了自我之本心即知本心天然自有。然而常人則不能自覺其本心，故而老子才以「貸」而言。此外，《道德經釋略》第二十七中援引王道之《老子億》，認為：「以人心結人心，而人心自固也，安用繩約？斯固道之妙用，而始為善之善矣。」〔註101〕提出以「人心」來詮釋「善結無繩約而不可解」一句，亦反映出一定的心學特色。

除了將心學思想融入老子哲學，林兆恩在《道德經釋略》中亦有從心學立場對理學之批判。《道德經》第二十章中有「絕學無憂」之論，老子哲學是以「道」為學，以「道」為知，所以「絕學」所代表的是對一般經驗知識的超越。林兆恩在注解此章的時候提出：

夫絕學者，非以絕學也。而老子之學，為道以為學也。然而絕學能無憂乎？孔子曰：「學而時習之，不亦悅乎？」此言悅，理義之悅我心之悅也。昔者宋儒之釋格物也，今日格一物，明日格一物，至於即凡天下之物，亦且求之以至乎其極。夫天下之物，何其眾也，始不可以千萬計，豈其能求之以至其極邪？設或有一物之不知也，能無恥乎？恥之，而能無憂乎？若為道則日損矣，抱一知常，知常則明，而性靈中炯，聖神文武，自有不可測而知者老子曰：「不出戶知天下，不窺牖見天道」，其視為學之徒，日增聞見，其

〔註99〕林兆恩撰：《道德經釋略》第四十一章，《林子三教正宗統論》，北京：宗教文化出版社，2016年，第605頁。

〔註100〕林兆恩撰：《道德經釋略》第四十一章，《林子三教正宗統論》，北京：宗教文化出版社，2016年，第605頁。

〔註101〕林兆恩撰：《道德經釋略》第二十七章，《林子三教正宗統論》，北京：宗教文化出版社，2016年，第591頁。

相去為何如邪？〔註102〕

　　林兆恩認為老子是以「道」為學，然而「絕學」何以無憂呢？他又援引孔子之言，並認為「學而時習之，不亦悅乎」所悅乃是悅我心中所體認的理義，而非是外在的物理知識。所以他在此中對朱熹遍物以為知的「格物」工夫亦有所批判。關於「格物」，林兆恩本人有明確的界定，且如他所言：

　　　　此所謂物者，非事物之物也，記所謂人化物之物也。此所謂格者，非扞格之格也，書所謂格其非心之格也。心化於物矣，不謂之非心而何？故格其非心者，格物也。格者，「格去」之義。〔註103〕

　　按照林兆恩以上說法，顯然「物」並非事物，他將其稱之為「人化物之物」。「物」顯然不是與人無關的客觀存在，其特點在於「稍有絲毫意見以存其中焉，即名為物。」〔註104〕可見，其所謂的「物」與陽明所謂的「意之所在便是物」是十分相似的。王陽明的「心外無物」與林氏的「人化物之物」的命題都表達了人之意識必然有其對象存在，因而二人都認為「物」是一個與「心」密切關聯的概念。此外，林氏曾明確提出：「余之所謂物者，殆非可邇可殖之物，而迷之以溺其心也。」〔註105〕「物」是能使「心」沉迷的一切東西（包括事情與自然物）。而他所謂的「格」乃是「格其心非之格」亦即格去的意思，所以「格物」的目的是格除「心」上不正的欲念。可見林兆恩對「格物」內涵的闡發基本還是與王陽明一致。基於這一立場，林兆恩認為朱子之「格物」無法達到老子所言「無憂」之境界，而老子所言「為道日損」亦是在個體之心性修養上作工夫，故而「性靈中烔」並非是以聞見為學。

〔註102〕 林兆恩撰：《道德經釋略》第二十章，《林子三教正宗統論》，北京：宗教文化出版社，2016年，第585頁。

〔註103〕 林兆恩撰：《大學正義》，《林子三教正宗統論》，北京：宗教文化出版社，2016年，第706頁。

〔註104〕 林兆恩撰：《七竅問答》，《林子三教正宗統論》，北京：宗教文化出版社，2016年，第466頁。

〔註105〕 林兆恩撰：《心本虛篇》，《林子三教正宗統論》，北京：宗教文化出版社，2016年，第856頁。

總　結

　　林兆恩是明代「三教合一」思想之集大成者，誠如貝琳教授所言：「林兆恩不是一個思想天才，或者非常具有創造性的思想者，他只是採用了早已普遍流行於心學以及佛道二教中的觀念。他的貢獻在於將這些借用來的觀念改造成一種融合的宗教教義以及一種明確的學習和實踐系統，對於他自己和別人來說都是非常容易理解和遵循的」〔註1〕。其「三教合一」論不僅形成了「以心為宗」的思想體系，創立了「身心雙修」的修行工夫，同時也藉由其三教論與工夫論而成立三一教。三一教的產生與發展反映出晚明社會變革中「異端」思想的蔓延與演變，這也使得林兆恩成為晚明儒學宗教轉向中的重要一環，可謂是對晚明學界產生了十分巨大的影響，其意義與價值也一直延續至當今社會。林兆恩之著作雜多，其對於三教經典均有涉及，可以說「三教合一」論與其經學詮釋之間構成了互發之關係，故而某種意義上而言經學詮釋即「三教合一」論的經典形態。本書以林兆恩所著之《道德經釋略》為研究對象，意在從道家層面來推進林兆恩之相關研究，從而為闡釋其「三教合一」思想開拓新的研究本文。本書以林兆恩生平與道教之關係、《道德經釋略》的版本、對勘與詮釋方法、林兆恩對老子思想的詮釋、《道德經釋略》的詮釋特色與意義，四個部分來進行論述。

　　第一部分是對林兆恩本人之生平及其與道家、道教思想之關係的考察，特別闡述了林氏思想與道教內丹學之間的聯繫，這　考察為我們深入分析林

〔註1〕 Judith A.Berling, *The Syncretic Religion of Lin Chao-en*, Columbia University Press, 1980.P3.

兆恩對《道德經》的理解奠定了先決條件。林兆恩本人有混同道家、道教的為學特色，故而一方面他是以黃老作為道教之正宗，另一方面又立足於「心性之學」對現實道教中的諸多弊端進行了系統地批判，其對道教之理解也極大程度上反映在《道德經釋略》中。第二部分是關於《道德經釋略》文本的分析，這部分內容包括版本、成書情況、全文校對、詮釋方法等。此一部分主要是從文獻學的角度來切入，通過對《道德經釋略》全文的校對與分析，可以發現此作採用了多種詮釋方法，同時特別有廣泛援引三教思想與經典，在文體上呈現出通俗性的特點。第三部分則主要關涉林兆恩對老子思想的具體詮釋，從整部《道德經釋略》的詮釋重點來看，林兆恩主要圍繞「道論」、「無為論」、「仁論」與「身論」四大板塊來闡發其對老子思想的理解。一方面其發揮了老子本有之思想，提出了諸多新論，如「不可道之常道」、「君無為而臣有為」、「無身而貴身」等思想，另一方面他也注重從儒家角度來詮釋老學，如「堯舜無為而治」、「孔子不仁為至仁」等，從而闡發儒道不異的學理。第四部分是對於《道德經釋略》之詮釋特色與意義的考察，此一部分重點論述了「三教合一」思想在《道德經釋略》中的呈現以及林兆恩對老子學說的正名和陽明心學與老學的交涉與融合。

　　唐末五代之著名道教學者杜光庭曾提出注老「宗旨」與「宗趣」之說，對於考辯諸家注老之特色與意義提供了一定的參考維度。所謂「宗旨」即是指對老子哲學中核心思想的體悟，如李贄之《老子解》是「以無為為宗」、田藝蘅之《老子指玄》是「以道德為宗」、朱得之之《老子通義》則「以自然為宗」。而所謂「宗趣」則是言老子思想所具備之價值的體認，如李贄注老重點在於闡發「明理國之道」，而焦竑注老則重在「明理身之道」，此二者之分實際上代表了對《老子》文本的兩種基本詮釋向度，即政治哲學與心性哲學的分別。從注老「宗旨」而言，林兆恩的《道德經釋略》並沒有圍繞一個特定的範疇貫穿全文的注解，故而其「宗旨」可以說是多重的，但大體而言在「道」、「無為」、「仁」、「身」四個範疇中，「道」是最為基礎的，其本人亦言：「大抵《老子》五千言，蓋以言道德之無所於為也。」〔註2〕就此而言以宗「道德」來定義這部《道德經釋略》亦是可以的。從「宗趣」來說，客觀上而言林兆恩主要還是發揮了「明理身之道」，同時也有涉及一定的「明理國之道」。他從心性哲學的

〔註2〕林兆恩撰：《道德經釋略》第二章，《林子三教正宗統論》，北京：宗教文化出版社，2016年，第565頁。

角度來審視老子之學，在注解過程中會通三教之學，特別是強調了儒道不異之特點。從《道德經釋略》的詮釋理念來看，其無疑是基於陽明心學的心學解經模式，故而此作之目的大體在於闡發其「三教合一」論。

　　這部《道德經釋略》不僅對於我們研究林兆恩之「三教合一」思想有著十分重要的參考意義，同時也是研究明代老學的重要資料之一。可以為我們探究明代「三教合一」思想潮下，老學的發展及其與儒佛兩家的交涉和融合提供借鑒。

參考文獻

一、參考著作

1. 林兆恩著：《林子全集》，成都：四川民族出版社，2018 年。

2. 林兆恩撰：《林子三教正宗統論》，北京：宗教文化出版社，2016 年。

3. 林兆恩撰：《林子三教正宗統論》，《四庫禁燬書叢刊》子部第 17、18、19 冊，北京：北京出版社，2000 年。

4. 林兆恩著，盧文輝集結，盧國濱、林如實校訂：《夏午真經》，北京：宗教文化出版社，2019 年。

5. 盧文輝編著，方芳校譯：《林子本行實錄》，北京：宗教文化出版社，2019 年。

6. 盧永芳編：《林龍江年譜彙編》，北京：光明日報出版社，2016 年。

7. 《九序摘言內景圖》，莆田後角石門山宗孔祠印，1986 年。

8. 司馬遷著：《史記》，北京：商務印書館，2019 年。

9. 黃宗羲著：《黃宗羲全集》，杭州：浙江古籍出版社，1992 年。

10. 黃宗羲著，沈芝盈點校：《明儒學案》，北京：中華書局，1985 年。

11. 黃壽祺，張善文撰：《周易譯注》，上海：上海古籍出版社，1989 年。

12. 楊伯峻著：《論語譯注》，北京：中華書局，2009 年。

13. 錢德洪著，朱炯點校整理：《錢德洪集》，寧波：寧波出版社，2019 年。

14. 王陽明著，葉聖陶點校：《傳習錄》，北京：中國致公出版社，2018 年。

15. 王守仁著，吳光編校：《王陽明全集》，上海：上海古籍出版社，2015 年。

16. 張廷玉等撰：《明史》，北京：中華書局，1974 年。

17. 孟子著，顏興林譯注：《孟子》，南昌：二十一世紀出版社，2014 年。

18. 阮刻校刻：《十三經注疏禮記正義》（清嘉慶刊本），北京：中華書局，2009 年。

19. 湛若水著，鍾彩鈞，游騰達點校：《甘泉先生續編大全》，臺北：中央研究院中國文哲研究所，2017 年。

20. 陳煥章撰：《陳煥章文錄》，長沙：嶽麓書社，2015 年。

21. 朱熹著：《四書集注》，長沙：嶽麓書社，1987 年。

22. 陸九淵著，鍾哲點校：《陸九淵集》，北京：中華書局，1980 年。

23. 程顥，程頤著：《二程集》，北京：中華書局，1981 年。

24. 韓非著：《韓非子》，北京：民主與建設出版社，2017 年。

25. 黎靖德編：《朱子語類》，北京：中華書局，2007 年。

26. 《宋史》，北京：中華書局，1985 年。

27. 李贄著：《李贄文集》，北京：社會科學文獻出版社，1998 年。

28. 朱棣集注：《金剛經集注》，上海：上海古籍出版社，1984 年。

29. 陸容著：《椒園雜記》，北京：中華書局，1985 年。

30. 李西月編：《張三豐全集》，北京：華夏出版社，2017 年。

31. 薛蕙著：《老子集解》，北京：中華書局，1985 年。

32. 張富祥，李玉誠注：《王安石集》，鄭州：河南大學出版社，2016 年。

33. 何善蒙著：《三一教研究》，杭州：浙江大學出版社，2011 年。

34. 趙偉著：《林兆恩與〈三教開迷歸正演義）研究》，北京：中國社會科學出版社，2011 年。

35. 馬西沙，韓秉方著：《中國民間宗教史》，北京：中國社會科學出版社，2004 年版。

36. 馬西沙著：《中國民間宗教簡史》，上海：上海人民出版社，2005 年。

37. 饒宗頤著：《饒宗頤二十世紀學術文集》，北京：北京大學出版社，2000 年。

38. 林珊妏著：《〈三教開迷歸正演義）研究》，臺北：臺灣花木蘭文化出版社，2000 年。

39. 丁荷生（Kenneth Dean）、鄭振滿編：《福建宗教碑銘彙編（興化府分冊)》，福州：福建人民出版社，1995 年。

40. 丁荷生（Kenneth Dean）.*Taoism and Popular Cults in Southeast China*，

Princeton University Press，1993 年。

41. 林國平著：《林兆恩與三一教》，福州：福建人民出版社，1992 年。

42. 鄭志明著：《明代三一教教主研究》，臺北：臺灣學生書局，1988 年。

43. 貝琳（Judith A.Berling）.*The Syncretic Religion of Lin Chao-en,* Columbia University Press，1980 年。

44. 間野潛龍著：《明代文化史研究》，京都同朋會，1979 年。

45. 荒木見悟著：《明末宗教思想研究》，創文社，1979 年。

46. 酒勁忠夫著，劉岳兵，何英鶯譯：《中國善書研究》，南京：江蘇人民出版社，2010 年。

47. 卿希泰著：《續·中國道教思想史綱》，成都：四川人民出版社，1999 年。

48. 陳來著：《有無之境──王陽明哲學的精神》，北京：人民出版社，1991 年。

49. 楊國榮著：《王學通論──從王陽明到熊十力》，上海：華東師範大學出版社，2003 年。

50. 楊國榮著：《政治、倫理及其他》，北京：生活·讀書·新知三聯書店，2018 年。

51. 李零著：《人往低處走──〈老子〉天下第一》，北京：生活·讀書·新知三聯書店，2008 年。

52. 樓宇烈校釋：《老子道德經注校釋》，北京：中華書局，2008 年。

53. 陳鼓應著：《老子注譯及評介》，北京：中華書局，1984 年。

54. 任繼愈，鍾肇鵬主編：《道藏提要》，北京：中國社會科學出版社，1995 年。

55. 任繼愈著：《老子新譯》，上海：上海古籍出版社，1985 年。

56. 彭裕商，吳毅強著：《郭店楚簡老子集釋》，成都：巴蜀書社，2011 年。

57. 劉坤生著：《老子解讀》，上海：上海古籍出版社，2004 年。

58. 劉笑敢著：《老子古今──五種對勘與析評引論》，北京：中國社會科學出版社，2006 年。

59. 王卡點校：《老子道德經河上公章句》，北京：中華書局，1993 年。

60. 郭慶藩著：《莊子集釋》，北京：中華書局，1961 年。

61. 張松輝著：《老子研究》，北京：人民出版社，2009 年。

62. 錢穆著：《中國近三百年學術史》，北京：九州出版社，2011 年。

63. 朱謙之撰：《老子校釋》，北京：中華書局，1984 年。

64. 董平著：《老子研讀》，北京：中華書局，2015 年。

65. 柳存仁著：《道教史探源》，北京：北京大學出版社，2000 年。

66. 劉林魁著：《三教論衡與唐代文學》，北京：人民出版社，2021 年。

67. 唐大潮著：《明清之際道教「三教合一」思想論》，北京：宗教文化出版社，2000 年。

68. 高亨著：《老子注譯》，北京：清華大學出版社，2010 年。

69. 蔣錫昌著：《老子校詁》，上海：商務印書館，1937 年。

70. 容肇祖輯：《王安石老子注輯本》，北京：中華書局，1979 年。

71. 嵇文甫著：《晚明思想史論》，北京：中華書局，2017 年。

72. 熊鐵基，馬良懷，劉韶軍著：《中國老學史》，三明：福建人民出版社，1995 年。

73. 李敖主編：《戴震集‧雕菰集‧嚴復集》，天津：天津古籍出版社，2016 年。

74. 牟鍾鑒著：《儒道佛三教關係簡明通史》，北京：人民出版社，2018 年。

75. 張昭煒著：《陽明學文獻整理與研究的新進展》，上海：上海古籍出版社，2018 年。

76. 張學智著：《明代哲學史》，北京：中國人民大學出版社，2012 年。

77. 淡江大學中文系主編：《晚明思潮與社會變動》，弘化文化公司，1987 年。

78. 蔡厚仁著：《王陽明哲學》，臺北：臺灣三民書局，1983 年。

79. 孫以楷著：《老子通論》，合肥：安徽大學出版社，2004 年。

80. 吳震著：《陽明後學研究》重修增訂本，上海：上海人民出版社 2023 年。

81. 熊鐵基，陳紅星主編：《老子集成》第七卷，北京：宗教文化出版化，2009 年。

82. 熊鐵基，陳紅星主編：《老子集成》第一卷，北京：宗教文化出版化，2009 年。

83. 熊鐵基，陳紅星主編：《老子集成》第二卷，北京：宗教文化出版化，2009 年。

84. 熊鐵基，陳紅星主編：《老子集成》第六卷，北京：宗教文化出版化，2009 年。

85. 林金水著：《利瑪竇與中國》，北京：中國社會科學出版社，1996 年。

86. 鄭安德編：《明末清初耶穌會思想文獻彙編》第二冊，北京：北京大學宗教研究所，2003 年。

87. 孫尚揚著：《明末天主教與儒學的互動──一種思想史的視角》，北京：宗教文化出版社，2013 年。

88. 梅謙立著，譚傑校勘：《天主實義今注》，北京：商務印書館，2014 年。

二、參考論文

1. 唐明貴：《林兆恩〈論語正義〉的詮釋特色》，《鵝湖月刊》，2019 年第 527 期。

2. 蓋建民：《林兆恩三一教內修法門與道教南宗關係的幾個問題新探》，《宗教學研究》，2019 年第 2 期。

3. 詹石窗，袁方明：《林兆恩九序功法的哲理意涵再探》，《中南民族大學學報》（人文社會科學版），2019 年第 1 期。

4. 李志鴻：《三一教與道教雷法初探》，《世界宗教研究》，2018 年第 2 期。

5. 羅臻輝：《明末清初三一教在漳州傳播考述》，《宗教學研究》，2018 年第 1 期。

6. 關雅泉：《藤原惺窩的『大學要略』について：林兆恩『大學正義纂』との比較》，《中國哲學》，2016 年。

7. 王廷婷，莊恒愷：《〈三一教研究〉評介》，《世界宗教研究》，2014 年第 3 期。

8. 林國平：《從〈夏午堂歌詞集〉看三一教的娛樂與教化觀》，《海峽教育研究》，2013 年第 2 期。

9. 劉泳斯：《民間信仰在「三教合一」形成與發展過程中的歷史作用》，《中國文化研究》，2012 年第 3 期。

10. 莊恒愷：《林兆恩「三教合一」思想中的佛道因素》，《長江師範學院報》，2012 年第 3 期。

11. 石滄金，歐陽班銥：《馬來西亞華人的三一教信仰考察》，《東南亞研究》，2012 年第 3 期。

12. 吳慧娟：《莆田三一教儀軌及其音樂的道教淵源》，《中國音樂》，2012 年第 1 期。

13. 唐經欽：《論焦竑會通三教思想——兼比較焦竑與林兆恩之會通思想》，《中央大學人文學報》，2012 年第 49 期。

14. 唐經欽：《論林兆恩之成德工夫——兼論黃宗羲對林兆恩之批評》，中央大學出版中心，2011 年。

15. 林國平：《當代民間宗教的復興與轉型——以福建三一教為例》，《東南學術》，2011 年第 6 期。

16. 吳慧娟：《三一教儀式音樂的用樂原則》，《中國音樂》，2011 年第 3 期。

17. 吳慧娟：《三一教儀式音樂的場域與實施》，《星海音樂學院學報》，2010 年第 4 期。

18. 吳慧娟：《福建省仙遊縣三一教儀式音樂調查與研究》，《大舞臺》，2010 年第 9 期。

19. 吳慧娟：《三一教儀式中的音聲分析》，《中國音樂》，2010 年第 3 期。

20 趙偉：《林兆恩與〈三教開迷歸正演義〉研究》，《青島大學師範學院學報》，2010 年第 4 期。

21. 唐經欽：《論明末以儒義融通三教之心體觀——以王龍溪與林兆恩為例》，《鵝湖學誌》，2010 年第 44 期。

22. 唐經欽：《林兆恩心體觀探討》，《鵝湖學誌》，2009 年第 42 期。

23. 趙偉：《林兆恩與明末三教合一論比較》，《東方論壇》，2009 年第 2 期。

24. 何善蒙：《三一教儀式研究》，《世界宗教研究》，2009 年第 3 期。

25. 林國平：《楊通化與仙遊、惠安三一教的復興》，《福建宗教》，2008 年 1 期。

26. 何善蒙，王廷婷：《福建省莆田市仙遊縣三一教信仰狀況田野調研》，《世界宗教研究》，2007 第 2 期。

27. 林俊雄：《獨具特色的民間信仰「三一教」》，《中國宗教》，2007 年第 2 期。

28. 何善蒙：《林兆恩「三教合一」的宗教思想淺析》，《華僑大學學報》（哲學社會科學版），2006 年第 4 期。

29. 楊東甫：《關於〈三教開迷歸正演義〉及其作者》，《閱讀與寫作》，2006 第 6 期。

30. 趙獻海：《瘟疫與民間宗教——以林兆恩與三一教為例》，《中國社會歷史評論》，2005 第 1 期。

31. 齊學東：《描寫媽祖和林兆恩「三一教」的兩部古代長篇小說》，《福建師

大福清分校學報》，2004 年第 4 期。

32. 林國平，鄭小娟：《從鸞書〈鎮家寶〉看清末民國時期的三一教》，《臺灣宗教研究通訊》，2003 年第 5 期。

33. 嚴耀中：《論「三教」到「三教合一」》，《歷史教學》，2002 年第 11 期。

34. 彭國翔：《王畿的良知信仰論與晚明儒學的宗教化》，《中國哲學史》，2002 年第 3 期。

35. 劉曉東：《「三教合一」思潮與「三一教」——晚明士人學術社團宗教化轉向的社會考察》，《東北師大學報》，2002 年第 1 期。

36. 禺心：《「三一教」的創立者——林兆恩》，《莆田高等專科學校學報》，2001 年第 2 期。

37. 向世陵：《明代的宗教與三教合一》，《長春市委黨校學報》，1999 年第 4 期。

38. 姚文鑄：《林兆恩的「仁術」》，《紹興文理學院學報》，1999 年第 1 期。

39. 馬西沙：《林兆恩的三教合一思想》，《世界宗教研究》，1996 年第 2 期。

40. 陳職儀：《林龍江與仙遊地區的「三一教」》，《東南文化》，1996 年第 1 期。

41. 薛世平：《〈三教開迷歸正演義〉成書背景初探》，《福建師大福清分校學報》，1996 年第 1 期。

42. 蔡鍵恒：《三一教教主：林兆恩》，《福建史志》，1995 年第 3 期。

43. 中村安宏：《藤原惺窩と林兆恩——「大學要略」をめぐって》，《文芸研究》，1995 年第 1 期。

44. 張克偉：《讀林國平〈林兆恩與三一教〉》，《渭南師專學報》，1994 年第 2 期。

45. 朱憲章：《林兆恩和三一教》，《中外文化交流》，1993 年第 3 期。

46. 李夢生：《三教開迷歸正演義提要》，《明清小說研究》，1992（Z1）。

47. 張大任：《對林兆恩研究中若干問題的思考》，《福建論壇》（文史哲版），1989 年第 5 期。

48. 蔣維談：《林兆恩以虛空為本體的哲學思想探析》，《福建論壇》（文史哲版），1989 年第 4 期。

49. 詹石窗：《論三一教的道教色彩》，《世界宗教研究》，1989 年第 3 期。

50. 林國平：《三一教與道教的關係——從林兆恩與卓晚春、張三峰的關係談起》，《宗教學研究》，1988 年第 4 期。

51. 林國平：《論林兆恩的三教合一思想》，《中國哲學史研究》，1988 年第 3 期。

52. 林國平：《論三一教的形成與演變——兼與韓秉方、馬西沙先生商榷》，《世界宗教研究》，1987 年第 2 期。

53. 林國平：《三一教著述考釋》，《福建論壇》（文史哲版），1986 年第 6 期。

54. 林國平：《略論林兆恩的三教合一思想和三一教》，《福建師範大學學報學版》（哲學社會科學版），1986 年第 2 期。

55. 鄭志明：《臺北地區夏教的宗教體系研究》，《臺北文獻直字》，1986 年第七十六期。

56. 林國平：《試釋林兆恩的「九序」氣功理論》，《宗教學研究》，1985 年第 1 期。

57. 韓秉方，馬西沙：《林兆恩三教合一思想與三一教》，《世界宗教研究》，1984 年第 3 期。

58. 韓秉芳：《從王陽明到林兆恩——兼論一個傳佈於閩中的王學傍支別派》，國際儒學聯合會：《國際儒學研究》第十九輯（下冊），2012 年。

59. 歐大年（Daniel Lee Overmyer）：《評林兆恩的混合宗教》，The Journal of Asiatic Studies，1984 年。

60. 間野潛龍：《林兆恩續考》，《東方宗教》，1980 年第五六號。

61. 荒木見悟：《明末二人的三教一致論——管東溟與林兆恩》，《東洋學術研究》，第十七卷第五號，1978 年。

62. 傅吾康（Wolfgang Franke）. *Some Remarks on Lin Chao-en,* Oriens Extrenus, Jahrgang20，1973 年。

63. 傅吾康（Wolfgang Franke）. *Some Remarks on the Three-in-one Doctrine and Its Manifestations in Singapore and Malaysia,* Oriens Extrenus, Jahrgang19，1972 年。

64. 柳存仁. *Lin Chao-en the Master of the Three Teaching,* T'oung Pao Vol L111，《三教大師林兆恩》（《和風堂文集》），1967 年。

65. 間野潛龍：《林兆恩的著作》，清水泰次博士追悼紀念明代史論叢，東京大安株式會社，1962 年。

66. 酒井忠夫：《明末的儒教與善書》，東方宗教》，1955 年第七號。

67. 間野潛龍：《明代時期的三教思想——特別以林兆恩為中心》，《東洋史研

究》，1952 年十二卷第一號。

68. 蒙培元：《論朱熹敬的學說》，《天水師範學院學報》，2011 年第 4 期。

69. 李承貴：《心理學視域中的王陽明心學研究》，《學術界》，2020 年第 6 期。

70. 黃梓根：《老子自然之「仁」的理論邏輯及其現實意義》，《湖南大學學報》（社會科學版），2020 年第 6 期。

71. 鄧聯合：《〈老子〉第三章愚民說駁議》，《中國哲學史》，2020 年第 5 期。

72. 陸建華：《道身與肉身：論老子的身體哲學》，《武漢科技大學學報》（社會科學版），2020 年第 3 期。

73. 張榮明：《漢代章句與〈白虎通義〉》，《學術研究》，2004 年第 2 期。

74. 吳震：《泰州後學顏山農思想緒論》，《浙江社會科學》，2005 年第 1 期。

75. 馮國超：《「道可道，非常道」新解》，《中國社會科學》，2022 年第 6 期。

76. 趙汀陽：《道的可能解法與合理解法》，《江海學刊》，2011 年第 1 期。

77. 王博：《權力的自我節制：對老子哲學的一種解讀》，《哲學研究》，2010 年第 6 期。

78. 夏紹熙：《論老子的「道法自然」及其認知意義》，《東嶽論叢》，2020 年第 10 期。

79. 羅杏芬：《「貴身」還是「無身」？——老子「貴身」與「無身」的辯證關係探論》，《周口師範學院學報》，2016 年第 3 期。

80. 朱曉鵬：《論「無知之知」——老子認識論思想新探》，《河北師範大學學報》（哲學社會科學版），2001 年第 1 期。

81. 歐陽禎人，張旭：《王陽明的良知之學對〈老子〉思想的繼承與發展》，《老子學刊》，2022 年第 19 輯。

82. 楊國榮：《「不爭」及其價值內涵——老子思想的一個維度》，《杭州師範大學學報》（社會科學版），2021 年第 1 期。

三、參考學位論文

1. 王成良：《2006 年以來的莆田三一教研究》，華僑大學碩士學位論文，2018 年。

2. 孟依莎：《「三教合一」與三一教實踐：林兆恩思想特徵研究》，陝西師範大學碩士學位論文，2016 年。

3. 鮑希福：《三教本心——心學整合儒釋道三教思想研究》，中國社會科學

院博士學位論文，2010 年。

4. 吳慧娟：《福建仙遊三一教儀式音樂研究》，上海音樂學院博士學位論文，2010 年。

5. 莊恒愷：《林兆恩哲學思想研究》，上海師範大學碩士學位論文，2009 年。

6. 吳伯曜：《林兆恩〈四書正義〉研究》，國立彰化師範大學碩士學位論文，2001 年。

7. 林國平：《林兆恩與三一教》，福建師範大學碩士學位論文，1985 年。

8. 陳明海：《李贄儒道佛三教思想研究》，安徽大學博士學位論文，2013 年。

9. 馬曉英：《顏鈞思想研究》，中央民族大學博士學位論文，2003 年。

10. 陳佩君：《先秦道家的心術與主術——以〈老子〉、〈莊子〉、〈管子〉四篇為核心》，臺灣大學文學院哲學研究所博士學位論文，2008 年。

11. 朱曉鵬：《王陽明哲學與道家道教關係研究》，華東師範大學博士學位論文，2009 年。

附錄一　林兆恩生平年譜簡編

　　現存關於林兆恩生平的年譜主要有門人張洪都述撰的《林子行實》，林兆恩之族弟林兆珂所作的《林子年譜》以及親傳弟子盧文輝的《林子本行實錄》三種。三種年譜優劣不同，其中張洪都的《林子行實》最為簡略，其中亦缺乏林兆恩三十四歲以前的記載。林兆珂的《林子年譜》以理學家的身份來敘述林兆恩之一生，記錄詳細，較為可靠。而盧文輝的《林子本行實錄》是三種年譜中最為詳細的，但《實錄》對林兆恩的敘述是以一代教主之身份來展開的，故而其中帶有許多誇張和虛假的成分。因而，宜以林兆珂之《林子年譜》為主要依據，同時參閱其餘二種年譜。特別說明：此中所用《林子年譜》源於民國年間函三堂版（收入盧永芳所編：《林龍江年譜彙編》，2016 年，光明日報出版社）。

　　正德十二年丁丑（1517），降生

　　先生生於是年七月十六日寅時。（地點為莆田城廂赤柱巷）

　　按：《年譜》中記載，「先是，母李氏夢月墜於懷，已而有娠。彌月，祥光罩戶，異香射人而先生遂生」。《林子本行實錄》也有類似的記載：「初，母李式夢丹輪明月飛入帳中，遂娠焉。」、「七月十六日寅時，人見司馬第李氏所居之房，祥光燭天，異香襲人，而三一教主夏午尼氏林子誕。」儘管二者都有類似的記載，但不一定為真，《年譜》的記錄也可以視為一種敘述的技巧，彰顯了林兆恩不平凡的一生。

　　正德十三年戊寅（1518），周歲

　　是年，先生周歲，試晬盤，獨舉一鏡。

按：《實錄》中稱「相貌魁梧俊偉，省吾公甚奇之」的記載，「省吾公」即林兆恩之祖父林富。

正德十五年（1520），4 歲

王陽明先生拜訪省吾公，省吾公讓教主拜見王陽明。陽明先生評價「此兒丰姿卓異，殆非科第中人，日後福量過先生遠矣。」

按：《年譜》中並無四歲時的記載，故而此記載源於《實錄》。但根據《王陽明年譜》來看正德十五年王陽明主要在江西，根本沒有機會造訪莆田林家。因而此說有極大的可能是後人的偽造。

嘉靖元年壬午（1522），6 歲

是年，先生六歲，入小學。

按：《實錄》中載，「每讀書數行，須數十遍方能認識。省吾公以為才不稱貌……蓋其天性然也。」這表明林兆恩在蒙童時期可能不擅學業。

嘉靖八年己丑（1529），13 歲

先生年十三。每出，必袖金給貧子，母李氏詰之。答曰：「損有餘，補不足，天之道也。」

按：《實錄》中對於這此事亦有相關的記載，應屬實事。

嘉靖十一年壬辰（1532），16 歲

先生年十六。撰《博士家言》，詞鋒景煥。先是，先生讀書數行，須數十遍方能認識。至此，忽開悟意表，下筆有神云。

按：對於《博士家言》的撰寫，《實錄》中亦有記載，只是此作不見於林兆恩之全集中。《實錄》中另有記載，省吾公復大奇其才。

嘉靖十二年癸巳（1533），17 歲

教主嘗病弱，醫者強之服藥，起色愈羸，有老人見之，謂之曰：「得無多藥乃爾，與其聽於藥，毋寧聽於酒，此生平已試之效也。」教主依其言，不數日而病痊，後教主教人卻病，授以心法，未嘗禁飲酒，其機蓋始於此云。

按：這一記載不見《年譜》，而是《實錄》中的描述。此中言以酒來治病之說，似有誇張，故而此記載可能為渲染之用。

嘉靖十三年甲午（1534），18 歲

先生年十八。娶主事士仙邑鄭公主敬女，逾年而卒。拔置高等，補邑弟子員。

按：《實錄》中記載，初聘侍郎陳公女，不祿；隨娶主事士仙邑鄭公主敬女，逾年而卒。其餘記載大體相同。

嘉靖十六年丁酉（1537），21 歲

先生年二十一。續取知縣陳公傑孫女。

嘉靖十九年庚子（1540），24 歲

先生年二十四。督學田公汝成校士，首拔先生，命作擬古諸書。先生遊九鯉湖，夢真人謂之曰：「麒麟其事業，當代其文章」。

按：關於遊九鯉湖夢真人之事，《實錄》中亦有記載，同時還言：後楚何心隱先生，嘗謂人曰：「林子之文，我朝第一，即王陽明諸輩，皆不能及也」。關於何心隱拜訪林兆恩的記載，《林子年譜》與《林子本行實錄》中記載的時間均為嘉靖三十八己未（1559）。而何心隱本人年譜記載的情況則不同，何心隱是於嘉靖四十二年至四十三年（1563～1564）活動於福建興化、莆田等地，其間與錢懷蘇、朱錫二人拜訪了林兆恩。此次拜訪，何心隱在林家講學五十四日。二人年譜中關於拜訪的時間略有差異，但可以明確林兆恩與何心隱應該是相熟的。至於《實錄》中言何心隱稱讚林兆恩文辭當朝第一，更是超越王陽明諸輩，恐是誇張之言。

嘉靖二十二年癸卯（1543），27 歲

先生年二十七。長子綸生。後補邑弟子員，更名錫命。郡節推章公檗殺青《林生略》行世。

按：《實錄》中載，林綸字方治。

嘉靖二十三年甲辰（1544），28 歲

先生年二十八。二月，丁父樵谷公憂。

按：《實錄》中對此事有較為詳細的記載。樵谷公疾甚，曰：「吾旦夕且死，尚有千金之券，咸付其人，毋復責償可也。」不數日謝世，教主兄弟卒哭外，盡召諸子錢家，悉還其券，遠近咸頌德焉。

嘉靖二十四年乙巳（1545），29 歲

先生年二十九。冬，葬樵谷公於石門山。

嘉靖二十五丙午（1546），30 歲

先生年三十。往江西吉水，謁太史羅公洪先。

先生託人丐夢九鯉湖，夢三骰子賽色，擲個麼四四，一麼旋轉久而始住。

比應試，首輒大分數，比還莆，翻然謝舉子業，銳心學道。

　　按：《實錄》中記載，教主遂翻然棄舉子業，而銳志於心身性命之學，遍叩三門，自茲始也。數年見，如癡如醉，如癲如狂，凡略有道者，輒拜訪之，厚幣之。或邂逅儒服玄裝，雖甚庸流，亦長跪請教。故莆田人咸以教主為癲，而教主殊不為之少阻，久而真心不退，天地鑒之誠意懇至，聖神通之，得遇明師，授以真決……而教主始言三教矣。這一年是林兆恩思想轉變的關鍵時期，無論是《實錄》還是《年譜》中均有提到遇到「明師」傳道的說法，當然「明師」究竟是誰，現有之資料無從推斷，也可能是林兆恩本人所捏造的。

嘉靖二十六年丁未（1547），31 歲

先生年三十一。次子紲生。

按：《實錄》中載，林紲字方質。

嘉靖二十七年戊申（1548），32 歲

先生年三十二。卓小仙來訪先生，遂結方外遊。

　　按：無論是《實錄》還是《年譜》中均有詳細記載林兆恩與卓晚春的交遊。卓晚春是主動來到林家拜訪林兆恩，而後兩人遂相友善，縱飲行歌，人稱「卓狂林顛」。卓晚春的到來，使得林兆恩在這一時期接觸到了道教內丹學，這一影響為其「九序心法」的形成奠定了理論基礎。

嘉靖二十八年己酉（1549），33 歲

先生年三十三歲。四月，入榕城（即福州），與卓小仙寓於西禪寺。六月，同還莆，遊囊山寺。

　　按：對於二人出行的路線《實錄》中的記載大體相同。惟關於遊囊山寺時，《實錄》載：教主與小仙夜坐，恍見一衣褐婦人，攜子求救。及晨，遇小兒持二雀，一母一子。小仙曰：「此其昨夜求救者乎？」教主遂買而放之，嗣後凡遇有生命輒買以放。這段記載頗為神異，不可信，大體應該是《實錄》的渲染之辭。

嘉靖二十九年庚戌（1550），34 歲

先生先三十四。邑博王公武陽講學，勸其復事業舉，不應。往南山寺坐臥終日，紲歸謁母畢，即網烏石山，夜眠石床上，放歌自適。歌云：「經世學，經世學，成無用著。山中樂，山中樂土堪耕鑿。瘦瓢有酒同君醉，醉臥草廬誰喚覺？松陰忽聽雙鶴鳴，起來日出穿林薄。」

按：《實錄》中稱此年林兆恩之兄長林兆金等進士第，族人勸其復事業舉。而《林子行實》的記載則大體同於《年譜》，並無其兄中舉之載。按照相關資料之記載，嘉靖二十九年的唐汝楫榜中確有林兆金之名，可見《實錄》的記載為事實。

嘉靖三十年辛亥（1551），35 歲

先生年三十五。相繼收黃州、黃大本、蕭應麟、黃卦、林鼂、朱延柱、鄭泳、黃陽、林兆居、林兆誥、林兆瓊、林兆豸等人，並傳授心法。為黃州之女與鄉都憲劉公勳卻病。

按：此年林兆恩正式對外收徒並傳授心法，可以視為三一教的正式成立。只是此時的三一教之組織形式僅僅是晚明時期流行的結社，並不具備宗教意味。

嘉靖三十一年壬子（1552），36 歲

先生年三十六。辭謝學官，時督學朱鎮善公衡惜才，不允。先生拜謝，焚青衿而歸。八月，太史羅公洪先致書，林兆恩覆信與其探討三教之學。

按：關於林兆恩與羅洪先的往來，《年譜》與《實錄》中均有較為詳細的記載，惟《行實》中缺這一記載。《林子三教正宗統論》中有《寄羅念庵公》一文，應是作於此一時期。

嘉靖三十二年癸丑（1553），37 歲

先生年三十七。著《初學篇》。

按：《實錄》中載所著為《林子篇》。另載：莆鄉官有鄭姓者，屢扣教主不得見，遂作《莆陽輿議》，以肆其嘲。林兆恩最初傳教之時信者不多，其收徒都是小範圍傳授，故而對學生的品性要求較高。

嘉靖三十年年甲寅（1554），38 歲

先生年三十八。著《明經堂》《崇禮堂》及《非三教》《林子舊稿》等集。先生自號「心隱子」。

按：《實錄》中為彙集《林子舊稿》，著《明經堂》《宗孔堂》《非非三教》《疏天文稿》《山人》等集。並提到教主入山為山人，時郡守董公士衡，最初折節，既而郡丞文公，郡倅來公日新，咸造廬請教，而以賓禮處教主，汀守陳華山公，亦致書問道焉。《行實》中所載著作與《年譜》同，同時亦載郡守、郡丞、郡倅來訪之事。

嘉靖三十四年乙卯（1555），39 歲

先生年三十九。十月，丁母李氏憂。

按：《實錄》載冬十一月丁內艱。另《實錄》與《行實》中均載：倭寇迫城，防守甚急，教主恒令人攜酒粥（錢米）給諸附鄰貧者。儘管《年譜》中無載此事，但倭寇擾城之事為史實，今莆田東山祖祠中建有林龍江抗倭紀念館，故而這一記述應該可信。

嘉靖三十五年丙辰（1556），40 歲

先生年四十。著《六美條答》。年來沒作，人多病沒，先生始造棺材以施之。自是，歲以為常。

嘉靖三十六年丁巳（1557），41 歲

先生四十一。春，合葬姚李氏於石門山。

嘉靖三十七年戊午（1558），42 歲

先生年四十二。居東山，著《四代禮制圖說》及《射禮冠禮儀節》。四月，倭夷數千，圍攻福清，乘勝薄莆城下。時廣兵經莆中，先生告諸縉紳，約廣兵，以退虜，則予千金。後倭夷駭退，遂索償，予金以償，廣兵始解。

按：《實錄》中言所著為《四代禮祭圖說》《射禮冠禮儀節》和《崇禮堂》。《行實》中記載為《著代禮祭圖說》與《酌上文武禮射》。《林子三教正宗統論》中作《著代禮祭圖說》。對於倭寇來犯的記載，三本大體是相同的，應是事實。

嘉靖三十八年己未（1559），43 歲

先生年四十三。著《醒心詩》八十一首，並自提畫像。楚人何心隱，抵莆拜謁先生。

按：《行實》中亦載著《醒心詩》八十一首，而《實錄》中未有著《醒心詩》八十一首的記載，而是言何心隱與林兆恩相孚契，教主悉紀其言於《三教會編》。關於何心隱抵莆的時間，何心隱本人的年譜中記載為嘉靖四十二年至四十三年（1563～1564）。

嘉靖三十九年庚申（1560），44 歲

先生年四十四。五月，摘注《醒心詩》三十六首，又著《三教要旨集》。先生遊南山，黃州、蕭應麟等十數人侍側。時倭迫城彌甚，村民避寇者不知其數，率苦乏食，先生分遣門徒給錢米。

按：《實錄》與《行實》中並無遊南山之記載。

嘉靖四十年辛酉（1561），45 歲

先生年四十五。時疫甚，死者相枕，棺難遍施。先生命黃仕欽、吳三樂等，手別男女，瘞之太平山者，二千餘身。八月十六日夜，與黃州、劉獻策、林直芳等露坐東山樵舍。十一月，著《常明教》。

按：《實錄》中言，二月門人黃對卒，教主命黃州、蕭應麟等服喪三月，後黃輝陽等歿。冬，倭夷迫城，疫癘並臻，教主作收屍歌。十二月，著《常明教》。《行實》中亦有記載門人逝世的事件，此外《行實》記載的收屍數量為 5000多，而《實錄》與《年譜》中均為 2000 多，故而《行實》的記載數量可能有誤。當然，林兆恩抗倭、收屍等一系列的行動，在莆田民眾心中樹立了崇高的形象，為其後來的傳教奠定了民眾基礎。

嘉靖四十一年壬戌（1562），46 歲

先生年四十六。春，遣劉獻策、曾人茂、僧明珪、道士何佐等幣請北京僧無聞、平海僧淨園等十餘人，於城外收屍，約五千身，先生作招魂歌三章。五月，命僧雲章、法從、道士何佐等，在南北洋等處收屍，概有萬餘。六月，著《三教會編》。

按：關於收屍的情況，《實錄》與《行實》的相關記載大體相同。《實錄》與《行實》中亦載著《三教歷代會編》（命林鳴陽編輯，黃陽考校，林兆誥潛錄副本藏之）。另，《實錄》與《行實》中均言八月倭寇退，著《防倭管見》。關於本年的記載以《林子行實》最為詳細。

嘉靖四十二年癸亥（1563），47 歲

先生年四十七。命劉獻策、僧法從等城內外收屍，不知其數。又命朱瑀、雍文命等往崎頭收屍。命劉獻策、僧雲章等往仙遊收屍，八百餘身。贈太守易公道談《三教會編》。

按：《實錄》中言，《三教會編》於此年付梓。此外，另提到收屍資金是林兆恩賣田產所募集而來。

嘉靖四十三年甲子（1564），48 歲

先生年四十八。夏，著《心聖直指》，秋在榕城，十月還莆，十一月著《詩文浪談》。

按：無論是《年譜》《實錄》亦或是《行實》中都記載了林兆恩在榕城（福州）時，抗倭名將戚繼光前來拜謁之事。按照相關記載，戚繼光是年於仙遊大

破倭寇，並未言及在福州。《戚繼光列傳》中曾提到其於嘉靖四十一年在福州設宴慶功。林兆恩本人亦是抗倭之名人，如謂二人曾相見確有一定的可能，但《實錄》中言戚繼光聽林兆恩指示，其言不可信。

嘉靖四十四年乙丑（1565），49 歲

先生年四十九。著《本體教》《夏語》《倡大道旨》《原宗圖說》等集。學者稱先生為「夏午尼氏」。七月，著《宗孔心要》《玄宗大道》《性空宗旨》及《歌學解》等集。

嘉靖四十五年丙寅（1566），50 歲

先生年五十。制巾名「三綱巾」，履名「五常履」，衣則前三幅後五幅，名「三綱五常衣」。四月，往榕城，寓洪塘金山寺，入榕城大中寺。六月，避暑余華林蘭若，著《述聖編》。七月，遊雪峰寺。九月，還莆。

按：《行實》與《實錄》中均未提到著《述聖編》，另言林兆恩自號「三綱先生」。

隆慶元年丁卯（1567），51 歲

先生年五十一。著《說夏篇》《玄鏡銘》《心身性命圖說》《何思何慮解》及《存省規條》。二月，往榕城，寓洪塘金山寺，時著有《三山拾言》，復遊雪峰寺。八月，還莆，編《聖學統宗》。十二月，往武夷。

按：關於著述情況，《實錄》中無《聖學統宗》，而《行實》中則提及著《三山拾言》《心身性命圖說》《劉伯子篇》《何思何慮解》《存省規條》和《道釋人倫疏稿》。另增加了部分敘述，提到劉經邦著《鶉鳳辯》，以諭之，洪文誼畫《四鳳圖》，以獻教主壽等。

隆慶二年戊辰（1568），52 歲

先生年五十二。三月，從建陽回。八月，抵家，著《心鏡指迷》。

隆慶三年己巳（1569），53 歲

先生年五十三。二月，欲往武當山不果，遂留江西萬年縣。八月，歸莆。

隆慶四年庚午（1570），54 歲

先生年五十四。二月，往金陵，道經丹陽，及入金陵，拜者益眾，八月辭歸。命余芹傳教金陵。

按：《實錄》中記載的歸莆時間為九月初二。林兆恩在南京期間已經有眾多大夫、民眾等焚香跪拜，顯然民間已經將其視為一代教主。

隆慶五年辛未（1571），55 歲

先生年五十五。十月，往榕城。十一月，撰《宗孔邇言》《三教歸儒一覽》。十二月，還莆，命巨樟為「三教樹」。

按：《實錄》中所載著述為《三教合一大要十一條》，又著《宗孔邇言》《三教歸儒一覽》《六美條答》《原教》《初學篇》《信難篇》《三綱卦》。《行實》中則言著《三教歸儒一覽》《宗孔邇言》《三教合一大要十一條》《心聖教言》《心鏡指迷》《宗孔問答》《六美條答》《原教》《初學篇》《信難篇》《三綱卦》《倡道疏啟條答》《三教合一圖》《三教分合圖說》。林兆恩本人的著作時間，三種年譜記載均不一，很難確定確切的年份。關於「三教樹」的記載，《三教正宗統論》中有《三教本始》一文，其言曰：「譬之一樹。夫樹一也，分而為三大枝，曰儒，曰道，曰釋。」的論述，林兆恩以樹喻三教之本始為同一個「道」，其思想或得於「三教樹」。

隆慶六年壬申（1572），56 歲

先生年五十六。正月，改三亭四軒作「三綱五常堂」，中為「合一堂」。四月，往樵陽，人人肖像以祀，著《樵陽教言》。九月，還莆。

按：《實錄》與《行實》中另載著《道業正一篇》。

萬曆元年癸酉（1573），57 歲

先生年五十七。二月，往江西寓北沙寄室，時著《豫章答語》及《豫章續語》。五月，還莆。冬，命劉獻策輯《經傳釋略》（即《四書正義》），復著《告天疏》。

按：《實錄》中記載《經傳釋略》與《告天疏》的著述時間為萬曆二年（1574），《行實》的記載大體同於《年譜》，故而還是以《年譜》為主。

萬曆三年乙亥（1575），59 歲。

先生年五十九。《實錄》載春二月，教主寓榕城。

萬曆四年丙子（1576），60 歲

先生年六十。《實錄》與《行實》載，著《心本虛篇》《心本虛直指》《先衍》和《心聖教言》等集。

按：《年譜》中記載上述著作的成書是在萬曆三年。另《年譜》中言，二月往榕城，著《三教心宗》，六月還莆。顯然《年譜》與《實錄》和《行實》關於 1575 年和 1576 年的林兆恩之事蹟記述正好相反。由於《實錄》和《行實》記載一致，故從之。

萬曆五年丁丑（1577），61 歲

先生年六十一。著《絲銀喻》《七竅問答》《易解俚語》。命劉獻策標摘《四書正義》。十月，遊麥斜岩（位於仙遊），著《導河迂談》。

萬曆六年戊寅（1578），62 歲

先生年六十二。五月，往新安，宿梅林數日，拜者甚眾。已而，歷古杭（杭州）。

按：《行實》中稱復刻《心聖直指》。

萬曆七年己卯（1579），63 歲

先生年六十三。居榕城洪塘，四月還莆。七月，著《九序摘言》。

按：《實錄》中載，十一月著《心聖教言》，編刻《心經諸咒語》。十二月，著《九序摘言》。《行實》則稱，建三教會所，翻刻《四書》《摘標正義》《醒心詩》等集。

萬曆八年庚辰（1580），64 歲

先生年六十四。夏，往武夷，著《機說別傳》。復之寧化縣，命陳標傳教榕城，李章佐之。八月，抵莆，寓江上上生寺，著《心經釋略》《金剛經統論》。

按：《實錄》中並無著述的記載，而《行實》中載，著《心經釋略概論》《常清靜經釋略》。

萬曆九年辛巳（1581），65 歲

先生年六十五。春，著《常清靜經釋略》《正宗要錄》。倡建囊山寺，又倡建梅峰寺正殿。

按：《實錄》載，二月教主如榕城，遊鼓山，夏往武夷。著《機說別傳》，復之寧化邑。八月，寓上生寺，著《心經釋略概論》《常清靜經釋略》。《行實》中缺乏此年的記述，《年譜》中上述事件發生於 1580 年，且從《年譜》。

萬曆十年壬午（1582），66 歲

先生年六十六。嫡孫齊岳生，後補邑弟子員，更名齊瀛。

按：《實錄》中另載，建玄妙觀之玉皇殿，復整三清、真武、東嶽、文昌諸殿。

萬曆十一年癸未（1583），67 歲

先生年六十七。欲往湖廣，五月從洪塘乘舟而行，道經閩清，後返棹而歸。捐三百緡贖涵江孔廟祭田，捐二十餘畝田立戚公祠春秋二祭（戚公祠，亦先生

捐田倡建）。著《夢中人》《道一教三》《欲仁》等集，將生平所著書總標為《三教分內集》。

按：《行實》中增加了《元神實義》，而《實錄》中在這一基礎上另有《無遮大會》《真我昌言》。關於捐錢與田之事，《實錄》與《行實》並無記載。

萬曆十二年甲申（1584），68 歲

先生年六十八。在編生平所著書，作六函。四函以「元、亨、利、貞」標號；二函以「乾、坤」標號。總題曰：《聖學統宗》《非非三教心聖集》。夏，撰《元神實義》。

按：《元神實義》一書，《實錄》與《行實》中均記載為 1583 年。另，二書中載，黃芳等倡建三教祠於馬峰；蘇簧、林自明等建於涵江（上生寺）；林罿、林羅羆（林夢熊）等建於瑤臺；林紅等建於美瀾；林至敬等建於岳秀；陳芹、陳一鯉等建於塘下；張叔吉等建於中沁；朱逢時等建於水南；張子升、張洪都等建於玉溪；周啟明等建於岐山；蔡經傛等等建於南京國子監前；李應善、黃大寅等建於清江；林馨等建於谷清硎頭；林鳴梧等建於奉谷林宅；林鳳儀等建於石城；王克芳、廖德馨、林速等建於楓亭；陳天佑等建於安民鋪；王興同福清林則志、則勃、則育、用霩等建於化北上澤埔。其餘尚有不少建祠，總之此年各地紛紛建起三教祠，這也意味著三一教作為一種民間宗教已經有了實體性的宗教活動場所，門人對林兆恩的信仰開始體系化。

萬曆十三年乙酉（1585），69 歲

先生年六十九。著《讀〈老隨槎集〉紀》。命僧云章，道士郭紹嘉，居士鄭而清等募建赤嶼塔。五月，居武夷，欲往金陵不果，寓建寧白雲寺，數日而歸。九月還莆。冬，命遊思忠、張洪都傳教金陵並翻刻林子諸集。

萬曆十四年丙戌（1586），70 歲

先生年七十。著《無生篇》上下卷，命陳大道摘標《四書正義續》六卷，朱有開同集《聖學統宗》，標曰《林子編摘》。

按：《實錄》中另言，著《山中報禮》《煉丹詩》五章。《行實》中稱，內翰袁公宗道、蕭公雲舉、王公圖、吳公應賓、太學生吳公用先咸稱弟子。從弟林兆璣中舉，袁了凡隔空五拜，呼為三教老師云。

萬曆十五年丁亥（1587），71 歲

先生年七十一。在北山砌放生池，建法堂，平治道路。八月，歸家。

按：《實錄》中載袁了凡稱三教老師為是年。此外朱開有倡教建安，浙有方士扶鸞，畫三教合一圖，門人始稱教主曰「三一教主」。

萬曆十六年（1588），72 歲

先生年七十二。命陳大道分摘三教諸集而類編之，標曰《林子分內集》，曰《三教分摘便覽》，共十冊。又分摘《拾餘》十有二卷，共三冊。又《林子四書正義摘標》六卷，《正義續》六卷，《道德經釋略》六卷，《常清靜經釋略》一卷，《心經釋略概論》一卷，《金剛經統論》四卷，共十冊，總曰《三教經解》。又《三教會編》九卷，《先衍》一卷，《三教經略》一卷，《儒經》一卷，《醒心詩》一卷，《林子舊稿》《林子續稿》共七卷，《疏天文稿》二卷，《醒心詩摘注》一卷，《夏語注釋》四卷，《三教合一大要》一卷，《頌章》一卷，共十冊。總曰《三教原編》。

按：《實錄》中未言及編撰諸集，僅提到作《彌勒尊佛經》與《道德經釋略》。而《行實》中則將編撰諸集之事記錄在 1587 年。

萬曆十七年己丑（1589），73 歲

先生年七十三。命陳標於諸集摘二十四章，分上下卷，名《夏一》。太史袁公宗道、蕭公雲舉於王公圖致書，先生覆書。

按：《實錄》中另載吳應賓、吳彬如、汪靜峰、俞士章之致書與林兆恩之覆信。不載《夏一》而作《真我贊言》。《行實》中載亦為《夏一》，故從《年譜》。

萬曆十八年庚寅（1590），74 歲

先生年七十四。時大旱，先生訪籍貧者若干戶，施穀數百石，金百餘兩，獲匾名「壺山高士」。太史吳應賓與南陽守叔敬冕公致書，先生覆書。

萬曆十九年辛卯（1591），75 歲

先生年七十五。禮部主政俞士章與孝廉吳用先（吳彬如）致書，先生覆書。

按：《實錄》中是將太史吳應賓、南陽守叔敬冕公、禮部主政俞士章與孝廉吳用先等人的致書放在同一年即 1589 年。

萬曆二十年壬辰（1592），76 歲

先生年七十六。二月，命張洪都、陳標編《四書摘標正義》，又得《林子分內集》諸書以益之。名曰《林子四書正義》，凡二十冊。

萬曆二十一年癸巳（1593），77 歲

先生年七十七。松江門人姜公雲龍，與同社陳公濟賢、徐公光啟、呂公克

孝編輯《林子第一義》，校定殺青。

　　按：《實錄》與《行實》皆載，冬十一月，著《道統中一經》，畫《太虛先天圖》《太極後天圖》《天地人圖》《天圓地方圖》。

萬曆二十二年甲午（1594），78 歲

　　先生年七十八。《實錄》中載，命盧文輝將《聖學統宗》《分內集》《分摘》《摘標》《約摘》《拾餘》等書，再編次之，標其名曰《林子三教正宗統論》，凡三十六冊，分作元、亨、利、貞四函。又命盧文輝將正宗採輯，結為《三一教主夏午尼經》三十六卷分作十二冊。

萬曆二十三年乙未（1595），79 歲

　　先生年七十九。命盧文輝結《道統中一》《夏總持》等經。

　　按：此事不見於《實錄》，《行實》中缺此年之記述。

萬曆二十四年丙申（1596），80 歲

　　先生年八十。時四方門徒於先生誕辰前，先期賀祝，不復著作。

萬曆二十五年丁酉（1597），81 歲

　　先生年八十一。江西益王遙（王仙源）拜心法，為先生翻刻諸經而序之。

　　按：《實錄》中言命盧文輝輯《三一教主夏午尼諸經纂要》，又著《經訓》一卷。九月，孫齊岳完婚，教主語之，其言載《念祖明訓》中。

萬曆二十六年戊戌（1598），82 歲

　　先生年八十二。寅時，先生拱手而逝，遠近聞訃，莫不奔走悲哀。

　　按：《實錄》中記載多有神異之處，言「天樂鏗鏘，金光顯煥」。

萬曆三十年壬寅（1602），喪畢，葬於石門山

附錄二 「三凾教非正教」——對《天主實義》中「三凾教」之可能解讀

　　利瑪竇（Matteo Ricci，1552 年～1610 年）的《天主實義》乃是一部以天主教為基本立場的傳教之作，同時也展現了中西方文明之間的碰撞與對話，其學術價值之高不言而喻。學界對《天主實義》亦有不少的研究成果，如梅謙立的《天主實義今注》、張曉琳的《天主實義與中國學統：文化互動與詮釋》等。學者們對於《天主實義》中所反映的天主教思想、耶儒互動等問題進行了許多探討。然《天主實義》第七篇第五節中提到的「三凾教」[註1]一詞不甚明確，利瑪竇專門題為「三凾教非正教」並對三凾教提出了一系列批判。筆者通過一系列的文獻查詢與收集，結合對《天主實義》的分析認為利瑪竇所謂的「三凾教」即是林兆恩所創立的三一教。因而利瑪竇對三一教的批判在一定程度上也可以視為對林兆恩「三教合一」論的批判，這一線索的指向為研究晚明時期天主教與中國民間宗教間的互動提供了新的線索。因而筆者首先通過文獻的分析確立了三凾教即三一教的觀點，然後由利瑪竇對三一教的批判反觀林兆恩的「三教合一」論，由此透視出利瑪竇與三一教之間的互動關係。

一、三凾教即是三一教

　　利瑪竇在其所撰寫的《天主實義》中對「三凾教」提出了批判，其第七章

〔註1〕因版本的緣故，後世《天主實義》裏，既有「三凾教」也有「三函教」的寫法。例如，臺北利氏學社 1985 年出版的中英對照《天主實義》使用「三函教」。《康熙字典》謂「凾，俗函字」，凾為函的異體字或俗字。本文所用的《天主實義》選自鄭安德編寫的《明末清初耶穌會思想文獻彙編》第二冊，其內的「三函教」作「凾」，特此對版本說明。

第五節題為「三國教非正教」。但通過大量的文獻檢索,「三國教」一詞依舊不甚明晰,而學者孫國棟則認為「『三國教』並不是一個常見的說法。結合利瑪竇所處的時代環境,筆者推斷『三國教』應當是指晚明興盛的『三教合一』思潮,林兆恩的三一教即是這一思潮的典型產物。」〔註2〕孫國棟根據利瑪竇所處的時代環境推測出三國教當為盛行於晚明時代的「三教合一」思潮,應該說這一論斷有其學理依據。而學者孫尚揚在《明末天主教與儒學的互動——一種思想史的視角》一書中曾提到三國教即是林兆恩所建立的三一教〔註3〕,可惜作者在書中僅僅一筆帶過,沒有詳細的考證,缺乏學理依據。同樣持此一觀點的還有何善蒙,他認為作為一種宗教來說,利瑪竇所言三國教可能就是林兆恩的三一教〔註4〕。筆者通過考察利瑪竇所描述的三國教特徵——「一身三首」以及利瑪竇在華傳教的路線認為三國教確實是指林兆恩所創的三一教,三國教之稱當是翻譯的問題所致。以下為筆者的幾點依據與考證:

第一,從文本本身來看,利瑪竇所著的《天主實義》中所涉及的儒釋道三教皆是作為學派來被認知,這就意味著三國教與儒釋道三教至少是具有可比性的。結合文中其他章節來看,利瑪竇先批判佛道二教,而後又批判三國教,說明利瑪竇所認知的三國教當是與佛道二教類似的某種宗教而不應該僅僅指思潮。儘管明代的「三教合一」思潮不同於以往的泛泛而談,「合一」的內涵不僅僅指三教之間義理的相互融合,更出現了從外在形態上打通三教的新局面。「三教合一」思潮催生了如同三一教一類的民間宗教,但作為思潮的「三教合一」與作為民間宗教的三一教依舊有實質性差距,利瑪竇作為一個精通漢學的傳教士基本不可能將「三教合一」思潮理解為某種宗教而冠以「三國教」的名義。而且《天主實義》最早出版的版本(1584 年的《新編天竺實錄》)恰恰是在一位福建秀才(三一教起源於福建莆田)的協助下進行的翻譯。利瑪竇在日記中記述:「神父們有了信心,他們在家庭教師(即福建秀才,譯者注)幫助下,完成一部能被中國人接受的基督教義書。這本書對釋教的某些邪說作了批駁。」〔註5〕由此可見這一版本的《天主實義》就已經在針對中華大地上

〔註 2〕孫國柱:《利瑪竇對於晚明「三教合一」思潮的批判——兼與方以智的觀點進行對比》,《京行政學院學報》,2018 年第 2 期。

〔註 3〕孫尚揚著:《明末天主教與儒學的互動——一種思想史的視角》,北京:宗教文化出版社,2013 年,第 94 頁。

〔註 4〕何善蒙著:《三一教研究》,杭州:浙江大學出版社,2011 年,第 204 頁。

〔註 5〕林金水著:《利瑪竇與中國》,北京:中國社會科學出版社,1996 年,第 212 頁。

已有的宗教進行了批駁。利瑪竇入華之際正是三一教迅速發展的時期，而福建秀才的加入也使得三一教成為批駁的可能對象。此外，清末民初時期的三一教支派中有一支被稱為「涵三派」，同時有一座三教祠堂被稱之為「函三堂」或「涵三堂」（位於莆田秀嶼區笏石鎮大坵村境內），根據當地的文保信息記載，這座函三堂始建於明代中後期，至今已有 400 多年的歷史。堂堂內主祀三一教主林兆恩之神像，陪祀還有泰山大將、卓晚春、文昌帝君、關聖大帝等，是具有一定影響力的三教祠堂。從函三堂出現的時間來看，大致是屬於最早的一批三教祠堂，因而「三函教」一詞有一定的可能就是源於函三堂。

第二，從利瑪竇對三函教的描述來看，完全符合林兆恩所創的三一教。既曰三函教最直觀的釋意就是一教中含有三教，故而利瑪竇描述為：「夫前世貴邦三教各撰其一，近世不知從何出一妖怪，一身三首，名曰「三函教」。庶氓所宜駭避，高士所宜疾擊之，而乃倒拜師之，豈不愈傷壞人心乎？」〔註6〕利瑪竇將三函教描述為「一身三首」的妖怪，而黃宗羲則在《林三教傳》中評價三一教為「驢非驢，馬非馬，龜茲王所謂騾也」〔註7〕。應該說黃宗羲從思想的層面道出了林兆恩混合三教的思想形態，而利瑪竇則講述了三一教外在形態上的怪異。利氏所謂「一身三首」的描述恰恰符合三一教堂的形式，根據林國平先生的考證，可考的三教祠堂大約出現於萬曆十二年（1584 年）的莆田，此後至萬曆二十六年間大約有 19 座祠堂建立〔註8〕。從可考的三教祠堂來看，三一教祠堂最晚出現於 1584 年，而更大的可能在 1584 年之前就已經出現了，這在時間上同樣符合利瑪竇來華後曾看到三教祠堂的可能性，這一點以下將詳細討論。這些祠堂一般的供奉對象主要是林兆恩，其坐像頭戴三綱、衣著五常、兩手拱太極。但稍大的祠堂內供奉的塑像則有所不同，其內林兆恩坐像呈現為「三身合一」，身著儒衣儒冠，而左肩伸出一頭戴道冠，右肩亦伸出一頭戴僧帽，如此「三身合一」之像與利瑪竇所言「一身三首」的三函教幾乎是一模一樣。由此亦可以從側面論證利瑪竇所謂的三函教實則為三一教。

第三，考察利瑪竇來華後的傳教路線與林兆恩三一教的傳教路線，除了時

〔註6〕利瑪竇著，《天主實義》，鄭安德編：《明末清初耶穌會思想文獻彙編》第二冊，北京：北京大學宗教研究所，2003 年，第 203 頁。
〔註7〕陳煥章撰：《陳煥章文錄》，長沙：嶽麓書社，2015 年，第 409 頁。
〔註8〕林國平著：《林兆恩與三一教》，福州：福建人民出版社，1992 年，第 115 頁。

間上的差異在地域方面呈現出較高的重合性。利瑪竇來華後的主要目的即是要傳播天主教，因而佛道二教成為其批判對象，而在此時興起的三一教與利氏傳教的地點有一定的重合性，因而三一教成為其批駁對象亦是無可厚非。為了更好的說明兩人的傳教情況，特附下表以作參照。

林兆恩及其門人的活動地點		利瑪竇的傳教地點	
1566 年以前	福建地區	1583 年	在肇慶建立第一個傳教駐地
1569 年	林兆恩傳教江西萬年	1589 年	在韶州建立第二個傳教駐地
1570 年	林兆恩傳教南京，門人余芹倡教南京	1595 年	在南昌建立第三個傳教駐地
1573 年	林兆恩再次傳教江西	1599 年	在南京建立第四個傳教駐地
1585 年	門人遊思忠、張洪都倡教南京	1601～1610 年	北京
1589 年	北京袁宗道、王明石、汪可受、吳觀我等名流稱師		
1594 年	門人蔡經雋傳教並建祠於南京國子監前		

通過筆者的整理可以發現利瑪竇來華後的傳教地域很大程度上都是在三一教快速發展的地區。林兆恩自嘉靖三十年始創立三一教，至嘉靖三十七年，三一教已經有了一定的規模，《林子本行實錄》中記載：「時遠近聞風求拜者，蒸蒸雲集」〔註9〕。而嘉靖四十五年後林兆恩專心致力於傳教，其活動地域不在於限於福建地區，更是多次前往南京與江西傳教，因而此時三一教發展更勝以往，時號稱賢者 800 人。《林子實行本錄》中記載隆慶四年（1570 年）林兆恩前往南京的傳教情況，「素聞教主名者，咸焚香拜於道左，及抵金陵，居朝天宮西山道院，拜者甚眾，復居城外普惠寺，拜者尤眾。」〔註10〕從路邊焚香跪拜的行為可知民間對林兆恩的崇拜已經有相當的規模了。而利瑪竇來華後首先經由澳門進入廣東地區，從地域來看廣東靠近林兆恩所在的福建，當屬三一教的輻射地區。之後利瑪竇北上，中途又在南昌、南京地區傳教，而這兩個地區又恰恰是林兆恩及其門人的主要活動地之一。林氏門人蔡經雋甚至於

〔註9〕盧文輝編著，方芳校譯：《林子本行實錄》，北京：宗教文化出版社，2019 年，第 42 頁。

〔註10〕盧文輝編著，方芳校譯：《林子本行實錄》，北京：宗教文化出版社，2019 年，第 69 頁。

1594 年建祠於南京國子監前，此時正是利瑪竇首次來南京（1595 年）的前一年，更何況利瑪竇在南京居住了近 2 年，期間接觸三一教的可能性非常大。待利瑪竇進入北京後，此時在京的不少名流如內閣的袁宗道、王明石、吳觀我，禮部主事汪可受等都已成為三一教門人。由此可以發現，利瑪竇傳教的地域基本上都存在三一教的影子且三一教與利瑪竇傳教的時間十分相近。筆者推測這就造成了利瑪竇將三一教視為傳教的一大隱患，故而《天主實義》中將其與佛道二教並列為批判對象。因而，通過以上的幾點分析，筆者認為《天主實義》中所批判的三函教正是林兆恩所創的三一教。

二、以「一教不可能三函」批判「道一教三」

首先，林兆恩「三教合一」論的理論基礎即在於其「道一教三」說。林氏此說主要是從本體論的高度來證明儒釋道三教俱是「道」之所化，因而三教本一教所涵攝。而利瑪竇則從真偽判斷的角度來分析三教只能有一真，從而邏輯的推論出「一教不可能三函」，由此反駁了「道一教三」之說。

林兆恩認為三教都有同一個本體，如其言曰：「本體者，未發之中也」〔註11〕、「先天一氣，混元至精者，本體也」〔註12〕、「自性者，本體也」〔註13〕，此中所謂的「未發之中」、「先天一氣」、「自性」則代表儒釋道三教，因而三教皆有其本體。而這個本體就是「道」，故而他說「夫道一而已，而教則有三」〔註14〕、「天下無二道，聖人無異教」〔註15〕，在他看來三教都是立足於「道」，「道」則是儒釋道三教的共同本體。林兆恩的三教本原之「道」極大程度上借鑒了老子思想，他認為：「常者，不變不滅之謂。真常之道，體本虛無，不受變滅，故不可以言語形容，不可以名狀指擬」〔註16〕、「自本自根，生天生地，

〔註11〕 林兆恩撰：《本體教上》，《林子三教正宗統論》，北京：宗教文化出版社，2016 年，第 82 頁。

〔註12〕 林兆恩撰：《本體教中》，《林子三教正宗統論》，北京：宗教文化出版社，2016 年，第 82 頁。

〔註13〕 林兆恩撰：《本體教下》，《林子三教正宗統論》，北京：宗教文化出版社，2016 年，第 83 頁。

〔註14〕 林兆恩撰：《道一教三》，《林子三教正宗統論》，北京：宗教文化出版社，2016 年，第 11 頁。

〔註15〕 林兆恩撰：《機通天地古今》，《林子三教正宗統論》，北京：宗教文化出版社，2016 年，第 480 頁。

〔註16〕 林兆恩撰：《道德經釋略》第一章，《林子三教正宗統論》，北京：宗教文化出版社，2016 年，第 563 頁。

固曰『天地之始』」〔註17〕，因此「常道」即是老子所謂生天生地之「道」，是作為萬物本原的最高存在，它是無名無形、自本自根的。且如他所言：

> 無形生形，而天地乃形之最大者。夫天地且賴大道以生，而況人乎？而況物乎？夫大道生育天地，而天地亦以大道而生育萬物；豈曰天地，而人之所以生育乎人，物之所以生育乎物者，是亦皆大道之所為也。〔註18〕

在這裡林兆恩明確地提出了「道」作為萬物本原的觀點，但「道」並非是直接產生出天地萬物。林兆恩認為「道」就是渾渾混混的「無極」，「無極」之後乃有「太極」，「太極」分立而後生陰陽、天地、五行、萬物。「道」生萬物的主張與周敦頤《太極圖說》中的宇宙發生論如出一轍，「道」生天地，天地生育萬物，而後物生物，人生人。顯然「道」只是作為萬物的終極本原，第一推動力而被提出。那麼「道」是如何產生儒釋道三教的呢？按照「道」化生天地萬物的演繹路徑，林氏在《原宗圖》中提出：「太極分而為三才，曰天曰地曰人；人有三宗，曰儒宗，曰道宗，曰釋宗；儒以孔子為宗，道以黃帝老子為宗，釋以釋迦為宗」〔註19〕。

原 宗 图

原宗图说

〔註17〕 林兆恩撰：《道德經釋略》第一章，《林子三教正宗統論》，北京：宗教文化出版社，2016 年，第 563 頁。
〔註18〕 林兆恩撰：《常清靜經》，《林子三教正宗統論》，北京：宗教文化出版社，2016 年，第 550 頁。
〔註19〕 林兆恩撰：《原宗圖》，《林子三教正宗統論》，北京：宗教文化出版社，2016 年，第 21 頁。

如上所言「無極」即是渾渾混混的「道」，而「太極」則是「道」生萬物之始也就是「一」，「太極」產生天地人三才，而儒釋道三教則是人之三宗，因而「道」就是三教的共同起點。然而「道」是不可分割的，三教既同出於「道」，那麼又怎麼會割裂成儒釋道三教呢？在林氏看來二教均是稟受「道」而生，至於有儒釋道之分別，乃是為了「設科教人」的現實需求而生產的。所以他認為三教的不同只是因為其社會功能不同而產生的不同教化法門，究其本原三教是一致的。

林兆恩以「道一教三」說論證三教同源，同時為混合儒釋道三教為一體的三一教奠定了學理基礎。而利瑪竇則以嚴密的邏輯分析和價值判斷得出了「一教不可能三函」的結論，可以說是與林氏之論證截然相反。

> 一曰：三教者，或各真全，或各偽缺；或一真全，而其二偽缺也。苟各真全，則專從其一而足，何以其二為乎？苟各偽缺，則當竟為卻屏，奚以三海蓄之哉？使一人習一偽教，其誤已甚也，況兼三教之偽乎？苟惟一真全，其二偽缺，則惟宜從其一真，其偽者何用乎？[註20]

利瑪竇對三教的價值判斷有著鮮明的邏輯推論，這與他本人作為西方文化的代表者固然有著密切關係，但他的推論是無形中以天主教的立場預設了信仰只能為一的邏輯前提。正如孫尚揚所評價的——「在批判『三教合一』時，利瑪竇自然不會具有焦竑、李贄那種『道是天下公器』的寬容精神，他非常熟練地運用了西方哲學中非此即彼的形而上學思維方式」[註21]。按照利瑪竇所說的真偽判斷，對三教的價值判斷呈現出以下幾種形式：

判斷對象 邏輯可能	儒	釋	道	結論
情況一	真	真	真	專從其一
情況二	偽	偽	偽	竟為卻屏
情況三	真	偽	偽	宜從其一
情況四	偽	真	偽	宜從其一
情況五	偽	偽	真	宜從其一

〔註20〕利瑪竇著，《天主實義》，鄭安德編：《明末清初耶穌會思想文獻彙編》第二冊，北京：北京大學宗教研究所，2003 年，第 204 頁。
〔註21〕孫尚揚著：《明末天主教與儒學的互動——一種思想史的視角》，北京：宗教文化出版社，2013 年，第 96 頁。

　　利瑪竇以形式邏輯的方式對三教的真偽進行判斷，按照他的預設三教每一教都存在真偽的可能性，如此按照排列就能得出以上的幾種情況。情況一，三教「或個全真」，也就是說三教全部為真的價值判斷。那麼以利瑪竇的思維方式來看，既然三教都是真的，那麼只需要選擇其中一教來作為信仰即可，沒有必要三教全部信奉，這種思維方式頗類似於奧卡姆的剃刀（簡單有效原理）。強調如無必要，切勿增加實體，也就是說信奉一教即可做到的事情，沒有必要浪費精力去信奉三教。情況二，三教「或個缺偽」，亦即三教全部為偽的價值判斷。如果是這種情況，那麼最簡單的處理方式即是全部拋棄，利瑪竇認為既然三教皆偽，那麼假使一個人信奉一個教就已經有很大危害了，何況是信奉三個偽教呢？情況三、四、五，所表示的基本是一種情況，「惟一真全，其二偽缺」即其中的一教為真而其他二教為偽。如此則只需要選擇其中為真的一教信奉即可，而其他偽教則可盡皆拋棄。儘管利瑪竇的預設並不完整，嚴格按照形式邏輯來看還存在二教為真，一教為偽的情況，但按照利氏的經濟思維原則，「正教門，令入者篤信心，心一無二。若奉三國之教，豈不俾心分於三路，信心彌薄乎？」〔註22〕即便是三教全真，若真的信奉三教則會使得信仰一分為三，因而利瑪竇的結論是三教中最多只需要選擇其一來信奉。這與林兆恩的「道一教三」論是完全相違背的結論。為了更為形象地說明「一教不可能三函」的觀點，利瑪竇又舉出西施的案例來加以分析，如其云曰：

　　　　一曰：輿論云，「善者以全成之，惡者以一耳。」如一豔貌婦人，
　　但乏鼻，人皆醜之。吾前明釋二氏之教，俱各有病，若欲包含為一，
　　不免惡謬矣。〔註23〕

　　按照利瑪竇的邏輯，他首先倡明的是「善者成乎全，惡者成於一」的「公論」，即「善」是絲毫不落於「惡」的，也就是說「善」為「全善」。梅謙立在《天主實義今注》中提出：「這一公論源出阿奎那的哲學思想——行為以及其他東西之善惡，是看實在之圓滿或欠缺。第一個屬於實在之圓滿的，似是那賦東西以類別者」〔註24〕。利瑪竇提出「公論」意在說明即便是以美麗著稱的西

〔註22〕利瑪竇著，《天主實義》，鄭安德編：《明末清初耶穌會思想文獻彙編》第二冊，
　　　　北京：北京大學宗教研究所，2003年，第204頁。
〔註23〕利瑪竇著，《天主實義》，鄭安德編：《明末清初耶穌會思想文獻彙編》第二冊，
　　　　北京：北京大學宗教研究所，2003年，第204頁。
〔註24〕梅謙立著，譚傑校勘：《天主實義今注》，北京：商務印書館，2014年，第63
　　　　頁。

施，但凡其沾染了一丁點污穢的東西，人們都會認為她醜。他強調「善」的圓滿性其理論依據恰恰在於西方對上帝概念的圓滿定義，這與中國傳統中瑕不掩瑜的說法是完全相悖的。其次，結合《天主實義》第六篇中對佛道二教的批判可知，這裡所謂的「吾前明釋二氏之教，俱各有病」就是指佛道二教不是全善。大前提和小前提都已經完備，利瑪竇就能得出三教同源的觀點與「善」的圓滿性是相衝突的，因而林兆恩將三教視為一體的觀點是荒謬的。這種論證方式預設了圓滿的「善」，從而邏輯的推導出三教不可能成為一體，否則「全善」就無法存在了，其對三一教的批判立場十分鮮明。

三、以「不可強同三教」批判「三門一致」

三一教是建立在林兆恩的「三教合一」論的基礎上，而林兆恩又以「三門一致」的命題來說明三教何以合一的問題。大致來看，林氏從以下幾個層面來說明三教之間的相同之處。

第一，三教皆是性命之學。

既然明確了三教本「道」而生，那麼三教之學亦是同理而行，所以他認為三教之學都是以性命為宗，「孔子之學，心性也；黃帝老子之學，心性也；釋迦之學，心性也」〔註25〕、「釋氏曰明心了性。儒者亦曰盡心知性。道家曰性命雙修。儒者亦曰盡心至命。曰心曰性曰命之既同，則天下之道原於一矣。釋氏之歸一，道家之得一，儒者之貫一，蓋謂此也」〔註26〕，林兆恩認為三教都是以性命作為學之要旨，因而三教在根本上來說是一樣的。

第二，三教工夫路徑相同。

其次，他認為三教教化世人的工夫路徑都是向內用力，發明本心。「三教聖人之所以養之於內而心身性命之學同也。」〔註27〕顯然，林兆恩認為三教的工夫修養路徑都是向內在心上用力，以發明內在的本心為目的。而三教中所謂的「執中」、「守中」與「空中」看似是三種不同的修養方法，其實只是在不同教派中的不同稱呼，它們的實質都是心法—即以發明本心為目的的工夫修養

〔註25〕 林兆恩撰：《信難篇》，《林子三教正宗統論》，北京：宗教文化出版社，2016年，第 1032 頁。

〔註26〕 林兆恩撰：《題三教圖》，《林子三教正宗統論》，北京：宗教文化出版社，2016年，第 880 頁。

〔註27〕 林兆恩撰：《三門一致》，《林子三教正宗統論》，北京：宗教文化出版社，2016年，第 89 頁。

論。因而他說：「儒家之靜，佛家之禪，命字雖殊，其旨一也。誠使佛家而知有本來面目焉，坐可也，行可也。儒家而知有主敬工夫焉，靜可也，動可也。」〔註28〕又說：「儒門之反，玄門之逆，命字雖殊，其旨一也。……故儒門者流能善反之，則天地之性存焉，便成堯舜。道家者流能善逆之，則天地之性存焉，便成神仙。」〔註29〕因此，按照林氏之看法實際上儒家主靜的工夫與佛家坐禪的工夫是一致的，同時儒家反身的工夫與道家逆身的工夫也沒有實質的差別，究其根本而言它們都是在發明本心而已。

第三，三教皆重人倫準則。

最後，他認為從立身處世的角度認為三教皆重人倫。林兆恩認為三教的創立者都沒有偏廢人倫問題，「黃帝、老子、釋迦之道，莫不有人倫之常」〔註30〕，所以人倫問題乃是融匯三教的現實問題之一，也是林兆恩對現實釋道二教出世間問題的一種回應。他用儒家的人倫之教來解釋釋道二教，而人倫問題的關鍵在於婚姻與孝養。就婚姻來說：

> 道教之教，以少壯時在家養親，娶妻生兒，以盡此倫之大，至四十不動心，乃出世間，依法修持，以了此性命之學……釋氏之教，概四十有餘而不能得道者，仍遣之歸家，娶妻生兒。《藏經》曰：「婆羅門法，入山修道，道業未就，歸家婚娶。」〔註31〕

> 道書曰休妻不是道、佛書曰何須要去妻孥。如或離棄父母，深棲遠遁，不續綱常，以為高潔者，不惟非儒者之道，是亦二氏之異端也。〔註32〕

所以在林兆恩看來，釋道二教之區別儒家的教化之法，乃在於其出世間，但出世間並非與婚娶相矛盾。道教的教化乃是在年少之時養親娶妻，而佛教的教化是中年之後不得其道者，依舊遣返回家，娶妻生子。其次，乃是孝養問題，

〔註28〕林兆恩撰：《禪靜同旨》，《林子三教正宗統論》，北京：宗教文化出版社，2016年，第826頁。

〔註29〕林兆恩撰：《逆反同旨》，《林子三教正宗統論》，北京：宗教文化出版社，2016年，第826頁。

〔註30〕林兆恩撰：《倡大道旨》，《林子三教正宗統論》，北京：宗教文化出版社，2016年，第24頁。

〔註31〕林兆恩撰：《道先世間，釋先出世》，《林子三教正宗統論》，北京：宗教文化出版社，2016年，第1013頁。

〔註32〕林兆恩撰：《心性倫屬不相妨礙》，《林子三教正宗統論》，北京：宗教文化出版社，2016年，第1013頁。

孝親問題由來已久，如慧遠的《沙門不敬王者論》就是回應佛教孝道問題的專論。林兆恩認為，釋道二教立教之初亦不失人倫之大，當然也十分重視事親問題，「夫知所親養，乃所以為仁也，豈有仁而遺其父母者乎？知所相憐，乃所謂為義也，豈有義而忘其上下者乎？由是觀之，則釋氏立教之本，概可見於此矣。」〔註33〕他從儒家的仁義觀出發來解釋佛教的人倫觀，認為佛教並沒有廢棄孝親。

　　林兆恩從以上幾個層面極力強調三教之間的相同之處，希望將三教相互融合。而利瑪竇則提出「不可強同三教」之論點，他認為三教的立意本不相同，因而強行將三教扭成一教有違三教的本意，如其言曰：

　　　　一曰：三門由三氏立也。孔子無取於老氏之道，則立儒門。釋氏不足於道、儒之門，故又立佛門於中國。夫三宗自己意不相同，而二千年之後測度彼三心意，強為之同，不亦誣歟？〔註34〕

　　　　一曰：三教者，一尚「無」，一尚「空」，一尚「誠」「有」焉。天下相離之事，莫遠乎虛實有無也。借彼能合有與無、虛與實，則吾能合水與火、方與圓、東與西、天與地也，而天下無事不可也。胡不思每教本戒不同，若一戒殺生，一令用牲祭祀，則函三者欲守此違彼，守而違，違而守，詎不亂教之極哉？於以從三教，寧無一教可從。無教可從，必別尋正路，其從三者，自意教為有餘，而實無一得焉。不學上帝正道，而殉人夢中說道乎？夫真維一耳，道契於其真，故能榮生。不得其一，則根透不深；根不深，則道不定；道不定，則信不篤。不一、不深、不篤，其學烏能成乎？〔註35〕

　　第一，利瑪竇認為三教立教之旨本並不相同。按照利氏所言，三教是由孔子、老子、釋迦三位不同之人所創立，孔子之所以要創立儒家是因為「無所取於老氏之道」，而釋迦之所以要另立佛教於中國乃是因為「不足於道、儒之門」，所以三教的立教之意是不相同的。故而利氏認為後世的「三教合一」之思潮純粹是扭曲了三教本意。

〔註33〕林兆恩撰：《附壇經訊釋》，《林子三教正宗統論》，北京：宗教文化出版社，2016 年，第 224 頁。

〔註34〕利瑪竇著，《天主實義》，鄭安德編：《明末清初耶穌會思想文獻彙編》第二冊，北京：北京大學宗教研究所，2003 年，第 204 頁。

〔註35〕利瑪竇著，《天主實義》，鄭安德編：《明末清初耶穌會思想文獻彙編》第二冊，北京：北京大學宗教研究所，2003 年，第 204 頁。

第二，利瑪竇提出三教教義是無法融合的。利瑪竇對儒釋道三教的教義以「無」（指道教）、「空」（指佛教）、「誠」和「有」（指儒教）來概括，顯然他對三教義理的理解並不深刻。首先用「空」與「無」來涵蓋整個道教與佛教的教義本身就存在很大偏頗，更何況他對儒教的理解是「誠」和「有」，這顯然不符合儒教的根本宗旨。基於對三教教義的此種理解，利瑪竇認為三教之間就像是水與火、方與圓、東與西、天與地的關係，根本不可能真正融合。為了更具體的說明此種觀點，他又進一步援引具體的例證來說明，他以殺生的例子來反觀儒佛二教，顯然佛教是主張戒殺生的，而儒教則主張用動物進行祭祀。如果三教皆信奉，則必然會存在教義上的衝突，那麼最終只能導致亂教的結果，因而還不如三教盡棄。

第三，利瑪竇提出世間之「道」只有一真。通過上述的反駁，利瑪竇提出了「學上帝正道」的觀點，在他看來「真」才是信仰的核心。如果信奉三教則信仰不深、不定、不篤，只能導致信仰的虛偽，那麼還不如來信仰唯一的上帝。利瑪竇在此中的論證依舊是以信仰為核心，其背後的觀念還是在於信仰的唯一性。

通過以上的幾點分析，可以明晰利瑪竇對「三教合一」觀念的批判，也不難發現利氏的論證儘管有一定的學理依據，但他對中國文化的瞭解依舊只是表面的。而其天主教的立場也奠定了他對三一教的批判只能是基於信仰層面的，而沒有深入其社會功能和哲學觀念。

四、結語

綜上所述，筆者認為《天主實義》中「三國教」一詞即是林兆恩所創的三一教。而利瑪竇對三一教的批判實則顯示了中西文化間的巨大差異，正如其《天主實義》中以「中士」和「西士」的對話展開一般。「中士」代表了中國的文化與觀念而「西士」顯然是代表西方的文化與觀念。通過對三一教的批判，利瑪竇實則也參與了晚明以來的「三教合一」思潮，儘管利瑪竇對三一教的批判是以傳播天主教為前提，其論證的過程亦缺乏深入的學理依據。從林兆恩思想的核心要點來說，林兆恩以陽明心學為進路，大倡「三教合一」之說，在這一過程中其所創立的「九序心法」集中體現了其思想的雙面特徵，一方面是對傳統儒學繼承與發展，另一方面是化儒學為宗教而最終成立三一教。因而利瑪竇對三一教的批判並沒有觸及林兆恩思想的深層內核。但他的觀點至少打破

了晚明「三教合一」的主流意識形態，也為晚明士人反思這一思潮有著巨大的借鑒作用。利瑪竇對信仰唯一性的論證，對於晚明士人是一個全新的認知。他對以三一教為代表的「三教合一」思潮的否定至少帶來了以西方天主教為代表的新信仰方式。正如孫尚揚所指出的，「利瑪竇對『三教合一』的批判恰逢其時。姑不論其出發點如何，它至少試圖激發正統士大夫們在這個問題上的共鳴，而且在某種程度上還實現了這一目的。比如禮部侍郎馮琦在與利瑪竇交談時就曾感歎：『而既從孔子，復由老氏，又從釋氏，而折斷天下心於三道也乎？』」〔註36〕同時《天主實義》的出現不但影響了以方以智、黃宗羲、戴震等為代表的明清思想家，同時也影響了利瑪竇在華的信徒。林兆恩的三一教在晚明時期影響了一大批的名流，正如黃宗羲所記述的「一時勝流袁宗道、蕭雲舉、王圖、吳應賓，皆北面稱弟子。」〔註37〕而《林子本行實錄》中曾記載：「萬曆二十一年，癸巳。……松江門人姜雲龍與同社陳濟賢、徐光啟、呂克孝……校訂命梓。」〔註38〕這一記述在《林子年譜》中也有明確的記載。儘管《林子本行實錄》帶有神化林兆恩的成分，但《林子年譜》則是其族弟林兆珂所作，他視林兆恩為正統的理學家，因而其記述具有較高的可信度。按照記述的時間，是年徐光啟為三十二歲，但徐光啟本人的年譜在其三十歲以前的事蹟記述相當簡略，故而也沒有提到三一教，從《林子年譜》的這一記載來看徐光啟可能為三一教門人。何善蒙也曾在《三一教研究》一書中提出徐光啟可能為三一教門人〔註39〕。但從現有其他文獻中幾乎無法找到確證徐光啟與三一教的關係，徐氏後來受洗入天主教，而利瑪竇視三一教為妖怪，那麼作為天主教徒的他自然要拋棄三一教的理論，徐光啟思想的轉變不能不說是《天主實義》的影響。晚明之際不但是儒釋道三教的合流之時，更是中西文化的對話之際，《天主實義》的撰寫不但折射出這一時期不同宗教間的競爭與碰撞，同時也為中西文化的交流與對話提供了新的方式，可謂具有極大的研究意義。

〔註36〕孫尚揚著：《明末天主教與儒學的互動——一種思想史的視角》，北京：宗教文化出版社，2013 年，第 95 頁。

〔註37〕陳煥章撰：《陳煥章文錄》，長沙：嶽麓書社，2015 年，第 410 頁。

〔註38〕盧文輝編著，方芳校譯：《林子本行實錄》，北京：宗教文化出版社，2019 年，第 138 頁。

〔註39〕參見何善蒙著：《三一教研究》，第 195～199 頁。根據何教授的考證，徐光啟接受三一教的可能原因在於倭寇之亂，林兆恩抗倭的義舉成為三一教迅速傳播的契機，而徐光啟所在的徐家也曾遭遇倭寇之災，故而當三一教傳播至上海之時徐光啟在邏輯上確實可能接受它。

後 記

序語：有明一代，夏午尼林子兆恩倡「三教合一」之旨，其學盛行一時，有「三教先生」之稱。時人評曰「非驢非馬」，然其精妙之處亦為人所稱道，三教既非，而曰「三教合一」者，合三教之弊而正之以孔子之儒，此林龍江之一大創見。故曰：「道一教三本同源，心一道一共濟世。非非三教破異端，歸儒宗孔求合一」。

嚴格意義上來說，林兆恩並不屬於一流的思想家或哲學家，甚至可以說其思想基本不見於當今的各版中國哲學史中。我第一次接觸林兆恩是在 2020 年的夏天，於家中閱讀馬西沙與韓秉方兩位先生所著的《中國民間宗教史》一書，才開始瞭解存在於歷史長河中的眾多宗教信仰與民間宗教。我的學術興趣大抵在明清時期，故而對於明代宗教的閱讀較為細緻，此時才注意到混合儒釋道三教為一體的三一教。三一教的特殊性卻在於它是一個從學術團體演變而來的民間宗教，它的核心信仰是從「三教合一」之學術思潮而來，故而這種既宗教又哲學的特殊產物立刻吸引了我的興趣。翻閱相關資料後才發現，此教如今依舊廣泛分佈在我國的莆仙和臺灣地區，同時其蹤跡也遍及東南亞許多國家（新加坡、馬來西亞、泰國等國），亦號稱中華第四教——夏教。筆者對林兆恩的關注即從此間誕生，之後也陸續翻閱了許多相關的論文和書籍。總體來說，大陸學界對林兆恩的關注較少，反而是海外的研究相對較多。但之後關於林兆恩的興趣就一度擱置了，我並沒有去閱讀其本人的相關著作。

是年 9 月我來到蘇州大學攻讀博士學位，我原本提交的研究計劃是一份關於明代《莊子》學的研究。然而，入學一月後才發現原本的博士論文計劃似

過於簡單，關於明代《莊學》的研究成果實在是太多，我生平亦不喜讀太多的二手文獻，與指導教授交流後，遂產生了放棄此計劃的念頭。放棄原有的計劃，意味著我的研究不能盡快展開，而後的一個月中焦慮的情緒逐漸向我襲來。我知道必須盡快確定一個可行的研究計劃，在不斷的翻閱文獻的過程中，我忽然又想起了林兆恩。大陸地區雖出過幾篇碩士論文，但尚無專門的博士論文研究林兆恩。大體來說，林兆恩思想之研究在大陸屬於冷門，儘管學界關注不多但我認為從現實影響來說他的研究意義還要大於一般的思想家。無他，三一教畢竟依舊存在，這也意味著我的研究能與現實社會產生一定的聯繫，故而我遂決定研究林兆恩的「三教合一」思想。在博士一年級時，我隨眾申請了江蘇省研究生科研與實踐創新計劃項目，我上報的課題為「林兆恩《道德經釋略》研究」。當年哲學系的博士名額只有一個，本以為無緣中標，幸運的是我得到了相關的資助，也算是「瞎貓碰上死耗子」。雖然金額較少，但無疑是對我的莫大鼓勵，我遂一邊研究其「三教合一」思想，一邊整理其《道德經釋略》一書，雙線並行，相互補充。我在博一至博二期間陸續寫作了若干篇的論文，其中亦有關於《道德經釋略》的研究。有相關成果發表在臺灣的《哲學與文化》、加拿大的《文化中國》以及香港的《弘道》雜誌，非常感謝上述期刊對拙作的審查與刊行。2023 年 6 月我即將從蘇大畢業，故而 5 月份時此一項目已經順利完成結項，我遂萌發出將其寫成專論的想法。此想法一出，即刻付之行動，由於前期已經做了大量工作，加之我的博論亦是研究林兆恩的「三教合一」思想，故而在一月期間很快完成了此作，但嚴格意義上來說是經歷了 3 年時間的沉澱。此書是以《道德經釋略》為中心，將其作為一部明代的注老之作來研究，同時從中窺探其「三教合一」思想。而我的博士論文則正好相反，以「三教合一」思想作為研究中心，從理論體系、工夫進路、經學詮釋等角度來闡發其「三教合一」思想。故而二者之思路正好是相反的，但亦可相互補充。

我深知自己學識淺薄，恐有不少疏漏之處，但仍將其付梓成書，惟獨抒性靈，不求完備耳！

性靈齋

2023 年 6 月 1 日於家中